U0017428

文化叢刊

政治實踐與公共空間

——漢娜·鄂蘭的政治思想

蔡英文 著

自序

　　寫這本書的構想是十幾年前的事，當時憑藉個人對漢娜・鄂蘭思想的喜愛以及翻譯過她的兩本論著，而有了探討與闡釋她思想的計畫。這個寫作計畫因個人負笈英國，以及回國後教學忙碌，而拖延至今。現在完成了它，內心有如釋重負之感。一來實現了早年的承諾，二來表示了對這位影響我甚深的思想家的尊重。

　　對於一位西方的思想家投注那麼多時間與精神，捫心自問：她的魅力何在？或許是一種情感，早年在剛閱覽她的論著時，總給我一種洋溢著思想之生氣的感動，這也許來自於鄂蘭對人的生命的基本處境有一種深刻之洞識，而且是以一種「非學院式」的論述來呈現。除此之外，大概是一種瞭解的好奇，在閱讀她的《人之境況》一書時，感受深刻的在於，鄂蘭賦予人的政治實踐一種崇高偉大的存在意義，這種違反常識的見解激發我進一步探索她思想的興趣。

　　認識一位思想家如同結識一位朋友一樣，是有其機緣。若非在英國約克大學遇見一位熱愛鄂蘭思想的指導教授——大衛・愛德華(David S. Edwards)，我對鄂蘭思想的喜好就無法轉變成知識上的研究。在他的鼓勵下，鄂蘭以及與她同一世代的英國政治哲學家麥可・歐克秀變成了我在英國求學的關注課題。也因這四年的求知，讓我得以一窺西方政治思想之堂奧。

　　這本著作最後得以完成，感謝中央研究院人文社會科學研究

所同仁朋友：郭秋永先生、張福建先生、蕭高彥先生與蘇文流先生在學問上的切磋與情感上的支持。另外，特別感謝臺灣大學政治系江宜樺教授——鄂蘭思想的同好——這幾年來，在生活與知識上的幫忙。這本書的寫作構想是我在東海大學歷史系任教時形成，猶記當時跟三位好友，陳榮灼、羅曉南與黃瑞祺，相互激勵，度過的讀書光陰。

感謝聯經出版公司總編輯林載爵先生慨然答應出版這本著作。李國維與黃俊龍兩位先生幫我處理打字與編輯之事務，在此致謝。

本書的第四章〈公共空間的開展〉原先登載於錢永祥與戴華主編的《哲學與公共政策》（台北：中央研究院中山人文社會科學研究所（1995），頁269-312），原先的標題為〈漢娜‧鄂蘭的公共領域理論及其問題〉；第六章〈國家主權的決斷與公民的政治參與〉原登載於《臺灣社會研究季刊》（臺灣‧台北）第27期（1997年9月），頁139-171。原先的標題為〈兩種政治之概念：卡爾‧史密特與漢娜‧鄂蘭〉；第七章〈人民主權與制憲權〉登刊於《當代》第150期／復刊第32期（2000年2月1日），頁44-60；第八章〈歷史敘事與人的認同〉原登刊於《新史學》第3卷第2期（1992年6月），頁103-122，原先標題為〈政治實踐與歷史敘述：論說漢娜‧鄂蘭的歷史理念〉。

蔡英文

於中央研究院中山人文社會科學研究所

緒論

　　漢娜・鄂蘭無疑地是當代西方深具影響力的政治思想家。自
1950年代以來，她的政治思想一直持續地激發學者的政治想像，
以及帶給學院之政治學者闡釋與議論的興趣。在1950年代，鄂蘭
的《極權主義的起源》成爲英美地區瞭解極權主義政治模式的重
要典範。1960年代，美國學生與民權運動時期，鄂蘭在1958年寫
成的《人之境況》(*Human Condition*)所闡發的「激進民主」的理
念，以及對資本主義之現代社會的批判觀點，激勵了這運動的參
與者，這種思想的影響力也遭招致艾薩・柏林(Isaiah Berlin,
1909-1997)的批判，指責這種激進之民主理念蘊含虛無主義之作
風 1 。也在這段時期， 鄂蘭因觀察艾克曼的審判，而於1962年出
版《耶路撒冷的艾克曼：對於罪惡之平常性的報導》(*Eichmann in
Jerusalem: A Report on the Banality of Evil*)，貫穿這本論著的一項
論證主題乃是：缺乏思辨反省以及由此而帶來的不作判斷即是個
人與集體犯下政治罪惡的原因之一。在這本書中，鄂蘭亦批判其
猶太同胞面對政治之惡的殘害，不但不思抵抗，甚至有些尚且與
納粹串謀。這種觀點引起輿論譁然，也使鄂蘭遭到猶太同胞的譴
責。從鄂蘭政治思想的發展來看，「艾克曼審判」事件是一個重要

1　Michael Ignatieff, *Isaiah Berlin, A Life* (New York: Metropolitan Books, 1998), p. 253- 5.

的轉折，這個事件的爭議帶動鄂蘭從思考實踐活動意義，而走進探索人之思維、意志與判斷活動的哲學課題。她對這些課題之研究成果在1971年發表於英國亞伯丁大學的「基佛講座」，但她只談論了「思維」與「意志」兩個部分，1975年12月，當她預備撰寫「論判斷」部分時，因心臟病突發而去世。

在1970年代，約翰‧羅爾斯(John Rawls, 1921-)的《正義理論》(*A Theory of Justice*, 1971)建立了政治哲學論述的另一典範，在英美的學術界與公共論壇激發所謂「自由主義與社群主義」的爭議。在這段時期，鄂蘭的古典共和民主理念影響了「社群主義」陣營裡，如華爾哲(Michael Walzer, 1935-)與泰勒(Charles Taylor, 1931-)的市民社會論述。她的「公共領域」的理念也提供哈伯瑪斯(Jürgen Habermas, 1929-)發展「溝通行動倫理」的資源。但是，使鄂蘭政治思想復甦的關鍵，則是1989年蘇聯與東歐共產政權崩解，以瑪格麗特‧卡諾凡(Margaret Canovant)的闡述：「1989年東歐之公民自覺以及因此而起推倒〔極權〕政府的政治運動提供『鄂蘭式』(全然非馬克思式)革命一種活生生的範例。以最近這種政治經驗來看，鄂蘭對民主的瞭解雖然問題與疑難依舊，但較之從前，似是更具說服力。」[2] 鄂蘭倡導的重要政治理念：非實利目的、自發性、創新性的行動(*praxis*)，以及公民之權力與公共領域之開展……等理念又重新激發西方之政治意象與論述。不僅如此，1990年代以後「女性主義」(feminism)重新檢驗鄂蘭的「人之認同」的論述，以及「公／私領域」、「政治／經濟社會」領域

2　Margaret Canovant, "Hannah Arendt: Republicanism and Democracy," in *Liberal Democracy and its Critics: Perspectives in Contemporary Political Thought*, eds. April Carter and Geoffrey Stokes(Cambridge: Polity Press, 1998), p. 52.

的區分，使得這位不那麼肯認「女性認同」或者排斥任何「認同
政治」(identity politics)的思想家也成爲女性論述的焦點 3。

　　關於鄂蘭政治思想的發展與影響，尚有一個論議主題是值得
提示的。鄂蘭在1963年出版《論革命》，在這本論著中，鄂蘭經由
美國獨立建國與法國大革命的歷史敘事，闡釋革命實踐與自由憲
政構成相關的問題。鄂蘭在處理這個問題上，除了討論政治實踐
與道德的議題之外，她所關切的課題在於，行動的創新性與制度
規範之間互動的關係。依鄂蘭的觀察，革命實踐體現了個人與群
體之「開端啓新」的自由能力：革命一方面解放桎梏，另一方面則
嘗試建立憲政體制以保障與維繫此自由之能動性。置身於此革命實
踐之形勢當中，革命分子與團體皆體認了鄂蘭所肯定的行動創新以
及群策群力的權力。但是在其中，他們也體會了任何創新之行動及
其權力具有的任意性與不確定性。具體來說，他們在大肆破壞舊體
制過程中，如何有一種正當性地位去確立所謂「自由憲政」？在解
釋此問題上，鄂蘭以法國大革命時期的政治思想家西耶爾
(Emmanual Josephy Sieyès, 1748-1836)的 *"Pouvoir Constituant"*(制
憲權)的概念，作爲論述的取向。

　　Pouvoir Constituant，廣義來說，乃指外於或先於既定之體制
的權力，狹義來說，則指個別法律以及創立體制之基礎的權力。
在革命期間，這種權力在它從事制訂新憲法以及創立新體制的時
刻，激發種種疑難，特別是：這權力既然是先於與外於既定體制

3　關於這方面文章，重要者，見Mary Dietz, "Hannah Arendt and Feminist
　　Politics," in *Hannah Arendt: Critical Essays*, eds. L. Hinchman and S.
　　Hinchman(Albany, NY: SUNY Press, 1994); *Feminist Interpretations of
　　Hannah Arendt*, ed. B. Honig (University Park, PA: Penn. State Press,
　　1995); Hannah Patkin, *The Attack of the Blob: Hannah Arendt's Concept*

的權力，它的制憲與創制的正當性基礎如何取得有效性的論據？針對此問題，鄂蘭從國家主權、自然法則、自然權利、權威與權力各方面作了分析與解釋。同時，她透過這兩次革命的對比，說明革命實踐及其權力如何能確立與持久自由憲政體制。

就鄂蘭個人政治思想的發展而言，她的革命論議亦代表她反思性地闡釋她在《人之境況》一書中所表述的行動理論。在這本論著中，鄂蘭相當強調人行動的創發性，或者她所指稱的「開端啓新」的原創性，而忽略了此原創性之力量可能遭受到的體制或制度的限制。另一方面，在強調行動的此種特性上，鄂蘭受古希臘政治理念的影響，把體制的創立(包括立法)跟行動的實踐相分離。因此，她早期的政治思想無法強有力地論證一切跟憲政體制相關的，諸如法治、權威以及制度性之規範……等議題。而《論革命》一書儘管處理美國與法國革命的歷史事件，她的解釋卻是關切這些爲她早期政治思想所忽略的議題。在此，鄂蘭從古羅馬共和的憲政法治傳承中，汲取論證的資源，冀望能調和行動之創發性與法治程序和憲政制度之規範，而形成她晚期之「自由憲政之共和主義」的憲政思想。

鄂蘭在《論革命》一書中，對*Pouvoir Constituant*的解釋觀點，連同她的行動之原創性與根源性的概念，在某種程度上亦影響當代「激進民主」的論議，特別是歐陸的左派知識分子的民主理念。舉其要者，如法國的雷侯(Claude Lefort)，他以鄂蘭的行動理論與「公共領域」之概念爲資源，闡釋民主的特質在於，把爭議正當性視之爲體制之正當性基礎，而且容許此爭議無法達成共識之可能性。又譬如，義大利基進左派之知識分子涅格(Antonio Negri)，

---

of the Social(Chicago: Chicago University Press, 1998).

重新闡釋*Pouvoir Constituant*在現代主權國家發展脈絡中的意義，
並給予它一種存有論的意涵，進而闡釋民主的基本權力觀乃在於
不斷抗拒，甚至顛覆既定體制的權力 4。

　　對於西方當代政治思想的發展而言，鄂蘭誠然是有舉足輕重
的影響力。但是欲全面性地、如實地闡釋她的政治思想並非易事，
鄂蘭不喜好建立思想體系，甚至否定思想體系的建構。在她看來，
思想的體系化很容易扼殺思考的活力，使思想陷於僵化。因此，
她的政治思想著作除了《人之境況》較具系統性的理論建構之外，
其他的不是透過歷史事件的敘事，就是針對現實政治之議題，或
者她認為對人之政治存在特別有意義的課題，陳述她「成一家之
言」的政治理念。這種論述的方式或風格是有其獨特之魅力，可
是也帶來她思想觀念的表達前後不連貫，甚至相互矛盾。再者，
若以嚴格的哲學分析來審視鄂蘭的思想，那麼，許多觀念的構成
（譬如，「公共領域」、「社會性」〔the Social〕、「世界性」〔the
Worldliness〕……等等）都顯得浮泛，經不起分析。為解決這種闡
釋上的困難，學院的學者不是尋究鄂蘭思想內在的矛盾性，給予
嚴厲的批判，或者為此而給予同情式的瞭解或辯解，要不然就是
作一種重構式的解釋，以消弭此思想內在的矛盾。

　　因此，如何闡述鄂蘭的政治思想，本身也就成為是一個問題。
鄂蘭的政治思想的表達誠然有如上面所提的這些「缺陷」，但是作
為一具原創力的政治思想家，鄂蘭在瞭解人的政治與倫理生活的
意義上，到底提供我們什麼識見？就闡釋的立場，鄂蘭基於什麼
關懷，或者為了解決什麼問題而能有這些識見？以及她運用什麼

4　Antonio Negri, *Constituent Power and the Modern State,* trans. Maurizia
　　boscagli（Minneapolis: University of Minnesota Press, 1999）.

思想資源營構論證的脈絡？這些都是闡釋鄂蘭的政治思想必須考慮的課題。

鄂蘭的政治思想之形構是從她在1958年寫成的《人之境況》為起始。構成她政治思想的重要概念，如，「劇場式」（dramaturgic）的行動概念，以及「公共領域」的概念都在這本論著中有了系統性的論證與說明。她以這兩個概念為基調，迴旋地擴展與深化她的政治思想的範圍與內涵；在1960年代，此思想的擴展轉入了革命的論議以及深究政治與道德相關的課題，在1971年時，沿著這思想的脈絡解釋，鄂蘭的政治思想轉進「心靈之生命」（vita contempletiva）的探索，嘗試融會人的實踐與心靈（或確切地說，「觀想」）的活動。

以上扼要地陳述鄂蘭政治思想的發展與形構，若此陳述是正確的，那麼，鄂蘭政治思想關切所在，乃是人的實踐及其場域（即「公共領域」）的意義。因此，欲闡釋鄂蘭政治思想，則必須以這個主題作為重心，闡釋其論旨要義，並且說明鄂蘭論證脈絡出現什麼觀念上的疑難與糾葛，進而思索鄂蘭撥開觀念之纏繞糾葛可能途徑。

鄂蘭形塑她的政治實踐與公共領域的概念，是有其思想脈絡的。從這個角度來看，分析這兩個概念不能只是就《人之境況》的文本，而必須上溯《極權主義的起源》，下貫《心靈之生命》。

基於這種觀點，本書第二章即以鄂蘭的成名作《極權主義的起源》為解說的重心，闡述鄂蘭如何以她獨特的歷史敘事與理論的分析，一方面描述納粹與史達林的極權政體從事「種族屠殺」與「肅清階級敵人」的全面恐怖統治；另一方面，以西方19世紀末葉的「帝國主義的擴張」為解釋的起點，並扣緊「猶太之現代命運」的主題，闡述西方現代性的政治與文化凝聚極權主義意識

型態與政權的「潛伏因素」。對鄂蘭政治思想的形構與發展而言，極權主義的經驗之解釋居於重要地位。鄂蘭認為極權主義的興起不但戳破西方自啓蒙以來的政治文化的理想，也同時毀損西方自柏拉圖以來政治倫理的傳承。在鄂蘭看來，西方世界經歷極權主義的浩劫之後，正處於一傳統之斷裂的虛空狀態，如何在這種處境中，重新闡釋西方政治與倫理的傳承，並且確立「後極權主義」的政治實踐及其倫理，這便構成鄂蘭政治思辨的靈感動力。從《人之境況》一直到晚年未完成的《心靈之生命》乃展現了鄂蘭思想上的追求。她殫精竭慮思索之所在，乃是重新闡發政治實踐及其界域的意義。若問及為什麼鄂蘭如此專注這個課題，簡單的理由即是，極權主義以及任何專制暴政首要扼殺的，正是人的政治實踐活動與人作為行動主體的尊嚴，而扼殺人實踐活動的生機也連帶摧毀了得以讓這實踐活動發生的公共領域。鄂蘭如何建立以政治實踐與公共領域為主軸的理論，就成為闡述她政治思想的主要問題。

本書第二章論說主題則是勾勒鄂蘭政治思想方法論的綱領。鄂蘭提問一項基本的問題：理論（或哲學）的思辨如何可能真確地解釋人的實踐與政治活動的意義？在西方政治哲學的傳統中，這項問題牽涉政治實踐與理論思辨的緊張。從分析的觀點，鄂蘭把這活動對立起來，而且指出，從事理論思辨的哲學家往往無法真確解釋，甚至有時候扭曲了實踐的意義，也因此他們經常表現出「反政治」的理論傾向。另一方面，哲學的形上學傳統也表現出這種否定實踐之世界的趨向。依鄂蘭的詮釋，此形上學嘗試建立起一種思辨理性（或「超越性」）的終極原則，藉由此原則，論究人間世之實踐活動與政治理論的正當性。但這種終極性原則是否真的能規範多元性與偶然性（或歷史性）的實踐與政治之世界？這

原則在規範實踐生活之世界時，是否會帶給此世界一種強制性之壓迫？鄂蘭的政治思辨嘗試卸除形上學與哲學，這種意圖源自對於這些問題的思索。政治思辨假若不立於終極性之原則與規範，那麼它如何可能提供衡量何謂正當與不正當的準據？這就構成鄂蘭政治思想的一項基本問題。

扼要解釋鄂蘭政治思辨的基本取向後，本書第三與第四章處理鄂蘭政治思想的兩個核心概念：一是行動(或實踐)，另一則是「公共領域」的概念。在1950年代「行為主義」與「實證主義」流行的學術環境中，鄂蘭否定這種「假科學」的解釋模式，批判它們把人之行動化約成統計上的一項數據，或者通則的一個事例。鄂蘭揭櫫的「劇場式」的行動觀念反對這些「假科學」的解釋，而強調人行動的「力與美」的演式(performance)及其「開端啓新」的創新，以及自發性之自由。在理論的解釋上，鄂蘭透過「人活動型態」之解析，將「行動」跟「勞動」與「製造」給分離了開來，並且論證「行動」不能被化約成「勞動」與「製造」的活動型態。除此之外，在定位方面，鄂蘭以「公共領域」作為行動之演式與施為的場域。公共領域跟私人領域有所區分，它意指「他人的在場」、「眾人匯集之場所」。在此場域的活動不是私人的，而是公共性質的。若作一粗略的解釋，公共性亦表示為我們大家(we)所關注的議題與事務，而且這些議題與事務是可以透過人際的語言交談、溝通、論議；簡言之，是可解釋、爭論的客觀事物。另一方面，公共領域並非一種既定的場所，行動之主體基於公共事務的關心與共識，而相結合，行動一致，試圖落實此公共事務的意見，在這行動時刻當中，他們便形成一種動態的權力，而形塑了公共領域。鄂蘭如何論證這兩個政治思想的主題，以及這些論證產生了什麼議題，這是此兩個章節所要闡述的。

　　鄂蘭的政治思想是以行動與公共領域為主軸展開，雖然沒有形成某種理論體系，但是她的論議牽涉相當廣泛的政治哲學議題。接下來的幾個章節特別闡釋下列四個課題：1. 人的自我認同與歷史敘述；2. 國家主權與公民的政治參與；3. 政治與道德的相關性；4. 自由憲政的共和主義。整體來看，鄂蘭的政治思想內蘊許多概念上的緊張對立，舉其要者，公共領域與私人領域、政治性與社會性、制度權力與公民權力、哲學（思辨）與實踐（政治）……等等。筆者並不打算調和這些概念的緊張對立，而是闡釋這些概念的分別意義。

　　最後，鄂蘭的政治思辨到底提供我們什麼具有原創性的政治件事？鄂蘭不像其他的政治哲學家，她沒有給予我們有關現代國家的理論，如她同時代的英國政治哲學家麥可・歐克秀（Michael Oakeshott, 1909-1990）所從事的，也沒有為我們建立一套政治倫理的原則，如美國的政治哲學家約翰・羅爾斯的正義理論所揭示的。儘管如此，她的政治思辨，透過一種「非學院式」的論述，傳達給我們一種明辨何謂政治性的識見。對於這個識見，鄂蘭雖然沒有建立一套有系統的理論，以及確立一種清楚的原則，但是她指示我們一種思維的基本方向。

　　依照鄂蘭的論議，所謂政治乃是一種自主性的領域，或空間。它的開展端賴我們行動的創造，我們基於公共的關懷，而離開安穩的居所，共同涉入充滿風險的公共事務，共同討論、爭辯、論議為我們關切的公共議題，經由在這種「公共論壇」中的理性言說與論辯，我們審議紛歧的意見，從其中，尋求某種共同的觀點，或者也可能無法達成這種「公共性的共識」（*senseus communis*）。不管如何，我們基於公共的關懷以及審議公共議題的心意，而同意相互結合，協同一致行動而有所作為。公共領域也在我們這種

行動中開展，政治之生命的尊嚴意義也在這裡展現。

　　鄂蘭強有力地揭示政治的公共性意涵，而且賦予此政治一種自主性的地位。關於這個論點，鄂蘭嚴格地區分公共領域與私人領域，若用標語呈示，就如美國政治理論學者所說的，「個人性不是政治性」(the personal is not the political)。在日常生活世界中，我們個人的感受、情愫，甚至是道德的情感（譬如悲憫）、人際之間的，特別是男女之間的親暱的愛欲、家庭的人倫關係，以及構成我們認同意識的元素（如，種族性、地域或者是性別意識）都不是可以赤裸裸地被彰顯於公共領域，再者，經濟的活動也不能主宰公共領域與政治的行動。

　　這種區分雖然具有將公共領域與政治「純粹化」的傾向，但是，這並不表示鄂蘭否定私人活動的意義，以鄂蘭的譬喻來說，一棵樹的存有，兼具遮掩與彰顯，它的根柢（即遮掩的部分）供給它繁榮滋長之展現的生機。人的活動及其存有亦是如此，沒有私人親暱的關係的情感，沒有家居私人生活的滋潤、沒有個人的隱私性，任何人都不可能湧現生機活力以成就公共或政治的生活。同理而論，如果經濟分配正義的問題無法區分有關我們共同欲求一自由之體制的政治問題，那麼，政治之治理就容易被化約成為經濟分配的行政管理，在這種情況下，公民之自由的行使便可能窒礙難行。

　　個人私人的活動如何可能轉變成為公共領域的政治行動？鄂蘭對於這個問題並沒有提出令人滿意的答案，在此我們根據她個人的經驗，勉強作一種可能的解釋。鄂蘭身為一位猶太人，在她生活的世界裡，這種身分認同常遭他人或公眾的議論，甚至攻擊。而身受這種遭遇，反而使得本為私人性的認同在對抗這種不義的攻擊時，形成一種公共關注與福祉的議題。但是，在這種轉變的

過程中，私人認同必須掙脫個人生活的飄忽不定感受與意念，而成爲公共領域中可以跟其他人共享的經驗。若要達成這種公共性，一個重要的條件便是：這種私人的認同必須透過言語與概念加以解釋與論證。依此推論，良好的政治在於公私領域有一分界，但並非相互絕緣，而是有一種互動的辯證關係。公共性的政治不會侵犯私人關係、情誼或友誼，同樣地，私人性的事物不會掩蓋公共性之政治的行動。

　對於這一位極富創發力的當代政治思想家，筆者在這本論著中並不計畫全面性地闡述她的政治理念。而是採取主題式的解釋途徑，寄望能提供讀者瞭解鄂蘭政治思想的資源——儘管提供的資源是有限的，是一種提綱挈領式的提示。

目次

第一章
極權主義與西方現代性

　　鄂蘭跟她同一世代的政治思想家，如麥可・歐克秀、艾薩・柏林與雷蒙・阿宏（Raymon Aron, 1905-1983）一樣，均關切極權主義政治問題。對鄂蘭而論，極權主義更是與她切身的經驗相關。她經歷威瑪共和的憲政危機、1933年納粹的興起、納粹政權的猶太「種族屠殺」，也經歷了流亡的「異鄉人」生活。這些經驗與體認，無可諱言地，皆構成她政治思想的資源。1951年鄂蘭寫成《極權主義的起源》（原先的標題為「我們時代的負擔」），這本現代經典可以說是她反思與闡述這些經驗的結晶。在這本巨著中，鄂蘭分析了極權主義政權的結構及其意識型態的特質，並闡釋極權主義興起的歷史條件。

極權主義意識型態與政治控制

　　對於鄂蘭而言，希特勒與史達林的極權政治代表一種「根本之惡」（radical evil），這種罪惡乃美德無法寬容，法律與刑罰也難以制裁。這個政體亦是史無前例的政治支配，過去任何專制或獨裁制，無論如何殘暴，都沒有如極權主義一樣，憑藉一套全盤性的意識型態，把某部分人打入「理應消滅的種族或階級」，企圖從

事一種「全面控制」的統治，並且以「集中營」或「勞改營」爲實行此意識型態的實驗場所 [1]。過去的專制獨裁政權僅止於迫害「政治敵人」，但極權主義毫無留情地殲滅那些服從它的「順民」；過去沒有一個政體公然取消人的道德信條──如「你不應殺人」、「你不能作僞證」──而把殺人與說謊轉變成公民應該服從的法律命令；過去沒有一個政權的領導階層如此狂妄，企圖改造人性；與此相對地，過去也沒有一個政權的領導階層那麼謙卑，自稱是執行「歷史或種族必然法則」的工具。

這樣嶄新的政權，鄂蘭進一步解釋，乃是建立在一套「意識型態」(ideology)的統治支配。這套「意識型態」，在極權主義的運用下，講求前提與推論必須首尾一貫的演繹邏輯，這套邏輯以

1　對於極權政治的這些特色，鄂蘭闡述如下：「全面控制企圖組織無限多元化與個別差異的人，使人類整體成爲宛如單一的個體，這種企圖得以成功，其唯一的條件即是，把任何一個人化約成一種恆定的同一性(或特質)，甚至同具單一反映的存在，因此人之個體性變成純粹只是一束束的刺激與反應的生物體，彼此可以隨意互換。問題是，全面控制野心勃勃地試想營構不可能之事，即是，把人類塑造成跟其他動物相似的族類，其唯一的『自由』只是「族類的存續」。全面控制完成這項目標乃透過兩種途徑：一是統治菁英集團灌輸意識型態教條，另一則是建立集中營，施以恐怖統治。前者所運用的暴行，如其所如，成爲全面灌輸意識型態的實際手段，也成爲意識型態檢證自身的依據，而令人驚懼的集中營本身則是提供意識型態之『理論』檢驗。集中營不只是消滅某一特殊的人民以及羞辱人們，同時，在科學控制的條件下，集中營猶如鬼影幢幢的實驗室，藉以根除人行爲表達的自發性，以及轉變人的個性，使之成爲物體，成爲甚至連動物都不如的事物；就如巴伐洛夫所實驗的狗，它不是因爲飢餓，而是因爲聽了鈴聲而食，人變成像這隻甚至是錯亂的動物。」Hannah Arendt, *The Origins of Totalitarianism* (New York: Harcourt Brace Jovanovich, 1950)，中譯見《極權主義》，蔡英文譯(台北：聯經，1982)頁222，也參見林驤華譯《極權主義的起源》(台北：時報，1995)頁587。

不證自明的「種族鬥爭」與「階級鬥爭」為前提，而對人類整體發展的過去、現在與未來做全盤的解釋，同時認定人類整體的歷史意義在於實現某一種終極目的，譬如「無階級社會」或「純粹人種」的統治。極權主義者運用這一套「意識型態」改造生活世界的「事實」或「現實」。在講求首尾一貫之一致性邏輯的推論下，此「意識型態」拒絕實質經驗適時的否證，其結果是，把它支配的世界砌造成一封閉的「虛構世界」。在此，對於極權主義的「虛構世界」稍做說明。依照鄂蘭的解釋，極權主義政黨從其形成與奪權開始，便善於利用現實生活世界中的經驗，將這些經驗概括於它所要引導民眾的意識型態當中，譬如德國納粹利用西方民間對猶太人的猜忌，大肆宣傳「猶太人企圖征服世界」，經由政黨一再誇大鼓吹，使得這種宣傳變成德國人民日常生活的「實相」（reality），藉此砌造出「一個足以跟真實世界相匹敵的另一個世界。如是的世界優勢在於：它是有邏輯可證、可理解的，以及是前後連貫、首尾一致，具有嚴密的組織結構，這使得極權主義宣傳具有概括實在經驗的能力，得以在某種謊言破滅後，依舊維持蠱惑人心的力量。」[2]

2　譬如，「猶太人征服全世界的陰謀」本身只是一個假設、一個客觀的、可辯論的課題。然而，在極權主義宣傳的轉化下，竟然變成納粹黨生活實體中的一項重要元素；在這裡，關鍵在於：納粹黨的所作所為，使德國人民真的認為猶太人要征服、統治全世界，因此認真地去找出一種策略來防範猶太人。對於納粹而言，「種族主義」不再是一種值得一再討論、辯駁其科學價值的理論，它已經是一種實在，日復一日地顯現於政治組織的功能階層結構當中；在這種政治組織的一般結構下，假若還一直詢問種族主義的真實性，那就非常不重視現實了。布爾什維克黨也是一樣，針對「階級鬥爭」、「國際共產主義路線」、「無產階級的福祉無條件地依賴蘇維埃的福祉」諸如此類的假設，布爾什維克黨覺得不需要任何參驗，共產黨同志的組織功能比任何理論或教條學說更具說服力。Arendt, *The Origins of Totalitarianism*, 中譯見《極權主義》，蔡英文譯，頁111-112。

　　當極權主義政黨掌權後，它們必須維繫在奪權運動時所營構的虛構世界，而且必須把它鑄造成人得以日夜生活於其中的實在。同時，爲了確實實現這套「意識型態」所揭示的歷史之究竟意義或目標，極權主義者稱他們是這一人類偉大的目標的代理。但是他們也知道這個目標並非一蹴可及，而是「百年大計」，執行此目標的任何階段也都不會是絕對完美的，因此，「意識型態」的法則，不論是歷史的或者是種族的法則，必然是動態的，在此動態的運動法則支配下，極權主義者名正言順地摧毀一切阻撓此運動的既成制度與憲政的結構，掃除人間世界的任何法律與道德倫理的界線。爲達成此一目標，極權主義者不斷在他們發動的所謂運動的過程中，尋找與肅清那些偏離或顛覆此運動法則與過程的「危險分子」。關於極權主義的政治體制，就如鄂蘭所解釋的：

> 極權主義運動掌握政治權力時，首要的工作就是建立一個官設機構，或者官方承認的總機關（或者如極權政權之衛星國），藉此控制與指揮整個運動；同時（把整個政治社會）建造成一所巨大的實驗室，在其中，著手從事吸收經驗事實與營構虛構之世界的實驗工作，以及組織民眾，使他們為那超越個人與民族之上的極權主義目標，奉獻犧牲，……極權主義運用行政管理的手段，以從事征服全世界的工作，並指導極權主義運動分枝的工作。它們建立龐大的秘密警察，作為極權主義的執行者，它們也利用秘密警察來捍衛極權主義對內所營建的虛構世界，最後則普遍設立集

中營，來完成極權主義全面控制的實驗。[3]

　　據此，極權主義的本質乃是抹平人間世界的所有界線，以及把人之多元性壓縮成單調如一的集體同一性，俾能釋放非人性的自然或歷史之勢力。

　　這套「意識型態」顯現在極權主義者身上的性格，一方面是表現「凡事皆可為」的虛無作風，一種認為人的力量無比偉大的狂妄，可以把不可能改變成為可能；另一方面則是自認為執行歷史或自然之動態法則的工具，一切作為因此不是自發性的，或是自律性的，而是「意識型態」法則支配下的傀儡，這造成極權主義者全然喪失「政治責任」的理念與承擔。

資本主義經濟體系與極權主義興起的歷史條件

　　在闡述極權主義興起的歷史條件上，鄂蘭並不關注：德國與俄羅斯在第一次世界大戰時期的特殊處境如何可能醞釀極權主義意識型態與政治。因此極權主義並不是德國與俄羅斯的特殊問題，它毋寧是西方現代性的問題。西方現代性的成就：資本主義市場經濟、科學技術的發展、工業化社會、自由民主制，以及現代主權國家，在其發展的脈絡中，皆潛伏歷史之暗流，而推促極權主義與法西斯主義的興起。簡言之，鄂蘭闡釋極權主義之興起，乃是探勘與發掘西方現代性之困境，而這也構成鄂蘭往後建立其政治理論的一重要課題。

　　鄂蘭的闡釋以資本主義的經濟生產體系為起點，說明資本主

3　《極權主義》，蔡英文譯，頁156。

義如何把人經營生存之必需的「私產」（property）轉變成爲不斷投資和再投資之無限流動的「資產」（wealth），這種轉化也是孕育「資本主義意識」的過程。爲擴張資產之緣故而進行無休止之資產擴張，以及以全球化之擴張作爲終極之目標，乃構成此意識之本質。

　　資本主義及其意識型態的形成過程不斷地沖毀舊有的共同體及其文化生活方式，也連帶侵蝕了維繫它們的傳統、習俗與道德以及詆毀任何「神聖」之事物。在它們所到之處，一切穩定之事物皆化爲流動之虛空。另一方面，主導資本主義發展的資產階級，在18世紀時，形成一社會之中堅而具有強大的政治影響力。但是這個階級一向疏離政治，只關心私人利欲的滿足、財富的累積，而無法提供積極的政治理想，以抵禦與切實引導資本主義的狂飆。更甚者，這個階級把商業經濟活動的作事風格、觀念與原則帶到政治的領域，譬如，我們所熟知的、大膽冒進、投機取巧、巧取豪奪，逐漸形成強調「便宜之計」、「理性計算」、「競爭與成功乃是一切」……等政治實踐之原則 [4]。

　　在19世紀末期，資本主義的無限擴張動搖了現代民族國家。這個有一定疆域、同質性的文化生活形態，以及具有憲政法治的政治體系，其功能在於超越族群之分歧，保障公民基本權利，以及落實「全體福祉」的理想。但是資本主義的擴張是以國家的政治權力爲後盾，而進行國際貿易的競爭與海外殖民經略。在這種處境形勢中，民族國家的體制必須跨越疆域與憲政結構的界線，以維持其經濟之命脈，而在這個時候，它的治理就出現捉襟見肘的困境。這困境，簡略來說，乃是民族國家的憲政法治的結構、

4　Arendt, *The Origins of Totalitarianism*, 中譯見《帝國主義》，蔡英文譯（台北：聯經，1982），頁24-50。鄂蘭在闡釋資產階級的政治意識型態時，特別以霍布斯的政治思想爲其代表。

人權與公民權的理念無法規範殖民地之行政事務的管理以及對土著的治理，而形成殖民地上無法治、無人權保障可言的「無政府狀態」。更重要的是，在亞非地區執行資本主義擴張，這種所謂「帝國主義」的殖民經驗逐漸形成「種族主義」的意識型態，藉此合理化殖民地的征服；另一方面「種族主義」以人的生物屬性為依據，分判人種之優劣，以及企求以優良之人種為構成理想之民族國家的理念，也逐漸侵蝕了自18世紀末葉以來的人權與公民權的政治理想。在經略殖民地的事務上，帝國主義者往往以行政命令取代法治，也認為自己替一股潛藏的歷史與生物之必然勢力服務。他們在殖民地上的這種作為與心態，依照鄂蘭的闡釋，蘊含了極權主義的實踐及其意識型態的根源。

群眾與極權主義運動

在解釋與論述資本主義之擴張和帝國主義心態轉向極權主義運動與支配的歷程中，值得說明其主題乃是20世紀的群眾社會與極權主義支配兩者的關連。在這裡，鄂蘭的論述表現了她對人之道德心理的洞識。依鄂蘭的分析，資本主義的「資產積累」的生產方式與不斷擴張的原則造就了西方現代社會一大群「孤單」、自覺「多餘無用」，以及跟生活世界疏離的「群眾」，他們拼命地追求物欲之滿足，充滿物欲之激情，罔顧公共事務，但是生活之支離破碎與意義的喪失，使他們成為絕望之存有，他們既無法彼此結合成政治的團體，共同參與政治之事務，更甚者，他們隔絕了其他人，隔絕了使他們生活有意義的共同世界，在這種「隔絕」(isolation)與「孤單」(loneliness，意即：喪失生活之共同世界)的存在處境，他們不但喪失了現實感，也喪失了合理地判斷經驗的

能力，他們極易被任何勢力所鼓動。從群眾出來的激進分子（所謂的「暴民」）在19世紀中葉跟「帝國主義者」串聯，在無法治的「蠻荒世界」中從事各種巨大的罪行，而被動的「群眾」則受各種運動的「意識型態」所蠱惑。「暴民」在亞非地區的罪行，以及「群眾」在歐洲大陸熱衷信服各種「意識型態」，這樣的經驗間接地造成孕育極權主義的溫床。最後，一套封閉的邏輯推論系統，以及自稱能解答人類歷史之究竟意義的「意識型態」，終究能在這共同世界喪失與個人「單原子化」（atomization）的現代處境中，吸引「群眾」。他們服膺這套「意識型態」至少讓他們認為身屬某一聲勢浩大的「部落團體」——不論是自稱「人種之主宰」或者自稱「歷史必然性之領導」的「部落團體」——而能感受到生活的一點點尊嚴。就如鄂蘭闡述群眾與極權主義的關連：

　　群眾跟其生活世界疏離，喪失了一個共同之世界，漂泊無根（homeless），正希望跟某種永恆的、操縱萬事萬物的巨大勢力結合成一體，因為唯有攀住這股力量，這些漂浮在厄運浪潮的泅水者，才能感覺安全穩當。處於這種情況下，群眾張開雙手，擁抱任何自認合乎「科學本質」的預測或意識型態。由此，納粹黨員可以振振有詞說道：我們必須依照遺傳學來規劃法律，以及指導民眾的生活。同樣地，布爾什維克黨也對其黨員強調「經濟」是歷史判斷的權力。這些意識型態承諾群眾一種最後之勝利，因此個人生涯的挫敗，以及特殊事業的失敗，都是無關緊要的。群眾不是社會階級。群眾所迫切需要的事，乃是意識型態提供他們的最具抽象形式的勝利與成就之結局。對群眾而言，意識型態創造出一種無所不包的全能力量，可以解釋任何意外

偶然之事，將之安置於法則的通盤解釋架構中，而掃除任何意外巧合 5。

「猶太人命運」與西方現代性之限制

鄂蘭對極權主義的闡述亦如處理他個人切身的「猶太人現代命運」的問題，納粹當權時，曾屠殺大約六百萬的猶太人，而且是透過組織性、系統化的途徑，企圖根除猶太民族，像消滅「臭蟲」一樣，讓猶太人在地表上消失。鄂蘭在《極權主義的起源》第三卷《極權主義》中，生動地描述納粹的「種族屠殺」造成的「人間地獄」景象。就此解釋的觀點而言，鄂蘭說：

我們可以依照西方人對人死後之生命的三種概念——地獄、煉獄、冥府，把集中營區分成三類：「冥府」（Hades）對應於比較溫和的集中管理方式，用來規訓社會無用的失業人口。它或者是懲罰罪犯、反社會分子的監獄，或者是驅逐無國籍民、難民的拘留所。這些形式即使非極權世界的人們也相當熟悉：就以「驅逐營」（DP）的例子來看，這種設施的作用是排斥多餘無用的遊民與騷擾社會治安的不良分子，這種設施在第一次世界大戰之後，依舊殘存。蘇聯的集中營可以代表「滌罪所」（purgatory, 或譯「煉獄」），在其中，囚犯缺乏照料，以及從事漫無目標、雜亂的奴役勞動。「地獄」則代表納粹黨一手創造的極致的集中營型

5　《帝國主義》，蔡英文譯，頁93、95。

態。在這集中營裡，統治者依據最大可能的折磨人的觀點，有系統地組織營內的生活。這三種類型都有一共同點〔特別是後二者〕：被監禁於其中的人們飽受非人性的虐待，發生於他們身上的事情似乎引不起任何人的關切，他們宛如活死人一般；更甚者，某些發狂的邪惡精靈在擠壓他們進入死寂的地獄之前，尚且讓他們徘徊於生死之間，肆虐玩弄，以供自娛 6。

人彼此相殘害、屠殺在人類歷史中不絕如縷，可是像這種集體性的「種族屠殺」是20世紀出現的史無前例的現象，而且是發生在自詡有高度文明發展的歐洲。這如何可能發生？鄂蘭處理「猶太人命運」時，關切如是的基本問題。鄂蘭的解釋一方面是歷史的闡述，另一方面則是以「猶太人命運」作爲事例，解釋西方自18世紀「啓蒙運動」所開展的現代性之理想——譬如自由、平等或「人之解放」（human emancipation），以及普遍人權與立法的理想——在實踐上遭遇的困境。

就歷史敘述體的構成，鄂蘭在此書的第一部分《反猶主義》，從西方現代「民族國家」與資本主義金融體系的歷史形成，解釋猶太人——這沒有建立一政治共同體而漂泊無根的民族——如何取得金融掮客的地位，成爲歐洲金融界的顯赫人物；但是作爲一無國籍民，猶太人無法培養政治意識與參與政治事務的能力，這造成猶太人政治冷感與被動反應政治現實的習性。猶太人生活於非他們所屬的國度裡，他們不是成爲政治社會的邊際人物，就是努力變成上層社會的暴發戶。在西方現代早期的發展，由於國際間金融借

6　同前註，頁233。

貸的需求，猶太人，因為「無國籍」性格，可以替各國政府穿針引線，解決金融問題，而成為各國政府所需要的「有用之物」。同時，在講求人權與法治的現代民族國家裡，猶太人可以獲得社會政治地位的保護，但猶太人所置身的安全處境只是暫時性的。到了19世紀，西方國家因為民族主義的訴求，而使得猶太人再也無法享有他們先前享有的安全穩固的地位。置身於這種危機，猶太人因其本身的「特殊性」而容易成為歐洲各國歧視以及迫害的對象。這種境況有利於納粹政黨製造猶太人整體「陰謀統治全世界」與「發動世界大戰」的神話。納粹利用這種虛構的神話，以猶太民族作為「外敵」，企圖凝聚德國戰後的民族團結，並且以「反猶太人」的觀點，組織政黨以及重構德國政治社會之整體。更甚者，「反猶太主義」變成每個人存在的切身問題，亦即：任何人的出身與家族背景，若有混雜了猶太人的血統，便無法容身於整個社會。「反猶太主義」透過納粹政黨的宣傳，以及組織與暴力，形成了個人自我界定之認同的核心[7]。納粹「種族優劣論」之意識型態具體地落實於迫害猶太人，以及在掌握權力之後，對猶太人進行「種族屠殺」。

　　當納粹如火如荼地進行迫害與殘殺猶太人時，那些崇尚啟蒙理想的西歐國家卻視若無睹，甚至取悅納粹德國。從這種現象，鄂蘭進而闡釋西方啟蒙理想是否只是一種空想？她的基本論旨乃是，納粹德國集中營所摧毀的正是政治現代性之普遍原則的根基：人性的普遍概念，亦即人類共同具有普遍之人性，以及因之而來的基本權利。這如何可能？鄂蘭以「猶太人之命運」為主題，論證：自法國大革命以降，猶太人的經歷顯現啟蒙理想的失敗。

7　《極權主義》，蔡英文譯，頁98-114。

啓蒙理想以人性普遍概念為本,揭櫫普遍人權的原則,肯定與尊
重人的種族及其文化的多元性,並因此賦予個人與民族一種政治
解放的理想——解放政治、宗教以及傳統之道德的壓迫。但是,
歐洲國家面對內部少數族群,或者被傳統社會排斥的「賤民」
(pariah),以及在殖民地上臨遇有色人種及其文化生活形態時,它
們的作為與觀念往往與啓蒙的理想背道而馳。鄂蘭在《極權主義
的起源》前二卷(即《反猶主義》與《帝國主義》)當中,詳述歐
洲各國這種行為與理念。

就鄂蘭的闡釋而言,沖激與動搖啓蒙理想最大的因素來自帝
國主義之擴張所帶來的「種族思想」與「官僚統御」,而這因素又
與資本主義無限的資本積累與擴張相扣連。據此我們可以說,啓
蒙理想的問題本質上是資本主義的問題。

依鄂蘭的解釋:「帝國主義統治有兩種政治武器,一是在南非
形成的『種族』的概念,另一是在阿爾及利亞與印度實施的官僚
政制。探究兩者的根源,可以發現到『種族』的概念乃是歐洲人
面對非洲土著的自覺反應。歐洲人對於這些土著的人性感到震驚
與羞恥,在這種反應下,『種族』概念應運而生。而『官僚政制』
則是歐洲人統治與監管海外殖民地民族所帶來的結果。在歐洲人
眼中,海外殖民地民族是卑微的、毫無希望的,因此必須受到督
管。」[8] 種族的優越與官僚統治間接地破壞了歐洲本土所孕育的
普遍人權與憲政法治的理念。殖民地的官僚罔顧任何普遍法律,
頒布各種不同的政令來處理各種的處境形勢。因為法律秉承的穩
定性必會建立一個永久性的社會,在這種穩定的社會裡任何人都

8　同前註,頁123-4。

必須守法，沒有人當得成上帝 9，換言之，在殖民地上，優越之
種族的統治必須建立在「依命令或法令統治」的官僚政體之上方
能有效。如果說歐洲國家(特別是英國)經略殖民地的「種族思想」
與「官僚統治」間接地衝擊了啓蒙的現代性政治理想與原則，那
麼歐洲大陸在第一次大戰後，社會與經濟的諸種危機，更是直接
地動搖了啓蒙理想的根本。在分析這個課題上，鄂蘭扣緊了普遍
人權與立法，以及民族主義和「泛……主義」(或者鄂蘭所稱的「部
落式民族主義」)之間的糾葛，作了歷史的闡述與理論分析。1989
年之後由於民族主義與人權思想成了公共論壇關切的議題，因此
鄂蘭在1950年代提出的解釋觀點是值得我們理解。

民族國家、民族主義與基本人權

　　鄂蘭在《帝國主義》結尾的一章，名之為〈民族國家的式微與
人權的終結〉中，對於人權的政治倫理原則提出了評論的觀點 10。
　　鄂蘭的人權評論兼具理論分析與歷史闡述，兩者時而分離，
時而交錯，本文的闡釋只能提示其論旨，而輔之以歷史的闡述。
在理論分析上，鄂蘭解析法國革命的《人權與公民權宣言》主要
的理念或理想，進而剖析它們語意概念含混之處，同時，藉由闡
述歐洲19世紀末帝國主義擴張的處境，說明人權落實的困境。
　　法國革命的人權宣言，就其歷史意義而言，乃是透過制憲，

9　同前註，頁136。
10　關於最近討論鄂蘭之人權論述的論文，見Jean L. Cohen, "Rights,
　　Citizenship, and the Modern Form of the Social: Dilemmas of Arentian
　　Republicanism," in *Constellations,* vol. 3, no.2 (1996), pp. 164-189, 以
　　及Hauke Brunkhorst, "Are Human Rights Self-contradictory? Critical

把17世紀以來哲學家（如霍布斯與洛克）建構的自然法則及權利轉
變成爲國家權力必須履行的義務責任：譬如，保障人民的自由與
私產，以及人身之安全，同時容許人民反抗政治的壓迫。對於這
種革命人權的意義，我們可以在法國政治思想家班傑明・康斯坦
（Bejamin Constant, 1767-1830）的解說中，有一清楚的瞭解，他說：

> 英法兩國的人民，以及美利堅合眾國的公民所瞭解的「自
> 由人權」，乃是個人遵從法律的權利，任何個人不能被其他
> 人或團體任意拘捕、監禁、處死或虐待。任何人均享有意
> 見之表達、選擇與從事任何行業、使用（甚至是濫用）財產，
> 以及不論動機，也不必有任何擔保，而得以自由遷徙……
> 等等權利。任何人亦享有權利相互結社，不論是共同討論
> 他們的利益，或是宣揚他們之團體所尊崇的宗教信仰，甚
> 至「群居終日，無所事事，言不及義」都被允許。最後，
> 任何個人均享有權利，透過選舉全部或部分官員，或者循
> 經代表、請願、要求……等這些迫使權威者不得不重視的
> 方式，影響政府的行政治理 [11]。

　　在鄂蘭的解釋中，人權的意義在於，人代替了上帝而成爲法
律的超越性根源：「人權之確立不必訴求任何權威，人自身即是人
權的根源，也是人權指涉的終極目標。另外，人權不必訴求任何
特殊法律以資保護，因爲所有法律皆以人權作爲根基。就法律而

Remarks on a Hypothesis by Hannah Arendt," pp. 190-207.
11 Benjamin Constant, *Benjamin Constant: Political Writings,* ed.
　 Biancamaria Fontana（Cambridge: Cambridge University Press, 1988），
　 p. 18.

言，人是最高之主權，就如同從政府的觀點而論，人民是最高主權一樣。」[12] 在界定人權的內容上，鄂蘭就〈美國獨立宣言〉指出：人權即是生命、自由與追尋幸福的保障，就法國的人權宣言，則是法律之前人人平等，以及自由和私產的保障。

　　針對人權的這個根源——人本身的最高主權性，鄂蘭提出了她的疑難：人權的形上根據若是建立在人的主權之上，那麼，人本身憑藉什麼資源可以論證這種根基？在這問題上，如果我們還能夠肯認「猶太－基督教」的宗教傳統，承認人的基本權利——特別是個體性的尊嚴與人的平等性——乃奠基於上帝之創造，那麼，疑難困頓可能就不會顯得尖銳，就如鄂蘭所論：「依照『猶太－基督教』傳統……人皆有一共同的根源，此根源是超越人的歷史、人的本性與人的目的，因而是在上帝所創造的神秘性的、無可界說的『人』之上。神性根源乃是形而上概念，但由於奠基於此概念，政治上的平等目標——以及在這個地球上穩固地建立人類共同體——才有立腳之處。」[13]

　　然而，西方歐洲歷經科學革命與資本主義市場經濟的衝擊，當中古社會延續的習俗、禮儀與規矩逐漸喪失其鞏固人心的勢力時，西方人的意識是否還能肯定此宗教信念於不墜？在此，我們所察覺的是一種思想與信仰的焦慮。在基督教之此種形而上理念失去了論證人之政治與道德實踐的根據時，人反求諸己，試圖從自己身上尋究此種根據的資源。但是，此一舉動卻帶來令人困思的結果。首先，人與人性（humanity）的本質是什麼？現代性之自然法則與人之權利皆設定人乃共具普遍性質素的存有，但這種普

12　《帝國主義》，蔡英文譯，頁244。
13　同前註，頁165。

遍人性是什麼？針對這項議題，鄂蘭認爲：「關鍵在於，人權賦予人的權利與人性尊嚴，即使這個世界上只存在一個人，它們依然有效，它們乃獨立於人的複雜多元性之上。因此，任何人即使被社群（或共同體）所排斥，而孑然一身，它們依舊真實有效。」[14] 換言之，人權所指涉的人，乃是單一之個體，或者說，它預設「個體之法則」（the law of individuals），但這個個體乃缺乏任何群體文化生活的載體。另一方面，人權賦予人的尊嚴，其宗旨乃是指人有權利抵抗任何外在勢力的壓迫，以求得個體的解放 [15]。

鄂蘭從這種闡釋中，進一步評論人權蘊含的弔詭。她明白指出：「人權宣言所揭櫫的人是『抽象化的人』（abstract human being），是空泛、不切實際，這種人是不存在於任何地方（即使非洲土著也生存於某種社會秩序當中）。」[16] 就以人權所肯定的人個體之解放的影響而論，單一、孤立的個體（或所謂「單元子化之個體存在」）如何可能力求解放、而不預設他必須跟某種政治社會與文化秩序有某種關聯？人權的這種抽象性更關涉現代「民族國家」在落實人權理想時所遭遇的種種難題。在說明鄂蘭的歷史闡述之前，先解釋她反思人權理念本身的一項難題。

如前所述，現代人權的歷史意義，乃是以人主體的理性可以發現與論證的普遍性法則，藉此取代中古封建的上帝神聖法則。任何個人憑藉人權的主張，企求保障個人的「自由權利」（*status liberties*）；另一方面，以此人權作爲現代主權國家及其政府治理

---

14 同前註，頁254。

15 如鄂蘭所說：「當西方人首次宣示人權時，他們堅信：人權乃獨立於歷史之上，也獨立於過去的社會階層之特權，這種解放性的獨立即是人性尊嚴」。Arendt,《帝國主義》，蔡英文譯，頁254。

16 《帝國主義》，蔡英文譯，頁244。

的正當性基礎。但是，以人的主體及其理性，或人性爲根基，而確立的人權，是否具有確鑿的穩定性？在此，鄂蘭提出了她的質疑：

> 一旦宗教或自然法的絕對性與先驗性的論衡原則失去效力，那麼把權利跟「有益於某事物」的功利觀念——諸如，有益於個人、家庭、人民，或多數人——相結合的法律概念，就成爲無可避免的結果。而如果「有益於某事物」的功利觀念，是指涉人類整體，那麼人權會帶來無解的困境：因爲，總會有這麼一天，任何人會發現，若有一個自稱統攝人類整體，而且組織嚴密，具有機械操作之性格的體制在地球上出現，那麼，這個體制在從事治理工作時，可以名正言順地下結論說：爲了人類整體，也依據絕大多數人的決議，可以而且應當剷除某些部分。這確實會發生，而且確實可行。在這事實可發生的問題中，我們似是再度遇到政治哲學中淵源流長的問題與困惑，它們因柏拉圖所言:「人非萬物之準則，而是上帝」而引發，但只要一種穩定的基督神學提供所有的政治與哲學之問題一種確定架構，那麼，它們可以依舊不會擾亂人的心思 [17]。

從這段引言，我們可以讀出現代人權理念缺乏基督教神學基礎，而以人性爲終極根基。這種人權理念在歷史發展的脈絡中，必然會因爲「人性」概念的含糊性，而受到質疑或挑戰。依鄂蘭的闡述，19世紀的西方歷史乃是人權理念不斷被受到批判的歷

---

17 同前註，頁256。

史：馬克思主義、民族主義或「泛……主義運動」（或部落式的民族主義）、社會達爾文主義、種族主義等等一再侵蝕，甚至摧毀人權理念。最後，以「種族主義」和「階級鬥爭」意識型態爲基底的極權主義乃終結了人權理念。

鄂蘭從19世紀西方民族國家體系內的矛盾爲起點，具體分析人權理念的問題。

如我們一般瞭解，西方現代民族國家的發展始自法國大革命，至19世紀臻於成熟定型，這個體制的成長是「民族性」（nationality）與國家體制相互的結合。民族的構成，乃是一定疆域內的人民對於土地與文化生活形態的認同 18。在此，鄂蘭特別強調農民階層的政治解放，以及普遍徵兵制乃是現代民族國家構成的基本條件 19。

當民族國家形成時，如我們所瞭解的，這個體制「必須保護居住於其疆域內的人民，而且不論居民的民族性，它的一切作爲必須代表著一個超然的合法制度。」20 民族國家的這種正當性乃建立在憲政法制的基礎之上，民族國家有責任保障人民生命財產

---

18 如鄂蘭所闡述：「人民一旦意識到自身乃是文化與歷史的載體，體認所居之土地乃是一恆定的安居之處——在這永久的安身處，歷史腳步遺留下痕跡，它的開拓是祖先們努力與辛勤的成果，它的未來也將依賴這文化傳承的歷程——這時候，民族便踏入歷史舞台，並獲得解放。」Arendt,《帝國主義》，蔡英文譯，頁158。

19 如鄂蘭所闡述：「從社會學的觀點來看，民族國家乃是歐洲農民階級解放後，才擁有的政治體系，這項觀點足以解釋爲何直到19世紀末葉，民族才能在這些國家裡保持著穩定的地位，換句話說，直到農民真正代表民族目標，民族國家才穩固。……普遍徵兵制促使西方民族國家的打造並且醞釀民族主義達於高峰，此民族主義是那解放的、根植於泥土的農民階級所醞釀產生的。」Arendt,《帝國主義》，蔡英文譯，頁158。

20 《帝國主義》，蔡英文譯，頁158。

的安全以及「自由權利」。它必須有能力終止體制內的戰亂，以及抵禦外侮。另一方面，在處理人民的社會與經濟活動上，憲政國家只提供它們一種法治與司法管轄的基本架構，理想上，給予這些活動最大可能的自由空間，而不作積極的法令或意識型態上的干涉。這種關係即是黑格爾所指的現代國家與「市民社會」的辯證關係。從上面簡略的闡述，現代國家的運作，其基本特色在於，憲政法治的治理、人權的保障，以及允讓「市民社會」最大可能的自由活動空間。以哈伯瑪斯的(Jürgen Habermas)的用語，現代國家乃依循「共和原則」(republicanist principles)而行正當的治理 21 。

　　另一方面，現代國家的打造必須建立在人民之共同意識與意志之上。但是，光憑上述的「共和的正當性政治原則」，現代主權國家實難砌立此根基。在這裡，我們不難瞭解人民的「民族性」爲什麼被主權國家所運用，藉此凝聚人民的共同意志，以及形塑一個統一性的政治社會秩序。如此觀之，「民族」與「共和」同時成爲現代國家運作主權的正當性基礎。

　　以鄂蘭的解釋觀點，「民族」與「共和」乃是互相矛盾的原則。

21　如哈伯瑪斯所闡釋的，現代國家具有兩種主要性格，一是國家的最高主權具體表現在君王的統治，其次是國家與社會相互分離，如此，個體自由的核心被賦予私人身分的公民。從君王主權轉向人民主權的過程中，屬民的權利轉為人權與公民權(civil rights)，也就是說，轉變成為公民的基本自由與政治權利。從理念型態觀之，它們保障了政治與私人的自主性，以及原則上，維護任何人的平等之政治自主性。理想地來說，民主憲政國家乃是形成於一種自願自發的政治秩序，它由人民建立，以及因他們自由之意志形構而是正當的。依照盧梭與康德的觀點，受法律治理的人民也同時能夠是法律的制訂者。」Jürgen Habermas, "The European Nation-State: On the Past and Future of Sovereignty and Citizenship," in *The Inclusion of the Other: Studies in Political Theory*, eds. Ciaran Cronin and Pabli De Greift (Cambridge: Massachusetts: The MIT Press, 1998), p. 11.

基本上來說，前者依據特定之集體文化生活的同一性，以及人民
對此生活方式的集體認同，後者是以人的個體性及其發展爲論證
之理據。這樣的矛盾性，在法國革命結合了人權宣言與民族主權
時，遂明顯地呈現。在此，鄂蘭說：「普遍人權被宣稱乃是全體人
類共同的傳承，是各個民族的遺產；另一方面，各個民族被要求
服從人權以及國家主權的法律——亦即最高的法權。這種矛盾性
帶來的結果是，自此以後，人權必須由主權國家所保護，而且被
視之爲一個民族的權利。」[22]

在思想上，19世紀德國浪漫主義在反抗法國啓蒙的抽象與個
體性的「理性原則」，這種思想趨勢倡導民族及其靈魂乃是超越法
律之上的存在，亦是國家得以被建立的根源基礎，國家若無法代
表民族靈魂，便喪失其治理的正當性。如此，人權的法治原則
（juridical principles）遂被集體的民族意志所取代 [23]。

再者，19世紀英法地區形成的「實證主義」和「進步論」學
說，在闡釋「人性」之概念時，逆轉了人權主張的人之平等的理
念，而強調「人類真實的平等並非憑藉自然權利，而是經由環境
的改造與教育的提攜。」[24] 這些學說縱使沒有否定人類的平等
性，可是它們強調人因自然環境與教育文化的條件而產生差異，
這種理念融會了民族主義，遂把啓蒙時期的「人性」概念——認
爲「人類乃是各民族共處的大家庭」——轉變成爲人類乃是一個
各民族差異等級的結構，「在此結構中，歷史與人爲組織之間的不
同，被扭曲爲自然根源的差異」，種族主義把這種理念推向極端：
「人性」被解釋爲一個「秉承神性根源的民族」——如「阿利安

---

22 《帝國主義》，蔡英文譯，頁159-160。
23 同前註，頁160。
24 同前註，頁165。

族」——也就是這個民族被賦予一種「超人性」（*übermensch*）的地位，任何一個民族在這種意識型態的合理化下，便有正當的理由去剷除所謂的「次人類」（*üntermensch*）。

從現代民族國家治理的層面來看，鄂蘭特別指出人權的有效性基本上乃依賴國家政府公共權力的運作。她辯稱若沒有國家公共權力作為人權落實的基本條件，那麼，權利無法有法律上的效力，公民也無法防範他人對生命、財產、安全與自由權利的侵犯，對於權利的傷害也無法有得補償的可能性。人權雖然是建立在人之個體性的原則，可是在政治落實上，必然依賴國家——作為一種集體性存在——有效的法治與司法管轄。

當然，鄂蘭亦看出，現代主權國家的治理對於少數族群以及移民往往會有差別之對待或歧視，而違反了普遍人權的原則。但是鄂蘭在檢視19世紀人權的狀況時，更強調國家的司法管轄在保護與強化人權上所發揮的功能。就此，她闡釋19世紀人權的挫敗一方面來自於西方國家無法處理數目龐大的「無國籍民」（stateless people），面對一批批流離失所、沒有國家及其法律以資保護的、被視為「多餘無用」的人，以及處於社會邊際的所謂「賤民」（pariah），普遍人權成為只是政治修辭的語彙[25]。

除此之外，人權對於那些無法發展出民族國家的族群而言，也是無效的。譬如，在19世紀，受奧匈帝國及俄國沙皇統治的，以及散布在巴爾幹半島上的弱小族群，這些族群「缺乏任何條件，足以實現西方所形成的『民族－疆域－國家』三位一體的政治體系。在這些族群居住的地方，自幾個世紀以來，疆界就一直在變動，人口也因移民的流動而相對增減，在這裡，目之所極盡是無

25　《極權主義》，蔡英文譯，頁236。

以數計的群眾，他們既不明白國家與愛國熱忱的意義，也不瞭解民族國家及共同責任的意義」，在這些「複雜人口地帶」，族群之成員的結合紐帶就不是如我們一般所瞭解的民族情感、意識型態或認同所能描述，鄂蘭在此以「擴大的部族意識」或「部落式的民族主義」（或「泛……主義」運動）解釋這些「漂泊無根」之族群可以凝聚成一個「民族」的動力因素。這種「部落式的民族主義」不是醞釀、成長於一定疆域之國家，因此它所訴求的並非是特殊的文化生活形態，以及歷史記憶和闡述——這些只有在一定疆域內的體制才能被建構。這種民族主義若要成立，其基本條件在於尋求某種能跨越疆域與體制之限制的結合紐帶。為達成此目的，它必然呈現一種運動的形態，它敵視，甚至抗拒任何穩定的體制結構，並且尋求某些不可聞見的神秘性特質，譬如強調構成一個民族的基本特徵不在語言與文化的特殊型態，而在於一個人的靈魂（或任何秀異的內在特質），以彰顯民族的一般特性 26。另一方面，部落式的民族主義往往自認為受「敵意世界」所包圍，為了抗拒這個充滿敵意的世界，它宣揚一種宗教上「天選」的理念，相信自己的民族是獨一無二，被上帝賦予一種使命，注定對抗整個世界，以完成某種偉大的目標。就如鄂蘭所解釋的：「部落式的民族主義」（或任何形式的「泛……主義運動」），堅信：人必然隸屬於一個民族，成為一個民族的成員，才能承受神性的血緣關係，而具體表現具神性價值的言行，當一個人決意成為某一個國家的國民，而揚棄自己的「民族性」時，他便喪失這種「神性」而變成一種「形而上的漂泊無根」（metaphysical homeless）。順此，鄂蘭解釋它在政治上帶來的優勢：

---

26 同前註，頁154。

首先，它使民族性帶有一種持久不變的特質，不論發生什麼事件，如移民、征服或散布各地，此民族性特質都不會受到影響；其次，一個民族一旦認定自己的秉賦的神性根源，它必然指稱其他民族是平庸、不具任何神性，……因此民族之個體成員之間所有具體差異性──不論是社會的、經濟的，或者是心理的──皆消逝無蹤。神性根源的概念使一個民族變成「天選」與群眾的混合統一體，亦即，成為一群兼具傲慢自大、自戀與泯除差異、混同的群眾 [27]。

西方現代性之反思

鄂蘭從西方現代性文明的進程中，發掘出「潛伏的歷史暗流」，就此闡述它們之所以造成極權主義出現之機緣。貫穿鄂蘭之闡述的基本論述乃是對資本主義經濟擴張與資產階級文化的反思批判。如上面所說的，種族主義的意識型態、官僚體制的支配、群眾與暴民的人格特質、反國家體制與自由憲政體制，以及強調超越法治體制之上的「運動」之理念，等等，這些形構極權主義的重要因子，皆是資本主義的經濟擴張與帝國主義的海外經略所帶出的結果。當西方從19世紀末葉以降，經歷這些資本主義帶來的困境時，西方本身並沒有任何資源克服這些危機。資本主義醞釀出將一切事物「經濟化」與「工具化」的世界觀，更深化這些危機。以資產階級的作風及其政治哲學為例，鄂蘭指出：「資產階級的競爭與寡佔〔或者佔有式之個人主義〕的社會造成政治的冷

漠，甚至敵視公共生活，這不只瀰漫於受剝削的，以及被國家之
法律所排斥，而無法參與政治活動的階層。資產階級本身也表現
這種心態。在帝國主義時代來臨之前，資產階級安於社會支配階
級的地位，不熱衷政治統治的工作，而把政治權力拱手讓給貴族
階層，這時候，曾有一段很長的時間，整個政治社會表現出溫和
的氛圍。然而，隨著帝國主義的發展，資產階級愈發敵視國家的
各種制度。但也在這個時期，資產階級也宣稱自己要組織起來，
以便能掌握與行使政治權力。資產階級先前的政治冷感結合了現
在欲求寡佔政治權力，以及主導國家的外交事務的野心。無論如
何，資產階級的作風根植於一種生命哲學，這套哲學一致地與絕
對地關注激烈生存競爭中的成功與失敗，因此公民的責任與義
務，在資產階級看來，只是浪費一個人有限的時間與精力。這些
態度有益於強人政治的獨裁形式——意即，在危機的關鍵，需要
一個強人，以承擔政治的責任與義務。」28 由於這種基本態度，
資產階級把政治事務看成攫取個人利益的工具，也把個人從事私
人事務的作風帶到政治領域，表現出政治上喜好玩弄私密性權
謀，以及投機取巧、冒進莽動的政治作為。自由主義，這代表資
產階級的政治哲學儘管肯認公民意識與公民權益，以及由此強調
公共關懷與美德，但是它的理論出發點乃在於競爭性的個人及其
實質的利益。因此，如何調適這兩種相背反的命題，就構成18世
紀以至於19世紀自由主義論述的一主要問題。鄂蘭扣緊資本主義
的經濟體系的特質與資產階級的實際作風，針對這項問題，提供
了她的反省批判。

　　在調和公民美德與個人私益上，自由主義架構出一種虛浮不

28　同前註，頁36-67。

實的概念，認為私人利益的相加總和就能構成「公共福祉或利益」，「所有被稱為自由主義的政治概念(意即前帝國主義的資產階級的政治概念)，譬如，無限制的競爭被一種密而不見的均衡所規約，而此種均衡則玄奧地來自競爭行為的總合，又譬如，追求『開明之自利』乃是一種適當的政治美德，以及崇尚無限的進步乃蘊含於人類歷史的進程，等等，這些政治之概念都有一共同點，即是：私人生活與個人行為的相加總合；以及把這種總合表現解釋為歷史、經濟或政治的法則。自由主義的政治之概念表現出資產階級不信賴，甚至敵視公共事務的天性，它們只是一種在西方文化的古老準則與新興階級的信念——相信私產乃是動態，以及自我運轉的原則——兩者之間的暫時協調。舊有的準則在某些範圍內被導致為另一種原則——自動成長的財富實際地取代的政治行動。」[29]

依此觀之，自由主義儘管倡導國家的公領域與個人之私領域的區分，但這種區分畢竟反映19世紀「公民」(*citoyen*)與「布爾喬亞作風」(*borugeois*)的心理糾葛，最後終究只是合理化罔顧公共福祉的個人私益。進一步言之，自由主義把政治、經濟與社會「同一化」，而且相信公權力的機關與制度是受非公共性的、私密的個人利益與影響力所操縱，職是，一切政治制度皆變為粉飾私人利益的機制[30]。

鄂蘭對自由主義反思批判的另一焦點，乃針對基本人權的理想。如上所述，鄂蘭把自由主義解釋為資產階級合理化其經濟利益與政治權力之寡佔的意識型態。然而，在批判人權理念上，鄂蘭並不沿順這樣的論證脈絡，而採取另外之途徑：一方面分析人

29　同前註，頁34-35。
30　同前註，頁72-73。

權的內在理論預設，另一方面闡釋人權理想在實踐上的落差。

　　從人權內在的理論預設來看，人權作爲政治與道德的普遍原則，乃依據人性的論證。在此，人性被闡釋爲抽離特殊性的社群文化生活脈絡，而爲人類共同秉承的恆定且一致的性質，如18世紀啓蒙所肯定的人之理性認知能力。對於人權的人性論預設，鄂蘭指出它的意義的含混性與「非確定性」，譬如我們如何確定人的本質就是如啓蒙所肯定的理性認知，而不是其他？另外，她也懷疑，人性之論述是否可以解釋掉人的政治與文化生活的載體？鄂蘭對於普遍人性表現懷疑，甚至困惑，其理由在於19世紀帝國主義的殖民經驗，以及無國籍民與弱小民族的遭遇，對於鄂蘭而言，一再顯示人權理想的空泛性與抽象性，或者甚至只是一種政治上的修辭。人權是謂一普遍的政治與道德原則，可是在西方帝國主義的殖民統治者身上，我們看出的是另外一種態度與作爲，非洲的土著被指爲「非人性」或「次人類」，並不是因爲他們沒有人性──如殘酷不仁──而是因爲他們沒有建立與發展出類似西歐的文明建制。從是觀之，人權的普遍原則是否無法引導我們擺脫文化之偏見，而得以孕育一種政治與文化的寬容？再者，鄂蘭從19世紀末以來的「無國籍民」、各個國家的外來移民與弱小民族的遭遇，說明人權若沒有國家的憲政法治作爲落實的機制，它就便成一種河漢空言的理想。另外，即使憲政法治國家在踐履人權的原則時，往往會以行政命令個別地處理國家境內的特別的族群、族裔或少數民族，使他們成爲「例外」，就此，違反了人權的平等原則。鄂蘭對於人權普遍性之懷疑，導致她的政治立場有時偏向「保守主義」，如柏克與邁士翠(de Mastre)否定普遍人權，而肯定只有「英國人或法國人的人權」的論點。但有時亦導致她提示基進的觀點，在批判法國與美國革命人權理念的不充分性時，揭櫫

公民應進一步享有「權利之權利」（a right to rights），公民不再是被動地享有權利，而是能主動地爭取他所應得的權利。權利被解釋為一種政治實踐的能動性。

　　經由對極權主義的闡釋，鄂蘭相當激烈地批判西方世界自啓蒙以來的「現代性」成就。縱然鄂蘭沒有把兩者建立在一種因果關係的解釋上，可是她明白指出自啓蒙以來潛伏於西方「現代性」發展中的「歷史之暗流」推促了極權主義的興起。同時，在她解釋的脈絡中，時而表現出一種思緒，認為：人權、自由民主憲政——西方現代性傲人之成就的代表——並沒有足夠的韌性阻擋極權主義的強勁勢力。若非極權主義征服世界的野心危害了自由國家的生存，那麼，自由國家不會起而抗拒，反而試圖取悅於它。再者，以鄂蘭的特殊的解釋觀點來看，由極權主義的出現，西方淵源流長的政治思想與實踐的傳統被顛覆，因而喪失其激發人之政治想像與行動的活力。

　　這種批判的觀點遺留給鄂蘭相當艱難的問題：當極權主義的狂飆平息了下來，當西方進入了「後極權主義」的處境，也就是，處於「過去」（或傳統）與現在斷裂的境況，這個時候，西方人如何可能尋獲一種富生機活力的理念與實踐的資源？這便成為鄂蘭在《極權主義的起源》之後終極關懷的問題。她是否適當地解答這個問題？以下各篇章扣緊此一問題，嘗試作一種闡釋。

第二章

政治思辨的取向

　　作為一個政治思想家，鄂蘭關切理論與實踐的問題，因此在尚未進入鄂蘭的政治思想世界之前，本章嘗試說明鄂蘭對此問題的基本想法。理論與實踐呈現兩種不同的活動。「理論」，就其原初的意義來說，表示「靜觀冥想」，意即：從外在去審視某些事物，所謂「外在」乃指從活動中抽離而出。若擺在人實踐的層面來看，理論之反思與論述即表示站立於某一抽離自實踐所牽纏之處境的立場，去解釋實踐活動本身的意義[1]。從事理論的反思不參與、也不牽纏於實踐活動之歷程。沒有這種抽離的過程，理論的反省與論述就成其為不可能。然而，也正因為如此，理論反思往往會誤解與扭曲實踐的本質意義。

　　當鄂蘭從事實踐之理論論述時，她必須面對的一個問題，乃是如何避免理論之論述對實踐的誤解與扭曲，以及如何能夠闡釋實踐之內在真實性。

　　首先，鄂蘭駁斥實證主義的解釋觀點，也就是以自然主義式之因果關係來解釋人之實踐。這種質樸的實證主義，在理論層次

1　Hannah Arendt, *The Life of the Mind*, vol. I: *Thinking* (New York: Harcourt Brace Jovanovich, 1978), pp. 90-60.

上，相信：「只要把心靈之現象（如瞭解與解釋）從經驗之論述中排除掉，而掌握那給予我們感覺的生活現實，換句話說，可觀察的事實，即可以發現確定性之基礎。」[2] 在操作的層次上，此實證主義以爲靠著數理統計之途徑，建立所謂「行爲之模式」，就可以解釋人在生活世界中實踐的意義。這種研究人之行爲之旨趣只是把人實踐活動之整體化約成「一制約反射之動物的自動行爲」，而後以數學統計之方法去量化這不斷重複之行爲，藉此設計統計之法則，而且強調「無法依照此法則與模式解釋的活動，一概被判定是異常的行爲。」[3]

鄂蘭不否認這種實證主義在某種程度可以有效解釋人的行爲，可是，實證主義罔視了經驗乃是經由人的瞭解、分辨、判斷與解釋而形成「事實」；另一方面，忽視了人的實踐本身所呈現的「獨特性」（uniqueness），這種「獨特性」表現於人秀異的言行與行動，正如同「歷史某一時代之意義是透過能照明那個時代的巨大的事件，方能爲我們所理解。」[4]

除實證主義之外，另一種解釋之架構，乃是韋伯的「解釋性之社會學」的觀點（interpretative sociology）。它首先肯認人之行動是一種有意義之作爲，也因此可以被有意義地解釋。如韋伯所說的，「人之行動包含了人所有的行爲，其基本條件在於個人賦予這行爲一主觀的意義（a subject meaning）。就這意義來說，行動既然可以是未明示的或純粹的內在性或主觀性，它可以是積極地左右處境形勢，或者也可以是刻意去阻礙行動。除此之外，行動也可

2　*Ibid.,* p. 39.
3　Hannah Arendt, *The Human Condition* (Chicago: Chicago University Press, 1958) p. 43, 45.
4　*Ibid.,* p. 42.

以是被動地受此處境形勢的牽制。」[5] 韋伯的行動理論，其旨趣
在於區分有意義之目的——意向之行動，與制約反應和受因果關
係支配的行為。然而，此解釋之觀點把人之行動看成是有目的、
有意向的行動。依鄂蘭的觀點，此行動之理論並無法掌握人之實
踐的基本結構。一方面，意向性與動機如何區分？另一方面，所
謂的「意義」則可以有多重的解釋。

除此之外，分析地來看，上面說明的這兩種解釋，不論其形
式或內容，都是建立在鄂蘭所說的「外在的」、或「旁觀者」的觀
察角度，因此無法深入瞭解行動與實踐之內在本質。觀察者把行
動之繁複現象看成可供分析切割的「對象」、或「客體事物」。因
此，行動如同身體的運動，可以利用自然科學式的因果關係給予
解釋。或者，企圖擺脫這樣的解釋，嘗試尋找行動與實踐的有意
義的元素（譬如目的、意向……等），然後以社會互動溝通的理論
框架去瞭解這些有意義的元素。再次以韋伯的行動概念來看，「一
項行動能構成社會之行動，在於：行動之個體賦予行動一主觀之
意義，藉此行動之主觀意義，而考量其他人的行為，能夠使行動
之過程有了定向。」[6] 不論是實證主義式的因果解釋，或者闡釋
行動本質的意義，都是被理論之外在之觀點所決定。

在否認實證主義與「解釋性之社會學」之行動理論的有效性
之下，鄂蘭採取什麼解釋的取向？鄂蘭早年受到德國「現象學–
存在主義」的影響，因此，她的行動與政治思想的取向跟西方哲
學的傳統有著密切的關聯，她對此哲學傳統的反省觀點在某種程
度上決定她的思辨方向，關於這一點，美國的政治學者黛娜‧薇

5　Max Weber, *Economics and Society*, eds. Guenther Roth & Claus Witlich
　　（Berkley: University of California, 1978）, vol. I, 1§ 1.

6　Weber, *op. cit.*, § 1.

拉(Dana R. Villa)指出：「鄂蘭政治理論的動力在於不依恃任何根基，嘗試去思考政治實踐和判斷」。[7] 「不著根基」，在哲學思辨的層次上意指：取銷任何自稱能夠正確地告訴我們如何行動與判斷的終極準則。以鄂蘭自己的說法，她的政治思辨與論議是不依傍任何支點(without banisters)，一方面不依循任何既定的理論、解釋立場，或架構(如，自由主義、社會主義、或馬克斯主義……等)；另一方面，不依賴人性論與形上學的依據。鄂蘭這種政治思辨表現出她於對西方實踐與政治哲學之傳統的反省批判。以下，對於這樣的反省與論述的資源稍作解釋，然後依次說明這種「不著根基」之論述如何引導鄂蘭去論述實踐行動的基本架構，以及表現出什麼原創性的論點。筆者在此所作的解說只是形式上的說明，鄂蘭實踐行動理論的實質內涵，留待下一章節。

卸除形上學之根基

鄂蘭在晚年寫成的《心靈之生命》中，表明自己理論反省的基本趨向，她說：

> 明顯地來說，我個人參與某些人從事的工作，這些人在現階段，試圖卸除形上學與哲學及其所有的範疇，誠如我們所瞭解的西方自古希臘以至於今天的〔哲學與形上學的傳統〕，這項拆除的工作之所以成為可能，是基於一項思想的前提，即

7　Dana R. Villa, *Arendt and Heidegger: The Fate of the Political* (New Jersey: Princeton University Press, 1996), pp.115-7.

是：傳統的趨勢已經衰弱與支離，我們已經無從更新它 [8]。

　　對於這一段帶有自述意味的文字，我們有必要從兩個層面加以解釋：首先，鄂蘭所說的「傳統的趨勢已經衰弱與支離」表示什麼意義？這一議題跟鄂蘭個人的極權主義的體認相關；其次，鄂蘭所謂「卸除形上學與哲學」之工作表示什麼內涵？這一議題跟鄂蘭揭櫫的「現象學式之存有論」有一定的關係。現在，就這兩個議題依次做說明。

　　對於鄂蘭而言，極權主義的興起代表西方現代性的一重大事件，透過這件重大事件，潛伏於西方的現代性暗潮方得以被體會、認識與瞭解。極權主義，從任何方面來看，表示出史無前例的新異特質（originality）。在寫成《極權主義的起源》後，鄂蘭於〈理解與政治〉（Understanding and Politics）一文中，說明的極權主義的這種「新異性」：

> 極權主義之新異性讓人戰慄的不是它帶給這個世界某些確
> 定的「新觀念」，而在於：極權主義的每一項行動皆破壞了
> 西方所有的傳統，明顯地摧毀了政治思想所有的範疇，以
> 及道德判斷的準則 [9]。

　　極權主義摧毀了西方政治與倫理之傳統，致使這個傳統的思想範疇，以及政治與倫理實踐的原則均喪失了引導我們行動的效

8　Arendt, *The Life of Mind*, vol. I: *Thinking* (New York: Harcourt Brace Jovanovich, 1978), p.212.

9　Arendt, "Understanding and Politics", *Partisan Review*, vol. 20, no. 4 (1953), p. 179.

力。若是如此，在「後極權主義」的時期，我們的倫理與政治的實踐如何可能依傍傳統的任何概念和準則？極權主義的經驗使鄂蘭懷疑西方思想與實踐之傳統的有效性。但是懷疑傳統的有效性並不代表全盤反傳統的心態。依鄂蘭的見解，喪失傳統，「就沒有可欲求的時間的延續性，就人間意義來看，也就沒有了過去與未來，所有的只是世界無窮的變遷，以及生物性的循環。」[10] 傳統跟倫理和政治之實踐有著密切的關聯性。反傳統僅在於理念與思想層面上表現「激進」之心態，在實際的實踐層面無法表現它的力量 [11]。

極權主義雖然破壞了傳統的思想範疇與倫理政治的準則，但這不表示傳統的終結。依鄂蘭的理念，這也表現積極性的一面：留給我們更開闊的空間，讓我們以政治實踐之力量，開創新局，另一方面更能清楚地反省傳統的意義，而能夠有意識地透過「尋求過去之遺產寶藏」（the lost treasure）的途徑 [12]，而得以重建過去。在〈歸根〉（"Home to Roost," 1975）一文中，鄂蘭說明處於「後極權主義」時代的思想與行動的處境形勢：

> 我們現在可以穩固地站立於歷史的轉捩點，這個轉捩點把整個〔現今〕的時代跟其他各個時代區分了開來。我們一向牽纏於日常生活的迫切事物，對於我們而言，時代區分的界線，當它們被跨越時，可能不是那麼明白可見；只有在人們被這界線絆了腳，這界線纔變成宛如一道牆，擋住

---

10 Hannah Arendt, *Between Past and Future*, enlarged edition（London: Penguin Books, 1978），p. 5.

11 *Ibid.,* p. 5, 在此鄂蘭引馬克思、尼采與齊克果為例證，說明這種反傳統之心態的意義。

12 *Ibid.,* p. 5.

了無可轉圜的過去 [13]。

歷史的轉捩點，讓處於這個境況的人們，有一種屬於這個時代之抉擇的可能性。就人的思維反思的面相來看，這也正是一反思與重建過去的時機。

鄂蘭的政治思辨表現出她對西方淵源流長之實踐與政治哲學傳統的批判反省，其重點在於實踐與政治哲學的形上學對於人之實踐的基本結構的扭曲與誤解。

對政治哲學傳統之批判

依鄂蘭的闡釋，西方實踐與政治哲學自柏拉圖與亞里士多德以來均明顯表現出「盲昧與罔顧政治」之傾向。當哲學家關注政治實踐及其公共事務時，他們則企圖「把他們〔在哲學上〕所立下的原則和準則強加諸於人間之政治事務之上」[14]。基本來說，「哲學自柏拉圖到黑格爾都不是屬於人生的實踐世界，如柏拉圖把哲學家描述為他的身體只是暫時居住於其同胞的城邦，或者如黑格爾承認：從普通常識的觀點，哲學構成一超越普通常識的真理世界。」[15] 若不從理論，而是從哲學家的政治態度來看，西方的實踐與政治哲學，從一開始，就明顯表現輕忽、抗禦人間實踐之政治世界的傾向，儘管到19世紀以馬克思為主導的政治哲學家死命地批駁這個巨大的傳統，而試圖重新詮釋實踐的真實意義。但是他們的思維依舊陷入傳統的「概念架構與工具」而不能自拔。最

13　Arendt, "Home to Roost", *New York Review of Books,* July 26, 1975, p.5.

14　Arendt, *Between Past and Future*, pp. 17-8.

15　*Ibid.*, p. 23.

後,這個這個傳統遺留下來的,「僅僅是思想與行動的對立,然而,〔這個傳統〕既然剝奪了思想對現實(reality)的洞察與啓示,也剝除了在普通常識之世界中的行動,就造成思想與行動喪失其真實之意義。」[16]

鄂蘭的批判不只是針對傳統之哲學家的政治態度,她也扣緊了傳統之實踐與政治論述,做了存有論之批判。

鄂蘭判定西方之政治實踐哲學肇始於柏拉圖之《共和國》之「洞窖隱喻」,區分了流變而不真實之「現象界」(人間的實踐世界)與確定而真實之「實在界」(哲學家的真理世界)。就此認定西方傳統的實踐之理論乃奠基於「現象/實在」之兩元對立的形上學命題。就邏輯與經驗的位階來說,「實在界」是優先於「現象界」,「現象學」之所以成之爲可能,在於「實在界」提供其存有的根基。人的實踐,在這「現象/實在」的形上學架構中,並不屬於優位的「實在界」之範疇。實踐與政治之論述也因之必須從形上學的論述推衍而來,實踐行動的「正當性」(或合法性)是受這形上原則所決定。

在形上學的領域中,訴求哲學家尋究首要之原理,他們爲了確立我們在「現象界」中感官覺識之經驗能夠成就嚴格推論的知識體系,因而強調理性之活動必須肯定一確定的終極或第一原理,以作爲這繁複多樣、駁雜含混、流動不居之感覺經驗可以參照的基礎,藉此,我們可以驗證感官覺識之經驗的真實性。

這種形上學的推論,如果類推地應用於人的實踐與政治活動的領域,則可以如此表述:必須有一實踐的終極原理,以提供行動實踐的意義和方向,藉此,能夠區分有意義的行動和純粹肢體

---

16 *Ibid.*, p. 25.

的動作。缺少如是的終極原理作為參考架構，哲學的思辨就無法瞭解與判斷政治實踐和體制(如國家)的真實性與正當性。

哲學思辨尋究最後或終極的原理以作為瞭解與解釋現象世界之基礎，這構成了西方哲學傳統的強有力趨向：哲學探索的理路乃是從「現象界」超越到「實在界」，在認識論的層面上，形上學要求「聞見之知」(*doxa*)，透過一套嚴格論辨的程序(如，演繹與辯證方法)，進展到科學確立之真理(*epistéme*)。在實踐的層面上，哲學思辨必須超越任何偶然性(歷史性)之脈絡而臻至一絕對的終極原理，以作為政治和道德倫理判斷的最後依據。哲學思辨替人之實踐活動與論述，建立理性之圖式或綱領，如柏拉圖之抽象與普遍之理型(*eidos*)的概念、亞里士多德的「實質主義」(substantialism)，以及如中古世紀之上帝之理念，或者，如近代笛卡兒之思想之存有的概念、經驗主義的「感覺與料」、康德之「先驗之自我」、黑格爾之「絕對精神」、或尼采的「權力意志」……等等。結果，哲學之思辨將「非歷史性格之秩序」轉入政治實踐及其體制，或組織的形式，如此，這秩序遂作為一種先驗之模式、一種正當性之普遍準則。

上面提到的，鄂蘭實踐行動之理論論述有意拆解西方哲學傳統的範疇，這項工作的具體內容即是把實踐活動從形上學所訴求的「正當性之終極原理」的論證架構中給釋放出來，使實踐與政治的領域不依傍形上學之第一原則而形成的一種 "*sui generis*"(自主)之領域，鄂蘭在哲學層次上，如何提示一種新的思辨方式？

翻轉表象與實在之形上兩元論

鄂蘭透過批判反思之觀點，審視西方哲學傳統的「表象／實

在」的思想預設，提出了「表象之價值」（the value of surface），
與「表象（或現象）即實在」的論點。以這個預設，鄂蘭建立公共
空間以及實踐者的自我表現的政治理念。

　　鄂蘭的「表象之價值」的理念，本質來看，表示「表象」或
「現象」（appearance）不論就事實經驗與邏輯，乃是存有的基本模
式，而具有一種「優位性」（primacy）。鄂蘭從我們日常生活的經
驗指證這項觀念，她說：

> 表象或現象的優位性乃是日常生活的一項事實，不論科學
> 家或哲學家都無法逃避它，他們必須從其實驗室或書房，
> 回到這個日常生活的世界，他們抽離自這個日常生活之世
> 界，才能夠從事各方面的實驗與研究，但無論他們有什麼
> 重大的科學發現或哲學的理論，這些發現與理論都無法改
> 變他們生活於日常世界的表象或現象性格 17。

　　在理論的論證上，鄂蘭以「生活之世界」與「人生命之活動」
為出發點，說明「世界」這個概念。依鄂蘭的解釋，它並非指天
體運行的宇宙，也不是指無窮變化之生物與物理的「自然」。鄂蘭
之「世界」概念所指的是人生於其間的世界，它包含了許多的事
物，自然的、人為的、生活的、逝去的、變化的、以及恆定的事
物，如我們日常生活所說的「萬象世界」。「這些世界內含的事物
都有一共通性，那就是，它們不斷在做表現或彰顯，此意味：它
們被生活於其間的有感覺能力之生物（如，人）所目視、聽聞、觸

17　Arendt, *The Life of the Mind*, vol. I: *Thinking*, p. 24.

摸、口嗜、鼻嗅」[18]。「世界」之存有在於它的展現、彰顯，以及這展現與彰顯之「萬象」得以被體會、感受、瞭解與解釋。

人與生物的存有不僅是展現、彰顯。我們說生物之「活著的」，這「活著」的意思是指生物本身秉具自我表現的動力，「生物自求表現，猶如舞臺的演員的表演」[19]。

鄂蘭從「世界」的展現性與「生物」(包括人)的「自求表現」，說明「生物」的「世界性格」(the worldliness of living things)：「生物，包含人與動物，不僅是生活與活動於世界當中，也屬於這個世界，這是因爲他們同時是自我彰顯、自我表現的主體，也是被觀察、體會與認識和瞭解的對象。」[20]

經由上面解釋，「表象」乃是指事物、生物(包括人)的彰顯、展現與自我表現。展現必然是在一場域(或廣泛來說，世界)中表達，而且是表達給特定的對象，但是這表達並非是單一，而是繁複多樣，也往往不是「被給予的」、既定的，或者不證自明的，而是不斷被體會、瞭解與解釋。「世界」與人的存有，以及主體和客體、自我與他人，我與我們，在鄂蘭的理論表述中，是相互關聯的。

鄂蘭既是揭櫫「表象即實在(或存有)」的理念，她必須對傳統形上學的「表象／實在(或存有)」的兩元觀點，以及「表象之背後有一存有(或實在)的根基」的命題，做一批判式的反思，在此，引一段鄂蘭的評論：

> 事物或人(包括我自己)在彰顯與表現，這如何可能發生？
> 到底是什麼造成事物與人以這個而不是以那個狀態來表

18　*Ibid.*, p. 19.
19　*Ibid.*, p. 21.
20　*Ibid.*, p. 20.

現？傳統哲學的「表象／實在」的區分，以及「實在」或「真理」的優位性的概念，是針對此問題而發。然而，這問題所詢問的與其說是「基礎」或「根基」的問題，不如說是追求「原因」的問題。重點在於：西方的哲學傳統把事物興起的「基礎」轉變成產生這事物的「原因」，而且賦予這產生事物的主體一最高實體的地位，它優於事物被感受的經驗現象。相信「原因」比「效應」更居於優越地位……這是形上學的謬誤，淵源流長而且持續不斷 [21]。

把西方傳統之「表象／實在」的形上學命題解釋成「原因／效果」的命題，依此解釋，西方自柏拉圖與亞里士多德以來在思考「何謂存有？」的形上學問題上，論證的憑藉或工具是建立「因果」的思維方式。事物或自然之存在必然有最後之因造成它們的存在。這「原因」，不論是什麼，是恆定不變、而且是最真實的。「事出必有因」的命題，若要成立，必須預設有一能製造事物的主體，而讓事物能夠存在（或出現）。

如果我們不追究鄂蘭以上的解釋是否正確有效，而去思索此解釋的基本意涵，我們可以做以下的闡述。依鄂蘭的觀點，任何「因果」之解釋，特別應用於自然或事物之運動或變遷，必然經過一連串「回溯」之推論，以推演出「有一不動之因，而成為所有運動之資源」（an unmoved source of all motion），如「不動之動者」。意即「本身為因不為果的自因」[22]，這個「自因」可名之為「上帝」，也可名之為——如亞里士多德的形上第一原理——「實

---

21 *Ibid.*, p. 25.

22 Arendt, *The Life of the Mind*, vol. II: *Willing*, p. 137.

質」（substance或*ausia*的觀念）。

在此，我們尋問的是：自然之因果理論如何形成？自然之因果能為人所體認，而且深植於人的心智，這是否因為人自身體認自己乃是唯一原因，以及是否因為他本身能透過雙手去製造事物而有如此的認識？當然人們也觀察到非人工之事物的發展，但是，能讓這自然事物出現與生長的，是否背後有一充當製造者的主體存在──不論這主體是自然，或上帝？

西方傳統之「表象／實在」之形上學命題既然是建在「因果」解釋圖式架構之上，這也表示西方自柏拉圖與亞里士多德以來之形上學的經驗資源，可以說是來自人製造事物的經驗，即所謂的「從事製造工作的人」(the *Homo Faber*)的經驗。

扣緊這個解釋，我們進一步說，西方實踐─政治哲學，從其思想的根源來說，即是把這帶有「因果解釋」的形上學原理應用於實踐與政治的領域與論述，這個應用的過程，若引雷內‧舒爾曼(Reiner Schürmann)的表述，即是：「把製造(或技術，*téchne*)的活動之論述轉向解釋物理自然運動的學說，從這邊再轉向政治學。」[23]

跟上述相關的另一種解釋架構乃是「目的論」(teleology)。實踐若是成為一種「製造」之活動，那麼必然被納入「手段－目的」的解釋範疇。依此，任何行動都被理性賦予一確定的目的(*telos*)，跟實踐相關的知識──所謂的「知道如何作為的知識」(the knowledge of known-how)──正是盤算如何達成此目的的手段。任何目的均預設「善」(the good)的理念。「目的－手段」與「善」遂構成實踐與政治論述的基本的解釋綱領。但這種理論性

---

23 Reiner Schürmann, *Heidegger on Being and Time: from Principles to Anarchy*, trans. Christine-Marie Gros (Bloomington: Indiana University Press, 1987), p. 87.

的「目的論」也是起源於「製造」或「技術」活動的反思，因此
我們的行動以確定的「目的」爲基本的導向，這種經驗必須在「製
造事物之活動」的領域內，才可能成立。另一方面，欲達成既定
之目的，行動者除了思量手段之外，也必須遵循確定的法則。實
踐與政治之理論，其旨趣便在於提供合理正確的規範法則 [24]。

柏拉圖的形上學與政治學的「理型」以及「善」之概念，就
其概念的資源來看，是來自於「製造事物之活動」的論述，就如
鄂蘭所闡釋的，

> 誠然，「理型」乃是柏拉圖哲學的主要概念，此概念取自於
> 人製造事物領域內的活動經驗，……這活動經驗的過程大
> 致可以區分為兩個部分：一是認識所要製造事物的意象模
> 式或「理型」，然後，確立和整合各種手段，以及開始執
> 行。……當柏拉圖在他的《饗宴》(Symposium)與其他著作，
> 較不嚴肅關心政治哲學時，他把「理型」描述成「光芒閃
> 爍」之意象，因此是為美的變化型態。唯有在《共和國》
> 一書中，「理型」才轉變成為行為的準據與規則，而成為「善」
> 之觀念(古希臘之意義的「善」)的變型或衍生，此時它意
> 指「有用」，或「適用」[25]。

鄂蘭把西方傳統之形上學回答「何謂存有？」之問題的「理
性原則」解釋爲「因果論」和「目的論」的解釋架構或圖式，而
且指出形上學或存有論的經驗根源是來自於製造或技術活動領域

24　Arendt, *The Human Condition*, p. 142.
25　*Ibid.*, p. 225-6.

的經驗。依據這樣的形上學之立場闡釋人的「實踐之生命」的基本結構與內涵,這無異把人的實踐與政治活動化約成爲製造與技術的活動,如鄂蘭所評論的:「〔自柏拉圖以來的政治哲學〕,政治乃是製造或技術(*téchne*)的活動,是屬於眾多技藝或藝術中的一種,如此,政治之實踐就宛如醫療或航海的技術。」[26] 從是觀之,政治學一開始就作爲形上學的一分支,它的基本型態是跟探索人之製造與技術生產的研究密切不可分離 [27]。

不著形上根基的政治思辨

姑且不論鄂蘭的這種西方形上學與政治哲學的闡釋是否得當,鄂蘭的基本論旨在於:西方實踐與政治哲學的傳統,就其根源而論,蘊含了「反實踐」、「反政治」的傾向,它不僅不會嚴肅地去了關切人的實踐與政治的生活,反而認爲這變動不居的、非穩定的政治領域是有待超越,或者必須由哲學家所提供的絕對、究竟的原則(如柏拉圖的的「理型」、或亞理士多德的「實質主義」的原則)所主導或治理。另一方面,政治實踐的論述被安置在形上學的或存有論的「因果論」和「目的論」的解釋架構中,這往往扭曲與誤解了人實踐活動的真實意義。因此,唯有拆解西方傳統的形上學與存有論的思想範疇,才可能讓我們正視人實踐生命的內涵,而給予恰當的闡釋。

瞭解鄂蘭這樣的批判式的反思歷程,我們進一步說明鄂蘭的實踐與政治的論述的途徑。在1954年寫成的〈哲學與政治〉一文

---

26 *Ibid.*, p. 207.
27 關於這項論點,本書作者參考Schürmann, *Heidegger on Being and Time: from Principles to Anarchy.*

中，鄂蘭陳述她的基本觀念：

> 顯然，任何政治哲學……面對兩種不同的選擇，一是依照
> 源出於人間或政治事物領域的範疇，來解釋哲學的經驗，
> 或者，另一則是肯認哲學經驗的優先性，然後，以哲學的
> 經驗與範疇解釋與判斷政治。以後者論之，完善的政府型
> 態容許哲學家從事哲學思辨，這也表示在這完善的政府型
> 態中，任何人都能夠遵守造就此政府之最佳條件的準則〔而
> 這準則是由哲學家所提供的〕[28]。

從鄂蘭的實踐論述的脈絡來看，我們可以看出鄂蘭嘗試拆解傳統實踐論述所依據的形上學的「因果論」與「目的論」的解釋架構。鄂蘭的這種實踐論述是以「不著(形上學)根基」為取向。

鄂蘭若斷定傳統的政治哲學遺忘了實踐活動的人間世，那麼，「她的(非哲學式的)政治思想基於一種 *amor mundi*"，即：關切與熱愛我們生活的人間世——我們行動的世界。」[29] 另一方面，「不著(形上學)根基」的思維表示持續不斷地朝向人繁複錯綜的經驗開放。反思與論述雖可以開闢瞭解和解釋的途徑，但不導向定論，關於這思想的特色，瑪格麗德‧卡諾凡做如此說明：

> 鄂蘭的政治思想採取的形式是組合各種不同的、複雜的思
> 想軌道，使之環環相扣，在這論述的過程中，她樹立許多

---

28 Arendt, "Philosophy and Politics", *Social Research*, vol. 57, no.1 (Spring, 1990), p. 92.

29 Andrew Shanks, *Civil Society, Civil Religion* (Oxford: Blackwell, 1995), p. 33.

確定的命題、分辨各種不同概念的意義以及彼此相關的信念。但是，鄂蘭總是未做成定論，而且沒有建立一種整全的思想體系 30。

在此，我們以鄂蘭的「表象即實在」的存有論的理念去思考她實踐之理論論述的可能取向。「表象」（appearing）意指彰顯、表現。我們說某一事物在彰顯、在表現，正等於說這事物釋放（releasing）到某一場合或領域裡展現它自己，而得以在「這裡」或「那裡」（being-there）出現，這出現的「表象」或「現象」並不表示「被給予」的，而是必須被理解與解釋，因為任何「表象」的彰顯必然伴隨著「遮掩」、虛誤。事物的「存有」是「彰顯」與「遮掩」的交互變化，理解事物的「表象」或現象乃是分辨「真實」（authenticity）與「非真實」，區分「彰顯」與「遮掩」的界線。

據此，「區分明辨」，在鄂蘭的理念，遂是理解和解釋「表象」或「現象」的主要工作之一。鄂蘭的政治思想，若說有方法的運用，則是以「明辨區分」為操作的原則。在《過去與未來之間》的政治論文集中，鄂蘭提示了她運用的這原則：

> 顯然，這些〔政治的〕反思與論述是基於一項信念，相信「明辨區分」的重要性。依自己所知道的，沒有人公開反對這種「明辨區分」的重要性，參照這項事實，我肯定這項信念並非空談 31。

---

30 Margaret Canoven, *The Political thought of Hannah* Arendt（London: J. M. Dent, 1974）, p. 7.

31 Arendt, *Between Past and Future*, p. 14.

　　如此，我們在鄂蘭的政治理論中，看出她如何分辨「公共領域」與「私人領域」、「政治性」和「社會與經濟性」、「實踐」(praxis)與「製造」(póiesis)、「權威」與「權力」……等等的區別。在此，「明辨區分」的方法當應用於政治的思辨，它「只能視察政治現象本身而表述出其分明的特性」[32]，在這裡，鄂蘭首先指出政治——作爲現象觀之——乃是人的言談與行動的實踐、施爲，以及行動主體隨這言行之施爲而做自我的彰顯。任何施爲、展現必須有一展現的領域或空間，或者所謂的「表象的空間」，以及「人間公共事務」的領域。依此分析，政治行動的施爲即是在「公共空間」中關聯了言談與行動。政治行動一旦喪失了它在「公共空間」中跟言談，以及跟其他行動者之言行的相關性，它就變成另外的活動模式，如「製造事物」與「勞動生產」的活動模式。

　　政治的現象既然是人透過在人間事務之領域中的言談與行動而展現，政治領域乃是由人的言行的踐履，以及人間事務之交會輻輳而形成的空間，那麼，這個屬於人的言行之施爲的政治領域，必然跟人活動的其它領域，例如私人的，或社會與經濟之活動領域有所區分。

　　依照這種分析，鄂蘭指出政治的根源不在政治之外的經驗。政治乃自成一活動、展現的領域。另一方面，政治之行動跟其它人的活動一樣，自有它的場域。就行動主體(the agents)的角度來看，政治之言行的踐履，由於具體表現在一特殊的處境形勢，或領域，它無法參照任何終極、絕對的原理，作爲判斷與論據的準矩。就政治實踐的理論論述而言，解釋人的政治實踐無法根據任何外在的、與自認爲根基性的、確定的所謂「根基」(ground)，以作爲理論論述的正當性的來源。

---

32 *Ibid.*, p. 11.

第三章

行動之理論

　　鄂蘭寫成《極權主義的起源》一書後，原本計畫依循極權主
義論述的脈絡，針對馬克思之政治思想與極權主義之意識型態之
間的關係作進一步的闡述，預期寫成《馬克思主義與極權主義》，
以彌補《極權主義的起源》論證的缺陷。但鄂蘭並沒有實質地完成
這個計畫。雖然如此，她因這計畫之緣故，陸續寫成了《人之境況》、
《過去與未來之間》、《論革命》，以及《共和危機》等著作 [1]。

1　關於鄂蘭自完成《極權主義的起源》之後，寫作之生涯，參見 Margaret
　　Canovan, *Hannah Arendt: A Reinterpretation of Her Political Thought*
　　(Cambridge: Cambridge University Press, 1992), pp. 100-101. 根據卡
　　諾凡的考察，*The Human Condition* 乃是鄂蘭根據她在1956年於芝加哥
　　大學的演講系列，修改而寫成的。這系列演講環繞於「馬克思主義與
　　極權主義」的課題，重新思考西方政治哲學的意義及其限制。以鄂蘭
　　自己的陳述，這項工作「乃是檢驗這傳統的重要概念與政治思維的概
　　念架構，譬如：手段與目的、權威、政府、權力、法律、戰爭……等
　　等，以及更進一步有系統地檢驗什麼樣的生活和世界可已被恰當地解
　　釋為『政治性的』(the political)。換句話說，『政治領域』和『行動』
　　實踐的意義」，鄂蘭把這項探索的工作放在「人之行動實踐」的焦點
　　上，認為要恰當地瞭解政治，必須首先釐清人之行動實踐的基本意
　　義，就此，鄂蘭開出了區分「勞動」、「製造」與「行動」之實際型
　　態學的論述方向，這也成為《人之境況》之論述重心。鄂蘭擴充了她
　　研究的主題範圍，本來計畫寫成《政治導論》(*Introduction into Politics*)

　　在這一章裡，筆者以閱讀這些著作為基礎，嘗試有系統地闡釋鄂蘭的實踐與政治理論的基本概念。

　　從《人之境況》到《共和危機》，鄂蘭關切的主要課題乃是，人實踐活動的生命及其政治的涵意，這也是西方自柏拉圖與亞里士多德以來之政治哲學的中心課題。鄂蘭從事這理論的探究，一方面跟西方整個政治哲學的傳統進行對話，批判地反省這傳統內在的缺陷；另一方面，鄂蘭以論述人之實踐活動的意義為主軸，探討道德與政治之間錯綜複雜的關係，處理人之多元性的政治含意、個人與集體（或政治）之認同、憲政創制之基礎（an act of the Foundation），以及人之道德與政治之判斷……等基本議題。

實踐之概念的基本含意

　　鄂蘭的政治思想是以闡釋「實踐」為主題。〔在鄂蘭的用語中，「實踐」（*praxis*）與「行動」（action）是交互使用〕「實踐」，在西方政治哲學的傳統中，表示人倫理與政治生活的主要活動，也意指引導此活動的主要原則，以及理想的政治生活方式。就此，「實踐」可以意指「集體的、有目的的行動」（如革命之實踐），也可以表示個人純粹內在的決定，或人意識的「投射」（project）或「指向」（intention），如存在主義所論述的，或者，也可以表示，如行為主義所論述的，純粹制約反應之行動，或者，如實用主義所提示的，乃是「遵循成規」的行為（以韋伯的觀點，也可以說是基於

　　　　一書，但沒有完成。從這寫作的歷史來看，鄂蘭從《人之境況》出版以後陸續寫成的論著，如《論革命》、《過去與現代之間》、《共和危機》都可以看成這個計畫的部分成果。

傳統之社會生活模式的踐履）[2]。

　　若以西方實踐之論述脈絡來看，鄂蘭處理人之實踐活動的特殊地方在於，她釐清人實踐活動所處的適當的場域（locality），並依照這種理論分析的途徑，進一步探討政治的基本議題，如自由、平等、權力、權威，以及政治與文化……等議題。

　　在處理人的「實踐」的意義時，鄂蘭首先區分人活動生命（*vita activa*)的三種基本型態，分別是：人體能的勞動生產（labour）、雙手製造事物的工作（work），以及道德、倫理與政治之實踐，這三種活動的型態，在人生命活動及其經驗之整體當中，各佔有其特殊的位置，也表現各自的特殊經驗內容。

　　鄂蘭對於「活動之生命」進行這樣的分析與描述，基本上，嘗試解釋兩項問題：人的「實踐」優於其它的，如「勞動」與「製造」的活動型態；其次「實踐」之活動型態是以人之多元性與創發性為基本前提，就此而論，鄂蘭的行動理論表現西方現代性的「多元主義」和「個人主義」的意涵。

勞動生產的現象本質

　　依鄂蘭的解釋，人的生物生理（biological）的生命乃是構成人勞動生產活動的基本條件。人身體的動能稟賦自然之力（natural force），而成為勞動生產的資源。人類憑藉自己這種自然之力，得

2　關於西方實踐哲學之傳統的基本議題、與觀念理論，參見Nicholas Lobkowicz, *Theory and Practice: History of a Concept from Aristotle to Marx* (Norte Dame, Ind. :University of Norte Dame Press, 1967)，以及他的另一篇文章 "On the History of Theory and Praxis," in *Political Theory and Praxis: New Perspectives,* ed. Terence Ball (Minneapolis:

以應付自然世界對於人類的威脅，以及利用自然資源而創造人類自身的物質生活環境。勞動生產，根據鄂蘭的說明，「表現它經驗的特質並非在於它的勞動所得（或產品）。勞動生產之所以能夠構成人的活動，其條件在於人的體能，這體能的強韌力量取之不竭，用之不盡，除了產生維持其生存的物質手段之外，它能夠生產更豐碩的，所謂『勞動剩餘』（surplus）」[3]。此勞動剩餘乃是人創造文明的基本物質條件。

人的勞動生產因為是以人之生物之生命本身為條件，所以表現出來的特質不是憑藉雙手製造生產工具，而在於「人身體自身的運動」。人的身體，猶如其他生物的有機體，是順從生物生理的自然律。如果人的實踐活動各自有其特定的場域，那麼，人的勞動生產是發生於「無窮循環的自然過程中」，就此，鄂蘭如是說明：

> 循環乃是生命有機體的無窮運動，人的身體也不例外……，生命乃是一過程，耗盡生命的持續性過程，它使生命的資源枯竭，終歸死亡、消逝。生命的過程只是一單一的、微小的循環之生命過程，它可以被轉入一整體巨大的自然之本身的循環，在其中，既沒有起點，也沒有終點，所有自然生命在這一不變、永恆的單調的重複當中，從出生、生成歸向死亡、寂滅[4]。

從是觀之，體能勞動所關注的，乃是維持身體機能的存活，這項活動被生物之自然循環的過程所圍繞，生物界之自然律決定

University of Minnesota, 1977), pp. 13-28.

3　Arendt, *The Human Condition*, p. 88.

4　*Ibid.,* p. 96.

了它活動的趨向與意義。

鄂蘭在解釋勞動生產的意義時,一方面借用馬克思的觀點,指認勞動的本質乃是「一種人與自然互動、參與的過程,在這種過程當中,人以自己的意願,開創、規約與控制人跟自然之間物質之力的相互作用」[5],但另一方面她也批判馬克思的勞動理論,由於這批判牽涉鄂蘭的政治實踐的重要論點,故在此作一說明。

依鄂蘭的瞭解,馬克思思想原創性表現在他洞識人勞動生產的本質,提出勞動乃是「人與自然之間的新陳代謝」,以及「勞動剩餘價值」的理論。另一方面,就西方政治思想的傳統來看,馬克思的「勞動之存有學」揭櫫「人乃是勞動之存有」,而翻轉了傳統之政治哲學的一項基設,意即,人的靜觀冥想的活動優先於實踐之活動,馬克思的這一「哲學的突破」使哲學的論述能夠正視人實踐活動的意義,但這洞識也遮掩了實踐的本質。

首先,鄂蘭批判馬克思的勞動理論並沒有真正區分「勞動」與「製造」。在馬克思的勞動理論裡,勞動生產被解釋爲人佔用自然物質以滿足人之基本需求的活動。勞動生產的過程就此表現出一明顯的目的:支配自然之勢力,以成就人類的物質意願。同時,在這征服自然勢力的過程當中,人類必須製造與應用各類的生產工具,勞動之活動包含人製造工具的「工作」在內。馬克思就此把勞動生產轉化成「一種適應人類目的的活動,也就是製造或工作的活動」,而具有一目的與手段的結構。就在這項觀點上,鄂蘭評論馬克思誤解了勞動生產的本質。

若我們認爲構成勞動的基本條件在於人生物生理意義之生

---

5 Karl Marx, *Capital: A Critical of Political Economy* (Penguin: Harmonds Worth, 1977), p. 77.

命，如馬克思所說的，「勞動之本質在於人與自然之間的新陳代
謝」，那麼，勞動跟人自然生命一樣是被包圍在一無盡循環的代謝
過程，本身不具目的性，勞動只是代表一單調、重複的過程。同
時，它也被自然律所決定，而沒有能力突破這重複的自然過程與
自然律的限定。

其次，更重要的是，馬克思以「勞動生產」為存有論的基礎，
架構一政治哲學，在鄂蘭看來，馬克思雖然肯定了人實踐生命的
優先地位，然而跟柏拉圖以來的政治哲學傳統一樣，誤解且扭曲
了政治實踐的真實意義。

按照鄂蘭的解釋，馬克思一方面強調人的勞動本質（或物質主
義的人性觀），另一方面肯定人實踐的能動性，也就是肯定人實踐
行動（或政治實踐）的自由性格。在這裡產生的矛盾乃是，受物質自
然本性所決定的人如何可能在政治領域內踐履自由之行動？針對
這思想之矛盾，鄂蘭解釋馬克思把自然物質之「必然性」引導到實
踐的領域。關於這樣的政治理念，鄂蘭特別關注物質之必然性與政
治實踐之依據，以及暴力的運用在馬克思之思想中的關聯。

馬克思肯定勞動乃構成人之存有的本質，勞動的傾向與意義
在於人藉由本身的體能，製造與運用工具，征服自然之勢力，將
它們轉化成人可資利用的物質資源，在這人與自然相互作用的「新
陳代謝」過程中，人首要關注的基本課題乃是自然生命的存活與
延續，如鄂蘭所述：

> 在馬克思的政治理論當中，〔自然意義的〕生命即是至善。
> 人一切的奮鬥，其意義在於維繫社會之生命存續的過程。
> 因此，所有一切的政治實踐（特別是除舊布新的革命實踐）
> 的作用乃是，解放社會之生命需求的過程，其究竟目的則

是掙脫物質匱乏的桎梏,而締造一富庶之社會。就此而論,
政治實踐的目的不是自由的實現,而是經濟需求的滿足 [6]。

勞動既然是「以力征服」的活動,那麼,「暴力」與「勢力」
的必然性就成為理解勞動本質的基本範疇。依照鄂蘭的闡述,馬
克思把這思想範疇應用於「人間的公共(或政治)事務」,遂揭櫫「暴
力即是推促舊社會崩潰,孕育新社會產生的主要動力」,這種理念
被安置於一目的論的歷史哲學的解釋框架中,則是「暴力鬥爭即
是構成歷史過程的基本因素」。

本質上是為自由之實現的政治實踐,在馬克思的思想中,遂
被化約地解釋為暴力的運用,就如鄂蘭所闡釋的:

> 對馬克思而言,構成任何形式之政府的要素不是壟斷暴力工
> 具的合法性,而是暴力本身;因此國家是統治階級的支配工
> 具,藉著暴力工具,國家壓迫與剝削〔被統治階級〕;在這
> 觀點的解釋下,政治行動的領域的基本性格遂是暴力 [7]。

鄂蘭認為馬克思的實踐理論會導致暴力鬥爭的理念,就其理
論解釋的脈絡來說,源自馬克思把政治實踐與自然物質的必然性
做了存有論上的關聯。依鄂蘭的說明,「人的自由和自覺的政治實
踐一旦受勞動生產的潛伏動力所決定,戰爭與革命的暴力遂成為
了解政治實踐的基本範疇。」[8]

若不論及鄂蘭對馬克思勞動理論之批判是否得當,她論證的

6　Arendt, *On Revolution* (London: Penguin Books, 1963), p. 64.

7　Arendt, *Between Past and Future*, p. 22.

8　*Ibid.,* p. 22.

旨趣在於：勞動及其物質經濟需求無法構成政治實踐及其領域的
基本條件。政治實踐，就其現象本質來看，即是行動主體的自由
之實現，而這自由之踐履的基本條件乃是超越物質經濟的需求；
同時，展現政治實踐之自由的「公共領域」必須跟經濟社會的領
域區分開來，任何經濟需求皆潛伏暴力的鬥爭，一旦形之爲政治
領域的構成原則，政治領域就被摧毀 。

　　對於鄂蘭的這種解釋，我們不免會指出兩項基本的質疑：政
治實踐雖是自由的實現，可是政治的行動如何不涉及經濟利益的
爭議與分配？觀察我們日常生活的情況，國家政策的重點以促進
經濟生長爲目標。一般公民在政治領域裡，爭取的是經濟利益的
公平分配，既是如此，政治實踐的論述又如何能夠迴避經濟的物
質利益的衝突，以及公平分配的的議題？再者，鄂蘭相當嚴格地
區分政治領域與經濟社會的領域，這區分導致社會與經濟的問題
無法進入政治領域而成爲公共論述的議題。

　　鄂蘭在闡述馬克思的勞動理論時，嚴肅地關心「暴力」的問
題。從上面的解釋，鄂蘭認爲馬克思以經濟物質之必然性思考政
治與歷史之意義，而誘導出「暴力之正當性」的政治觀點。就鄂
蘭政治理論整體來看，暴力所引發的政治之惡，也是鄂蘭必須解
釋的問題。對於這項問題的解釋，我們留待討論鄂蘭思想中的「政
治與道德」的議題時才作處理。以下說明鄂蘭如何解釋「製造」
或「工作」(work)的活動型態。

「製造」或「工作」的活動型態

　　鄂蘭說明「製造」(或「工作」)之活動意義時，論證兩項主
要的主題：1. 「製造」活動的工具性格；2. 製造之成品本質上

具有「使用價值」的意義,另外,這些成品也構成人生活之「客
觀」世界的要素。

鄂蘭對於「製造」活動之現象本質作分析時,是參照我們上
面所解釋的「勞動」作對比。上面說過,勞動構成人實踐生活之
型態的條件,乃是人自然生物之生命本身。勞動之過程,儘管它
的功能作用是維持個人生命的生存,以及人類種族的延續,勞動
本身不具任何人主觀或客觀的目的性,誠如鄂蘭所論:「主導勞動
過程,以及以勞動為模式進行的工作(或製造)過程既非目的性的
作為,也不是產生人欲求的產品或作品。勞動過程只是過程本身
的運動,以及加諸於勞動者身上的勞動過程的節奏韻律。」9

跟這勞動之特性相反,製造或工作之所以構成人活動之一型
態,是來自於人以雙手編造與創造事物的能力。人也因為天生賦
予這項能力,而得以締造出一個有別於「自然世界」的持久穩定
的文明與文化之世界。這「自然世界」與「文化與文明世界」的
對比對照構成鄂蘭政治思想的一個重要的課題。

人安居其中之世界乃是由人雙手建造、經營之事物所構成,這
些事物不同於勞動生產的東西,它們不是為人身體消費之物質,而
是表現出「為人使用」,以及「為人之目的服務」的性格。

人基於目的,或「有用性」之考量,而製造物品。在製造的過
程中,人所考量或判斷的,如鄂蘭所論,「乃是依據〔這些即將被
製造出來的事物〕是否對於達成某種目的有所助益」的觀點 10。

從是觀之,製造之活動過程所牽涉的「知識」即是一般我們
所說的「知道如何作為」(knowing-how)的知識,它包含技術性的

9　Arendt, *The Human Condition*, p. 146.
10　*Ibid.*, p. 153.

知識在內。不論藝術家或工匠，當它們從事創作或製造事物的活動時，必須懂得如何運用可得的資源，去完成他們欲完成的目標。在活用這項知識以前，藝術家或工匠必須運用心思構造意象，譬如製造之事物的模型或工作藍圖，這模型意象不但主導著創作或製造的過程，而且當這過程結束後，此模型意象不因產品的完成而消失，它們可以隨另一次的製造過程而被複製。複製並非單純的重複，有時候是基於先前的意象而被改良，這種過程形塑了某種工作的傳統。

　　鄂蘭就製造過程的「延續性」（duality），說明製造成品或作品秉具的客觀性。人一旦創作出某一種「作品」，這「作品」就獨立於製造者，除非被用盡或者被破壞，否則它們在某一段時間內，可以獨立於人而存續。據此，鄂蘭說明我們生活其中的「世界」，就它外在的性格來說，乃是人製造或創造之物品所構成。在反覆循環的生物自然之寰宇內，人憑藉其製造活動而得以建立一相對穩定與持續的「人文世界」。「製造的成品──有別於勞動生產所得──若被現之為世界的構成，它們保障了這世界的穩定性與持續性」，鄂蘭作如是的說明：

> 大自然所釋放的、凌駕人類的基本勢力，迫使人必然擺盪於自己生物生理之生命的循環運動，這樣的運動融入自然界整體之循環。然而，人類憑藉其製造與創造之能力，利用自然提供之資源，得以建立一人為設造（或人文）的世界，抵禦自然力，以及確立人文環境。唯有如此，我們人類才有可能把自然視之為某種客觀性之事物。如果沒有人文的世界介之於人與大自然之間，那麼，所有一切都只是

反覆循環的運動，缺乏任何客觀性 [11]。

　　人為的創造力突破自然世界之循環，確立人文世界的「實在性」與「可信賴性」。人為世界的這種性格源出於人為創造之事物的構成，這些事物比創造它們的活動與作者來得持久與穩定。若沒有這些恆定性與客觀性的人文世界介於人與大自然之間，那麼，人存在的基本處境，不是處於個人飄忽不定的感覺意識，就是週而復始、反覆循環的生物自然。

　　對人類的集體的社群生活而言，這個人為構造的世界「聚集了共同生活在一起的人們，同時也防止他們彼此沒有界線而混雜於一起」，就如鄂蘭所說：「這個人文世界創造出非自然存在的人際空間，此存在的空間讓每一個人自由活動，而且採取不同的立場，人因此得以從個人的不同的觀點，觀察他們共同的世界。同時，它也給予每一個人掌握世界之現實，這種現實無法依靠個人努力而完成。共同生活於一世界基本上表示：人造事物所構成的世界介之於那些共同生活於這個世界的人群之間，猶如一張桌子落置於圍繞這張桌子而坐的人們。這個世界，就像任何『在一之間』(in-between)的事物，維繫人際的關係，但同時讓人彼此之間得以保持某種確定的距離。」[12]

　　這個人為構造的世界不但包括製造的成品(如桌椅等實用的家具)，也包含人表達自身之理念、美感的藝術作品(特別是具里程碑意義的偉大建築)，以及安排人之政治和社會生活的各種制度。確立這樣的一個世界，人也建立自我之認同得以形成的可靠

11　*Ibid.*, p. 137.
12　*Ibid.*, p. 52.

之參考系統。

　　「製造」或「創造」活動所造成的恆定之客觀世界，對於人的集體生活而言，顯現重要意義。然而，針對我們思考的「政治實踐」(*praxis*)的意義而論，「製造」或「工作」的活動型態不能被視為解釋的資源。以下闡明「製造」或「創造」之活動若扣緊「政治實踐」的意義來看時，顯現出來的限制。

　　「製造」(或「創造」)之活動在本質上跟「勞動生產」的性質有別，然而這兩項活動型態的對象都是物質自然之世界，人類透過「製造」(或「創造」)之活動，作用於自然世界，建立一個跟自然相對的「人為設造」的人文世界，而得以脫離自然生命反覆循環的歷程，以及形成相對穩定的客觀的共同世界。這「製造」活動之過程本身，乃是對物質自然世界施用暴力，即所謂征服與支配物質自然。如是，以「製造」活動的模式闡釋人間世的「政治實踐」之意義，很容易把「政治實踐」解釋為暴力之征服或支配。

　　以人存在處境而論，人從事「製造」(或「創造」)活動的過程，乃是處之於「隔絕」(isolation)的處境，誠如鄂蘭所闡明的：

> 這種與人隔絕的存在處境，即是每一位藝術和工藝製造者
> 得以完成其工作的基本條件。這些工作者在創造作品的過
> 程中，僅僅跟他們欲鑄造之事物的意象模型、或「觀念模
> 型」(the Ideal Form)相為伍。此種工作的性質是有別於政
> 治支配的形式，它的活動在於宰制事物與物質，而非控制
> 人民 13。

---

13 *Ibid.*, p. 161.

「製造」的活動既是在工作者隔絕人群的處境中進行，它無法闡明「政治實踐」的基本意義，因爲「政治實踐」乃是人與人針對共同生活世界的公共事務，進行互動、對話與溝通的活動。人參與或從事這樣的活動並不是對自然事物的支配與控制，換句話說，不是暴力的行使。

最後，鄂蘭特別指出「製造」活動的過程有一明確的開端，以及這過程朝向一具體的目的進行。從是觀之，「製造」活動即是一種具有目的性的活動；在進行製造的過程中，所有一切作爲均以完成先前確立的目標爲旨趣，活動的意義在於達成目標。因此，「製造」之活動秉具「目的－手段」的思考範疇。另一方面，由於目的本身並非內在於「製造」活動之過程中，「製造」過程的一切活動本身的意義均由此目的所決定，判定它們之意義的準則僅僅是建立在「有用性」（或「工具性」）的理念之上。

鄂蘭在此闡明的主題乃是：「有用性」、「功利性」，因其工具性的意義，無法證立事物的內在價值。依鄂蘭的論點，「製造」活動一旦完成它的目的（意即：產生某一作品），此成品無法成爲目的自身，它在某一確定的人爲脈絡環境當中，變成服務另一特殊目的的手段。「製造」的過程乃是「目的與手段」的相互扣連，而且爲「有用性」或「功利性」所主導。任何事物一旦進入這一「製造」活動當中，不是被視之爲製造的材料，就是被看成爲工具或手段。

論述到這裡，有必要說明的是，鄂蘭的「製造」之概念，就其根源來看，取之於古希臘的 *"pōiesis"*（創作）的概念。此概念意味人的創造活動，除了製造事物之外，它涵蓋了著書立說的「寫作」，以及繪畫、雕塑、建築……等藝術創造的活動。鄂蘭在運用此項概念時，如上面所闡明的，似是偏向於「製造」活動的「工

具性」意義，這意義可以由另一古希臘字 *"tēchnei"*（技術或技藝）
表明。但鄂蘭並沒有特別舉出此概念的字詞，因此解讀她的「製
造」的概念時，容易生誤解。從鄂蘭解析「製造」之活動模式的
脈絡來看，她明確地指出「製造」活動秉具的「工具性格」及其
「有用性」、「功利性」或「實效性」的衡量準矩。然而，鄂蘭若
要有效地論證「人為設造」之人文世界的持久性與穩定性，這論
點無法就證於「製造」活動的另一模型，即是：藝術創造的活動
以及產生的藝術作品。因為唯有藝術作品方有可能扭轉「製造」
活動秉持的「工具性格」與「有用性」，而呈現內在的價值。從是
觀之，鄂蘭論述「人為設造」之人文世界的持久性時，特別指向
藝術作品，因為它們呈現人自我表達的美感，而能跨越人的世代
變遷，成就持久性與永恆不朽性。鄂蘭論析「製造」活動的意義
時，她著重的不是「工藝技術」而是「藝術」。

　　人的「製造」活動及其創造的「人為創造」之人文世界，同
時兼容 *tēchnei* 與 *pōiesis* 兩方面，也兼具「功利性」、「實效性」與
「藝術之美的內在性」的價值。這個人文世界也因此時時呈現此
兩方面之特質與價值的對立緊張。我們若以「工具之製造者」
（*homo faber*）的身分去參與，以及思考這個世界，我們通常會運用
「手段－目的」之工具性思考模式，把我們接觸的事物，化約式
的解釋成為了達成進一步之目標的手段，更甚者，會以這些概念
參驗我們的文明世界（包括所有的藝術作品），認定它們只是為滿
足我們人類基本物質需求的手段。依鄂蘭的論斷，當文明世界（包
括藝術作品）的意義被做如此化約式的解釋時，當勞動與製造之生
命的「物質」與「工具性」價值凌駕一切價值之上時，人生活之
意義遂一一被剝蝕。

「實踐」的活動型態

鄂蘭的政治行動理論，在論述的基本取向上，是抵抗「製造」活動內蘊的「目的／手段」的行為與理解的模式，如上面所闡釋的，在這種模式的關照下，所有一切事物很容易地就被工具化，如鄂蘭所論：

> 人只要被理解是為「工具之製造者」的身分，他就強烈表現出欲把所有事物工具化的傾向，貶損一切事物為手段，摧毀它們內在的與獨立性的價值。結果，不但製造之成品，而且大地，以及自然之勢力──這不由人之力量，而自發自成，與獨立於人世界之外存有──一概均喪失其價值 [14]。

更嚴肅的問題在於，當人把這一行為與理解之模式施用於自我理解時，所形成的人之認同意識：

> 把世界與大地整體地工具化，把任何自為目的的事物轉化成手段，而使所有事物喪盡其意義，這樣的剝蝕意義的過程，唯有當人類造就自己成為萬物之主人時，方有終止的可能 [15]。

人類自我理解為萬物之主人，而自認為擁有巨偉之力量，可

14　*Ibid.*, p. 156.
15　*Ibid.* ,p. 157.

以毫無限制地宰制與支配萬物。這種自我理解，在某種意義上，源自「製造」活動的過程中，人憑藉的唯一的判斷設準在於「功利性」和「有用性」的衡量，人自我理解的自為目的性輕易地被「有用性」之工具性理念所掩蓋，鄂蘭如此評論：

> 唯有在嚴格的「人類中心論的世界」(an anthropocentric world) 中，人——作為物品與工具的製造者與使用者——纔可能有終極的目的，也唯有在這裡，方有可能終止「手段與目的」的環環相扣的無盡過程，如此，「功利性」理念才有可能表現最起碼的尊嚴意義。然而，悲劇也就在於，當「工具之製造者」藉由他的活動，體現自我之完成時，他便開始貶損所有一切的作品，包含他參與這項建構「物之世界」之活動的目的價值。在這裡，人——作為工具與物品的創造者與使用者——不是被視為最高之目的，就是被表述為「萬物之準則」，也在這裡，這工具的製造者勢必把大自然當成「無價值之物質原料」加以處理。更甚者，「有價值」之事物本身也轉變成純粹的手段，而喪失它們內在自有的價值 [16]。

這種建立在「目的／手段」的行為與理解之上的模式，及其「工具性」的價值理念與衡量之準矩，若應用於人政治行動的實踐與理解，如何可能扭曲這政治行動的意義，這乃是鄂蘭所關切的課題。

鄂蘭依據她對「製造」之活動模式的理解，在闡明人之政治

---

16 *Ibid.,* p. 157, 309.

行動的意義時，嘗試把「實踐」從任何「目的論」、「功能論」、「工
具論」的解釋架構中釋放出來。針對人之「實踐」的現象本質，
鄂蘭揭櫫此實踐之行動的自發性、創新性、以及踐履行動之主體
的「自我彰顯性」；除此之外，鄂蘭強調實踐乃發生於行動主體彼
此之間的互動、交往、溝通，以及由此形構的「人際網絡」交錯
的公共空間。據此，鄂蘭揭櫫實踐之行動乃是發生之事件，它不
是預先被決定、被預測，它是發生於人彼此互動、交會的偶然之
場合。就政治層面來講，實踐之行動特別是指革命之事件，以及
抵抗專制專政，或任何不正義之政策而發生的政治運動。就此，「實
踐」特別表現他的「戲劇」性格，因此可以被敘述成一段故事，
任何由行動發生的事件均內涵一種敘事性格。但另一方面，行動
一旦發生，它就喪失轉圜的餘地，「無法逆轉」形成行動的另一種
現象之本質。

　　從道德倫理的層次來看，鄂蘭特別強調：人在踐履一項行動
之場合中，體現秀異之原則的「美德」（virtue）。行動的踐履必然
會發生於一個由「他者」形成的公共空間，實踐既是一種展現，
行動者透過言行的表達，把個人美好的美德彰顯於他人面前。追
求與體現秀異之「美德」，既然是在公共空間彰顯，而具有相互較
量與競爭的性格，一般評論者就此解釋鄂蘭的行動概念表現出「競
爭之精神」（an agorial spirit）。然而這只是鄂蘭行動理論的一種面
相而已。鄂蘭從實踐之行動的互動性，以及實踐之行動的「不可
預料性」和「無可轉圜性」，引導出它蘊含重要的倫理，即是：「守
承諾」與「行寬恕」的美德，前者作用於緩解行動的「不可預料
性」，後者在於超越行動的「無可轉圜性」對於行動者產生的挫傷
與怨恨的道德心理。以「承諾」與「寬恕」之美德為取向，鄂蘭
進一步闡明人經由言行之實踐而形成一「行動之共同體」

(solidarity)的可能性條件。鄂蘭的這項解釋牽涉的議題乃是，從鄂蘭揭櫫的帶有「個人主義」的傾向的行動概念(如上面所提的行動者體現的秀異之言行的「競爭精神」)，我們如何闡釋行動者在互動的過程中，形成一種合作的「行動共同體」？另一項相關的議題則是：鄂蘭的行動論述排除行動論述的利益考量，以及誠心正意的道德意向、悲憫的道德情操，據此，許多評論者懷疑鄂蘭的行動理論缺乏道德的論據，而表現「虛無之作風」(nihilism)的傾向。關於這兩項複雜的議題，留待以下再做討論。

上面勾勒鄂蘭解釋人之行動的解釋綱領以及牽涉的主要議題，以下闡明鄂蘭之行動理論的內容，以及論證的主題。

如上面所提示的，鄂蘭依據她對「製造」活動模式的解釋，在闡明人之「實踐」的現象本質時，嘗試捨棄任何「目的論」、「功能論」與「因果關係」的解釋架構。鄂蘭採取的這樣的理論取向與立場，往往帶來理解上的困惑。從日常生活的普通常識來看，我們在理解和解釋一項行為或發生的事件，必然會探究它們為什麼與如何發生的問題，也會解釋它們的作用、效果或影響。除此之外，我們會嘗試解釋行動者的行為動機、目的，進而闡明他的行動所帶來之事件的意義。就理論反省的層面來看，如馬金泰(Alasdair MacIntyre)所論，如果我們放棄「目的論」和「功能作用」的解釋架構，如何闡明發生之行為的意義？如他所言：「我們若要解釋與辨識一件發生之行為，必定依照確定的描述型態，它讓我們瞭解一件行為的發生是從行動者的意向、動機、情感與目的，而帶來的可瞭解的過程與結果。」[17]

---

17 Alasdair MacIntyre, *After Virtue*(London: Durk Worth, 1985), p. 209. 鄂蘭跟馬金泰同樣注重人的「實踐活動」的意義，他們的實踐論述也受到亞理士多德的深刻的影響，唯一差別在於，馬金泰堅持實踐之「目

　　鄂蘭的「實踐」論述基於什麼理由試著突破我們常識性的「目的論」、「功能論」或「因果關係」的解釋觀點？針對這項問題，直截的解釋是：鄂蘭認為「目的論」、或「因果關係」是屬於解釋「製造」活動型態的範疇。這種範疇，本質上，必須跟我們瞭解和闡明「實踐」之活動型態的範疇有所區別。以鄂蘭的觀點，當我們應用「製造」活動的解釋範疇於說明「實踐」的意義，我們形成的這樣的解釋順序：1. 確立行動的目的，這目的是被給予的；2. 行動的目的一旦確立，我們就尋求達成這目的之有效手段；3. 盡我們的可能去應用這些手段，以達成預先設定的目的。這樣的解釋的順序，其特點在於：行動的目的一旦被達成，這目的就不再是為一項目的，而喪失它引導與印證手段選擇的作用，這目的就便成為達成另一項更高目的之手段。如果人的「實踐」行動被解釋成為猶如「製造」活動的「目的與手段」相互相連的無盡過程，那麼，行動之主體就變成這過程的終點，而自認為可以全然控制支配這樣的過程。自然地，控制、支配與暴力之合法運用會成為解釋人之行動意義的概念範疇。

　　再者，鄂蘭既然解釋「勞動」、「製造」與「實踐」之活動的分殊性，那麼，若以其中某一種型態的解釋範疇，闡明其它活動模式的意義，這就犯了「範疇倒置」的錯誤。「實踐」若自成人類活動的一種型態，內在就有它實踐本身的原則，以及解釋的範疇。也就是說，人「行動」的真實的結構乃是由行動之「內在」來決定，而不引援外於「行動」的解釋觀點。以下就闡釋鄂蘭的「實踐」理論。

　　的之善」與功能作用之理論立場。他強調，我們若去除掉這兩項概念，就無法判定行為實踐的好、壞，以及善、惡。鄂蘭把「目的」的範疇歸屬於「製造」之實踐型態，以區別「行動」實踐型態。

　　鄂蘭首先從分辨「製造」（*pōiesis*）與「實踐」（*praxis*）兩項活動型態的區分著手，鄂蘭認爲這種區分是「建立行動理論的樞紐所在」。所謂「製造」乃是活動的目的外在於活動本身，而且這活動是目的與手段相互扣連的一無盡的過程。相反的,「實踐」的現象本質並非製造、或產生一具體的產品，而在於行動實踐之具體體現，套用亞理士多德的用語，即是 *energeia*（活動之體現），或者也可以說是「顯現」（manifestation），或者「施爲」與「表演」（performance）。鄂蘭運用這項概念是帶有戲劇與藝術表演的含意。她所要表達的意義是，行動之踐履在於體現行動所要施展的「優良」的特質，譬如，一位鋼琴演奏家在舞臺上表演其琴藝，表演琴藝即是他的活動，爲了演奏琴藝而演奏，如果我們勉強說這活動有一目的（演奏鋼琴），那麼，這目的之實現是在活動之中（即演奏鋼琴）。類推來看，我們說道德的實踐，這實踐乃是人透過言行，體現確定之美德原則（如公平、誠實、勇敢……等美德原則），而不是追求某種美德目標。關於實踐與行動之踐履，鄂蘭闡明如下：

　　〔實踐〕原則不是運用於自我之內在所形成的某種動機……而是來自於外在的激勵；這些實踐原則是太過於廣泛，而無法規定某具體確定的〔行為〕目標，儘管行為一旦被踐履，它的目標的正當性必須依據這些原則的觀點……這些原則只能在行為的施展中才能夠具體體現，……一項行動的原則是不同於目標，它可以一再的被人行動所體現，它的意義從不會耗損枯竭。此原則也不同於動機，因為它們秉持著普遍性，它們也不是針對某一特定的個人或社群而設立。但無論如何，原則的彰顯唯有透

過行動的實踐。這些原則包括孟德斯鳩所謂的榮譽，榮耀
與喜好平等的美德，或者，如古希臘人所指稱的「努力體
現卓越與差別」的virtue（美德），當然也包括恐懼、憎恨與
多疑、猜忌[18]。

　　簡言之，人之實踐的現象本質在於彰顯與體現。換言之，實
踐乃是行動者「自我之展現」（a self-presenting），這種展現解放了
物質自然生命之必然性，以及斷絕了「有所作爲」的目的。展現不
需要任何內在的動機，也不必然產生具實質性的效應或結果。「自
我展現」即在於行動實踐之一開始，便體現某一確定的實踐原則（不
論是美德或惡行之原則）。同時，在實踐體現的過程中，這原則不
斷地激發引導這行動。行動實踐之性質直接呈現行動主體的人格與
認同，在這裡，沒有所謂「行動主體」與「行動表現」的區分。
　　行動之實踐既然是行動主體的「自我展現」，那麼這展現的一
重要環節即是「語言的表示」，如鄂蘭所言：「行動若沒有語言……
則喪失它『啓示』（revelatory，或『彰顯』）的特質，同樣地，它
也喪失了它的主體」，關於這一點，鄂蘭繼續說道：

　　無言之行動不再是行動，因為不再有一位行動者。行動者，
　　所謂踐履某種行動的實踐者，在他同時是一位「言說者」
　　（the speaker of words）才是可能的[19]。

18　Arendt, *Between Past and Future*, p. 152. 鄂蘭之行動實踐原則的概念
　　借用於孟德斯鳩在《法意》（*The Spitit of Laws*）一書揭櫫之政治體制運
　　作之原則，但鄂蘭將它應用於個人的行動之表現。
19　Arendt, *The Human Condition*, pp. 178-79.

語言具有「啓示」或「彰顯」的性質，它不純粹只是「溝通，或傳達資訊的工具」，語言能夠表露出某些隱藏，或被遮掩之事物，而讓它們彰顯。

鄂蘭解釋行動的踐履與語言的表達是謂實踐的一體兩面，相互涵容與關連。就她之行動論述的脈絡來看，言行的實踐是以「人的多元性」(human plurality)與每一個個人獨特之個體性的彰顯作爲基本的設定。換言之，鄂蘭是以人的多元性與個人之個體性之展現爲行動之論述的出發點與前提。在此，借用卡諾凡的解釋，「鄂蘭處理行動與言談的理論表現出人之多元性的不同面相，言談特別對應於言說者彰顯其獨特的個體性，而行動——作爲啓端開新(new beginning)的創新——則是對應於人存有論上的一個事實，意即：人的出生代表一新生命的開端(natality)。」[20]

由於言行的實踐具有「啓示」與「彰顯」的現象本質，行動者的言行之失爲需要有「他者」的見證。同時，行動者的言行施爲不是「獨我論」(solipsistic)之性質，個人之言行之實踐是跟其他行動者呈現一互動關係。根據這樣的基本概念，鄂蘭建立一種實踐的互動論：首先，鄂蘭辯稱行動者的言行表現需要其他行動者的領略、了解與判斷。人踐履一項行動必然經過他個人的思索、衡量與判斷而賦予這些言行某種意義。然而，這種涵容於實踐的反省意義，就我們行動經驗來看，並不是像行動者自身所了解的那麼清楚明朗，有時候行動者可能受某種意識形態的誘導而產生自欺。這種實踐之缺陷，唯有在跟其他行動者的互動過程中，才有可能多少被克服。行動者在跟其他行動者交往互動的過程中，個人言行之施爲所代表，或表現的意義方能逐漸變得清楚。如果

20　Canovan, *Hannah Arendt*, p. 131.

說「泯除個體性而形成的集體動作」是勞動生產者活動的處境，如果說「隔絕」與「孤獨」是「製造者」，或「創作者」的存在處境，那麼，行動者的存在處境乃是，在言行彼此互動交往（或溝通）的過程中，每一個行動者展現他的獨特的個體性，由此也保障了人之多元性。

行動者之言行互動乃構成一彰顯之空間（The space of appearance）（鄂蘭也以「公共領域」之概念來表示空間之性格）。這空間，換言之，即是行動者互相交會、互動、溝通的場域，這種交會、互動是情感之交流、知性之相互瞭解、利益的交換，也可能是相互敵對、懼怕；其中也交錯著共同參與的關係、共享的經驗、共同的努力、衝突的價值與協調。

人的行動實踐乃是他自我的展現，既是「展現」，就必須有「他人」的感知、瞭解與判斷，由此確保「自我展現」的「實在性」（reality）。這個由「他人」與「我」之行動者共同參與，而形成的共同之「自我展現」的場域，即是「公共之空間」。從積極的意義來看，鄂蘭之「公共空間」乃是人行動與溝通的領域，行動既是行為者言行的表達，這表達只有經由跟「他人」的互動、溝通，方能有「真實」的可能性，另一方面，溝通既然是在公共事務的領域內言行經驗之相互分享，那麼個人之行動決定了溝通的實踐內涵，如鄂蘭所指出的：溝通乃是「一種歡愉與滿足，來自於行動者以平等身分相互聯繫，共同行動、共同展現於公眾，也來自於行動者以言行的涉入生活之世界，而取得維繫個人之認同（identity）的資源，以及從事創新、開啟新局面。」[21]

溝通之行動，依鄂蘭的說明，是動態之性格，據此，鄂蘭說

21　Arendt, *Between Past and Future*, p. 263.

明行動及其構成之公共領域的「不可預料性」、「脆弱性」
（fragility），以及「含混未明性」（ambiguity）。

依上面的解釋，溝通之行動實踐是形構於「人共同生活的人際
關係之網絡」。人行動之實踐，從存有論的觀點，即展現於既存的
人際互動的溝通網絡，在其間，行動者的意向、世界觀點、言行的
體現均彼此互動交錯，而呈現無界域之動態流變，這是一個不斷更
新的過程，行動者置身於其中，以鄂蘭的語言，「既是一個主動的
行動者，也被動地承受錯綜複雜的行動的結果」，在言行交錯的實
踐羅網中，行動對任何行動者的衝擊是無限制的（boundless），而且
是無法預料的。鄂蘭生動地描述這行動實踐之歷程：

> 行動者往往在其他行動者之間，以及在跟他們建立的人際
> 關係中，而行動有所為。行動與「受難」（the suffer或「遭
> 遇」）是一體之兩面。同時，由行動開其端而發生之事件與
> 故事乃是一連串行為與遭遇以及磨難之結果所交織而成。
> 這些結果是無限的，因為行動儘管自發而生，它總是涉入
> 這行動之羅網，在這裡，任何行動之反應都會形成一反應
> 之連鎖，任何過程都會釋放出一新的過程 [22]。

鄂蘭就此指出：行動互動呈現之無限制之潛能與實在，也觀
察出行動者在此過程中存在的處境：他既是一行動者也是一遭遇
行動結果之磨難的承受者。

進一步論之，行動實踐形成的無限制的過程，行動者置身與
參與於其中，從來無法確定地預知其結果。其理由在於，實踐不

22　Arendt, *The Human Condition*, p. 190.

像製造生產，它無法有一具體可見的目標，在這裡，鄂蘭略帶誇張地說明：「任何一件行動開啟的互動過程似將綿互延續，直到人類終絕的一天。」[23] 此種綿延不像生物自然之生命循環，週而復始，也不是如製造之過程一樣有一目的終點，或者有一抽象之人類理想在作引導。當鄂蘭指出行動實踐之互動的這一綿延不絕之過程時，她欲闡明的主題，即是人行動之實踐呈現的「含混未明性」（ambiguity）。

依據上面所解釋的，行動之實踐的互動過程從來不含有清楚可辨認之單一行動與事件的脈絡，以作為過程進行的主軸；它毋寧是形之於繁複、多重之衝突與協調，以及突起之偶發事件之沖激的動態。任何一位行動者一旦牽扯與糾纏於這複雜、動態的互動過程中，除了無法扭轉他有意、或可能無意造成的行為之後果之外，更重要的是，他同樣沒有能力預測任何實踐的結果目的，即使他掌握了有關行為動機的可靠知識[24]。

鄂蘭循就這論述的脈絡，闡明行動實踐之互動過程中，行動之意向與結果往往呈現「非對稱性」的境況。它一方面表示，行動者無法完全掌握其行動之過程與結果。行動者參與或從事一件事件不是他獨自一個人行動有所為，他必然跟其他人的言行產生互動的錯綜複雜之關係，在這言行之互動關係的羅網裡，行動者無法肯定把握他的行動意向必然會導致他意欲的結果；另一方面則表示，行動者置身於這一羅網當中，由於行動的過程常受行動者無法預料與控制之偶發因素所牽制，造成行動者「無法確實瞭解他行動的意義」，更甚者，「行動所意想不到的行動的後果常帶

---

23 *Ibid.*, p. 233.
24 *Ibid.*,, p. 190.

給他羞愧、罪惡之感。」[25] 鄂蘭就此闡明了行動實踐的現象本質：
行動者「無法預料性」、「無可轉圜之餘地」，以及行動者置身於言
行互動的之羅網中無法全然掌握他行動的趨向與結果。行動者的
意向和結果的「非對稱性」，或者所謂行動之「含混未明性」。

　　如上面所提示的，鄂蘭肯定人的行動實踐即是行動主體的「自
我彰顯」，行動主體透過言行之表現，方得以辨認個人之特殊性，
或者回答：「我是誰？」這有關自我認同的問題。行動主體的「自
我彰顯」是展現於一場域，這場域是有其他的行動主體在場，而
形成我與「他者」彼此互動、溝通。個人的言行之表現，無可諱
言的，是受其他的行動者的領會、瞭解與評斷。行動主體的「自
我認同」雖是來自於這主體體現個人之言行，以及對個人限之言
行的自我瞭解與判斷。但是個人言行之體現與自我理解，若沒有
其他人之見證、瞭解與判斷，是無法充分獲得個人之「自我認同」
的「實在性」。如鄂蘭所論：

> 缺乏了「表現之空間」，同時言行之互動不再被視之為人共
> 同生活的模式(a mode of being together)，那麼，個人之自
> 我與認同的實在性，以及環境世界的現實性就無法被確
> 立。人的現實感要求人實現個人存有所被給予的事物〔如，
> 他稟賦言行之能力，以及他是生活於一特定的文化社會……
> 等等〕，這不是為了改變這樣的存有，而是為了闡明與表現
> 它們，讓它們得以確實地存在，否則人變成一全然被動，以

25　*Ibid.*, p. 233.

及虛幻的存有 [26]。

　　個人言行之實踐、行動主體之「自我彰顯」、「表現之空間」
或「公共領域」、行動者與他者之「同在」(being-together)，以及
人際互動關係的羅網，構成了鄂蘭行動實踐理論環環相扣的主
題。以下進一步闡述鄂蘭「公共領域」之概念，以及處理行動主
體的自我認同與歷史敘述的關係。

26　*Ibid.*, p. 208.

第四章
公共空間的開展

　　鄂蘭的公共領域理念開拓了當代政治思想的視域，成爲政治論述的一個重要議題。當然，這個理念並非鄂蘭的獨創；自18世紀以來，公共領域未可明喻地構成了自由主義與民主制觀念的基本前提。譬如，17、18世紀的法治國家理念預設了人兩種身分的區分，一是所謂公民，另一則是「私人」(private person)身分，前者被主權國家賦予某些不可剝奪的基本權利，而後者之生活領域(所謂「私領域」)不容許國家權力任意干犯，而且受法律所保障。鄂蘭在《人之境況》中，對於這個可稱之自由主義之法治(the liberal-legal)之公私觀念傳統，做了一種新的闡釋：一方面，鄂蘭從古雅典城邦政治實踐，以及亞里士多德的實踐哲學中，發掘實踐行動的「演示」(或「表演」)，以及彰顯(disclosure)——或所謂「戲劇性」之含意，是故，行動之實踐即是言行具體地「演示」與「彰顯」其個體性。言行具有這種「演示性」與「彰顯性」，它們彼此之間纔有互動與交會溝通的可能性。據此，鄂蘭給予行動之實踐一種「空間性」或「場域」；另一方面，鄂蘭經由理論之重建過程，表述公共領域(或空間)爲形式分類的概念，藉此分辨人活動生命(*vita activa*)的三項形態——勞動、製造與實踐(*praxis*)——的方位與描述各自的本質。再者，它特別是指人的實

踐的構成要素；如果行動的本質在於行動者具體言行的「演示」
與「彰顯」，以及彼此之間形成互為主體的溝通，那麼，實踐必然
開展一公開、公有的空間(或所謂「共同的世界」)。基於這樣的認
識，鄂蘭的公共領域可以被理解為「以實踐為取向的空間方法學」。
它提供給我們一種參考架構，依此，我們可以辨認、解釋與重構實
踐與政治生活的特性，以及探討跟這生活之形式相關的問題。

　　本章以鄂蘭的行動理論作為中心，以解釋上述理論，由此，
更進一步解釋公共領域跟自由的行使、政治權力的孕育彼此之間
的關聯。其基本的論證主題是：公共領域是由人的行動所開創與
塑造，它是一動態的，而非靜態或實質性的空間；同時，它也不
是政治實踐的「原因」，它毋寧是具體展開於人的實踐活動當中。

　　鄂蘭的「公共領域」理論的建立除了預設上面所提的理論性
的解釋架構之外，這項理論的實質經驗內涵，在某種程度上，是
建立於她對西方發生過的政治實踐與思想的歷史解釋，理論建構
與歷史解釋遂緊密接連一起。因此，在1951年的《極權主義的起
源》，我們可以讀出鄂蘭如何解釋納粹與史達林的極權統治銷毀人
的政治實踐與空間的過程，在1958年以後相繼寫成的《人之境況》
(1958)、《過去與未來之間》(1961)、《論革命》(1963)、《共和危
機》(1972)，鄂蘭扣緊她對古希臘城邦政治、古羅馬共和、美國
與法國的革命、1960年代的學生運動的歷史解釋，闡明政治實踐
與公共領域的真實意義。這樣的理論論述，誠如雷侯德(Claude
Lefort)所說的：「沒有一位作家如鄂蘭一樣能如此精準地辨認思想
與事件之間的關係，也沒有一位作家像她一樣清楚地看出：割裂
我們的信仰與我們跟同伴共享之世界的那些未知、偶發的元素正
是思想的泉源，是激發思想的原動力。」因此在了解鄂蘭的「公
共領域」與行動理論時，除了解釋這兩項理論的意義之外，必須

同時說明鄂蘭如何透過對某種特定的歷史經驗的詮釋而建立她的
「公共領域」理論。

　　基於這樣的解釋途徑，我首先說明鄂蘭對極權主義歷史現象
的解釋，特別是極權統治扼殺人的政治實踐以及摧毀公共領域。
其次，分析鄂蘭公共領域之概念的意涵，然後扣緊她的行動理論
以及她對古希臘城邦政治的歷史詮釋建立起來的公共領域的模
式，所謂「爭勝模式的公共領域」（an agorial model of public
realm）。除此之外，以鄂蘭對美國革命的歷史解釋爲脈絡，進一
步說明她另立的「溝通與互爲主體的公共空間」（a public space of
communication and intersubjectivity）。儘管這兩種公共領域的模式
（以爭勝，以及以溝通合作關係爲取向的公共領域），多少顯現緊
張的對立，但兩種模式共同表現鄂蘭對「甚麼是政治的？」（what
is the political?）這項議題所作的解釋：政治唯有在一空間出現的地
方才能存在，在這個空間上，人彼此承認公民的身分，在其間，
人彼此處在一有限定之架構的共同世界，透過秀異的言行而彰顯
其個體性，去回答「我是誰？」（who am I?）的問題；另一方面，
經由談論與說服，表現「合作共事」的心志、參與於公共事務以
及開創新的政治局面，體認「共和政治傳統」所強調的「公共歡
愉與福祉」（public happiness）。

　　公共領域，依照鄂蘭的觀點，必須跟「私人領域」與西方近
代出現的「社會領域」（the realm of the social）或「市民社會」（civil
society）分別開來；不但如此，它也跟現代國家的支配機制有別。
鄂蘭作這樣嚴格的區分，除了有她行動理論的根據之外，尚表示
她的一項理念：當公共領域與私人領域的界線消失，兩個領域也
隨之銷毀，取而代之的，就西方現代性來說，是「社會領域」：一
種巨大的企業組織體，以及一種爲支配性之機制（如以實質目的爲

取向的科技官僚構成的國家體制)所宰制的，祇求經濟利益且相互依賴的關係網路。儘管我們認可鄂蘭這種診斷現代性之偏失的觀點，但問題在於：鄂蘭機械式的區分公共領域和私人領域(或社會領域)是否可以提供一有力的思想資源以走出現代性的困境？

極權統治與公共領域的銷毀

鄂蘭於1958年的《人之境況》——鄂蘭最有系統的政治理論著作——首次表述了公共領域理論，在以後陸續發表的作品，鄂蘭持續發展這項理論。自然地，說明公共領域理論應以《人之境況》為起點與軸心。然而，就鄂蘭政治思想發展、形塑的整體過程來看，公共領域理論的建立是以極權主義歷史現象的省察為背景。不瞭解極權政治如何銷毀人政治實踐的空間，就無從解釋鄂蘭在其公共領域理論為何堅持公共領域和私人(與社會)領域的嚴格區分，以及肯定政治自由、平等與政治的談論、說服、溝通為政治的構成要素。

鄂蘭對極權主義之歷史現象的解釋可分為二個層面：

1. 鄂蘭從猶太人在現代民族國家的作為與遭遇為起點，解釋極權政治興起於現代西方的理由。鄂蘭特別關注如下的歷史現象：資本主義的經濟擴張、資產階級的以經濟利益為中心的「去政治」的生活觀、西方世界在亞非兩洲的帝國主義的經驗、群眾社會的興起、民族國家體制的動搖、人權的困境、意識形態的興起，鄂蘭把這些歷史現象或事件環環相扣，形成一錯綜複雜的解釋體。這解釋的基本取向是批判西方現代性，其中論證的一重要的主題，乃是民主憲政的政治需要具有對公共事務關切，且能表達公共事務之意見的，以及有政治道德之自律的公民，作為運作

的基本條件。但是，隨著西方現代過程所形成的資本主義的經濟機制與布爾喬亞式的「市民社會」，人在政治層面上的公民身分不再被尊重，政治人格被漠視的一效應即是「群眾」人格的形成：以自利自為之自我為中心的作風，同時受無識之生命驅迫力的支配，把人之熱情誤認為肉體的慾求、對公共事務的冷漠，以及對經濟利益無限制的追求，但卻無法表達有關追求之利益的見識與意見。這樣的「群眾」人格造成的生活處境正是：人與人彼此的孤立，生活世界的「公共性」（the publicity）被「私人領域」的事物（如血緣、種族、區域性的聯繫，或者親暱的人際關係、主觀的情緒……等等）所取代。維繫人之認同條件的「公共世界」遂走向一支離、失序的境況。鄂蘭把這樣的生活處境與世界看成為孕育極權主義的意識形態和運動的歷史條件。這種歷史解釋的觀點預示鄂蘭往後建立起公共領域理論的方向。

2. 除了分析與解釋極權主義的歷史起源，鄂蘭也對極權的政治體制作了形態上的分析。以鄂蘭的觀點，極權政治是西方歷史上首次產生的政府形式。鄂蘭要合理說明這基本論點，必須經過比較政府的解釋途徑。在此，我把鄂蘭的比較分析的觀點作一簡單的說明。

依鄂蘭的觀點，民主憲政的政府是運作於一有法律作為規範的空間；法律的效用在於劃分合法與非法的領域，因為有了界線的範圍，政府與人民能彼此了解各自的權益，彼此也能有合法有效的期望。相對於憲政政府的體制是所謂「僭主專制」，以譬喻來講，這樣的體制宛如一片望之無垠的沙漠，生活於此種專制統治的條件下，一個人好像行走於一未知的廣大、開放的空間，僭主或專制主獨斷的支配意志就像是一場突來的大風暴橫掃行走於這無際沙漠的人們。相較之下，極權政府的本質在摧毀任何形態的

空間，再次用譬喻，極權政府的全面控制的支配好像用一鋼鐵的型範把人民緊緊地壓制成一切均為同一的整體。具體來說，這種壓縮與摧毀空間的政治支配是透過甚麼樣的過程？關於這問題，鄂蘭在1960年發表的一篇題名為〈自由與政治〉（Freedom and Politics）文章中作了如此簡要的說明：

> 極權主義以政治的需求支配與宰制人所有的生活領域，它否定人基本權利，特別是隱私權（the right of privacy）。它以獨一的政黨控制法律、司法、經濟、科學或學術的研究與宣傳媒體。在這樣的全盤控制下，一切事物都是「公眾性的」，甚至連個人內在最隱密的情愫或思緒都必須展現於政黨的注視與監察 [1]。

依鄂蘭的解釋，極權政府並非是「無法律」的政府，它比民主憲政的政府更講「法」，但極權政府的「法」是建立在一套跟現實與人生活的實情絕緣的意識形態之嚴密邏輯推論支配下的「運動法則」。由於罔顧現實，極權政府的「法」（或運動法則）抽離了現實生活經驗的考量，拒絕人對現時現狀的具體處境的解釋。在「運動法則」構成之法律的支配下，人全然被動如玩偶一般，被帶領到這法則自稱的人真實的目標（如史達林的「無階級社會」的歷史法則、納粹的純化種族的生命法則）。極權政治的「革命」性格也就表現在此種以「意識形態」為宗主的全面控制，立意摧毀一切舊事物，企圖創造出「新人類」[2]。

1　Arendt, "Freedom and Politics: A Lecture," *Chicago Review*, no. 14, 1960, pp. 28-46.

2　關於鄂蘭對極權主義政府的分析，見其 *The Origins of Totalitarianism*

　　鄂蘭的「公共領域」理論的建立是以對極權主義的歷史現象的
省察作爲背景。她反省的基本問題是：如果極權政治因爲以「政治」
支配人生活的所有領域，而否定了政治的眞實意義，那麼，在「後
極權主義」的當代處境，如何可能有效解釋「甚麼是政治性？」這
椿問題。以下扣緊這椿問題，說明鄂蘭的公共領域的意涵。

公共空間的語義界定

　　「公共領域」，在鄂蘭的理念，特別是屬於政治的，有別於我
們日常生活中所說的文學藝術的領域、私人生活的空間，與社會
經濟的領域等等。在西方政治思想的傳統，公共領域的此種政治
性相當明確。公共領域的「公共性」，依古典時期的理解，一方面
指人民或公民關心的與共享的事物，另一方面也指具有法律組成
的與共同利益的「社群」或「共同體」（community）[3] 在現代自由
主義中，公共性意指跟社會相對的國家權威與「公法」（the public
law），也表示與私有物相對的事物，包括社會活動 [4]，在黑格爾
與馬克思的思想傳統裡，公共性表現於「公民社會」（the society of
citizen）與「資本企業家或市民的社會」（the society of the bourgeois）

　　之結論〈意識形態與恐怖統治〉，中譯本見蔡英文譯《極權主義》。
　　有關對鄂蘭的極權政府之概念的解釋，見Claude Lefort, *Democracy
　　and Political Theory,* trans. David Macey（Minneapolis University Press.
　　1988），pp. 45-55. 以及 Seyla Benhabib, *Situating the Self: Gender,
　　Community and Postmodernism in Contemporary Ethics*（Oxford: Polity
　　Press, 1992），pp. 89-120.
3　關於古典的 *res publica* 的觀念的解釋，見 Noberto Bobbio,
　　Democracy and Dictatorship. trans. Peter Kennealy（Minneapolis:
　　University of Minnesota Press.1989），pp. 10-21.
4　Bobbio, *ibid.,* p. 12.

的對比，前者的組成分子——公民——關注公共利益,後者則關心或考慮與他人相競爭或合作的私人經濟利益 [5]。

鄂蘭在表述其公共領域的意涵時，保存了古典時期的 "*res publica*"(公共事務，或政治參與)的含義。以鄂蘭的用語,「私人領域」指涉相當廣闊的範圍，從人內在的思緒、感情、道德的良知、悲憫，到人與人之間親暱的私人交往、家庭的倫序，以及經濟生產和消費、市場機制、工藝製造的場所、企業聯組……等等，凡是人與物(不論是自然物或人造物)相交接的場合，以及無法透過論議而彰顯的事，以及與人經營滿足其生物必然性的活動有關的，換言之，隱匿的、遮掩的、不可見聞的事物與事情都不屬於「公共領域」。對比來說，凡能夠透過言行表彰的，以及運用語言的表白、說服、論辯的事物或關係，都是公共領域的。據此，公共領域的「公共性」意指彰顯、開展、表現，而彰顯、表現都發生於「有他人在場」的領域或空間，有人在場目睹、耳聞、見證、辨認、解釋、判斷所出現與發生的行為、言論、現象與事件。公共領域是指一開展的空間，在其中，言論、行為與政治事物和現象均能得其方位。以鄂蘭的「表現即實在」的存有論立場，公共領域由於是人言行彰顯與判斷的場所，它也是現象界與實在界。鄂蘭以古希臘城邦政治為典範說明公共領域的這種現象性與實在性：

> 城邦，以及整個的政治領域，是人為設造出來的、作為人表現其言行的空間，空間是人把其言行表露於公共的地

5　*Ibid.*,, p. 31-43.

方,而由這公共來證實表現之言行與判斷它們的價值[6]。

公共領域的現象性與實在性與鄂蘭的「共同世界」(a common world)的概念有關,在討論鄂蘭的公共領域時必然連帶說明鄂蘭的「共同世界」的旨義。

鄂蘭論說公共領域與共同世界的關聯時顯得糾纏,但論說的主題在於:公共領域雖然不等同於共同世界,但公共領域得以成立的條件賴於共同世界的形成;另一方面,共同世界若沒有公共領域,則被剝奪了其表現自身的媒介。

共同世界,依鄂蘭的說明,是「跟人為設造的事物──人用雙手製造產生的事物──相關,也跟生活於這個世界的(即:人造之事物構成之世界的)人所發生的與進行的事務有關。共同生活於這個世界意謂:有一物之世界介之於那些共有這個世界的人之間,就猶如一張桌子擺設於那些共有與圍繞於這張桌子的人;這樣的世界好似「在一之間」(in-between),它一方面聯繫,另一方面分開在其中的人[7]。在說明公共領域的含義時,鄂蘭指明它是人與人面對面的言行的表現,以及交往、溝通,但沒有一恆定的、具有一定結構的世界,面對面言行的彰顯、溝通就成其為不可能。就鄂蘭的推論,公共領域必然被一共同的世界所圍繞與涵蓋,若非如此,言行的表現與溝通就喪失其界線與層次。當鄂蘭指陳「在一之間」為共同世界的屬性時,她嘗試說明的旨義是:參與、「連同」(togetherness)、居處(dwelling-in),以及界線、距離都是言行的表現與溝通的條件,而這條件是一共同世界提供的。然而,共

6　Arendt, *On Revolution*, p. 103.
7　Arendt, *The Human Condition*, p. 52.

同世界與公共領域既有兩者的重疊與兩者本質上的區分。

　　首先，「多元性」是共同世界與公共領域的屬性，上面說過，公共領域是行動者以言行彰顯其個體性(即：能回答「我是誰？」之問題)的空間，也是「他者」(the other)耳聞、目睹、見證、了解、評論發生之言行、事件的場所。多元性，在此，不但指每一個人具有的不能複製的「獨特性」(particularity)，多元性也表現於每一個人之言行的無法重複和繁複多樣的性格；除此之外，鄂蘭也特別站在認識論的立場指明多元性爲每一個人的了解與解釋因不同之立場而形成彼此無法通約的觀點：

> 公共領域的「實在性」(reality)在於無數多樣的〔解釋與評論〕的角度與面相同時的表現，在這樣的表現中，共同世界也表現自身；對於如是的實在性，〔我們〕從未可能設計出共通的準矩或可通約的公分母。因為：儘管共同世界是〔我們〕整體共同交會的場所，但那些〔個人〕表現的〔言行和解釋觀點〕在這共同的世界中各自有其位置，如同兩個〔在同一空間〕的物體從來不會落置在相同的位置，任何言行的發生於解釋的位置與立場彼此不會吻合。被他者見聞、了解，其意義是依據一項事實：任何一個人從不同的位置視察與聞聽 [8]。

　　言行的表達與解釋不能沒有一代表「同一性」(the identity)的共同世界，但它們發生在這一共同世界中是表現其多樣分歧與無法通約的性格。在這裡，鄂蘭，由於站在「多元主義」(pluralism)

8　*Ibid.*, p. 57.

的立場，並沒有精微地考究多元主義牽涉到的複雜的問題（譬如，分歧之觀點的整合和共識如何可能？或者，多元主義是否表示對價值的漠然不關心的問題）。依她的見解，共同世界（或者，我們生活的世界）足以提供給分歧多元的言行與解釋以一種可以產生同一性的共同架構。誠如她所說的：「事物表現給觀察者不同的面相而不失其同一性，同樣地，環繞於事物四周的人都知道：儘管觀察這事物可以表現不同的觀點，但所觀察的依然是這相同的事物，唯有如此，世界的實在性才能夠真實地和確實地表現。」[9]

其次，公共領域是行動者表現其言行、相互溝通，以及凝聚政治權力的空間，是動態的，是間斷性而非持續性的。然而共同世界，由於是一規範性的持久性的結構，預設「歷史的持續性」，就此，鄂蘭說：「假若這個（共同）世界包含公共空間，那麼，它不能衹為一個世代而設，或者為生命的延續而立，它必須超越個人（必然死亡的個體）的有限生命的期限。」[10] 共同世界與公共領域，以鄂蘭的範疇之分析的觀點，有如下的明顯的區分：共同世界可以是一物質之世界（如經濟市場之機制構成的生產、交換與消費的世界），也可以是一人製造出來的「物」的世界，從居家、建築物、制度、法律憲政到藝術文化的世界。但是公共領域特別是形成於，也屬於人的實踐活動（*praxis*）。對公共領域而言，共同世界（不論是物質的或事物的世界）提供給人的政治實踐的領域以一穩定的參考架構，特別是由法律所構成的憲政結構[11]。從這一方面來說，鄂蘭的公共領域，連同行動理論，牽涉到政治理論中人

9　*Ibid.*, p. 57.

10　*Ibid.*, p. 55.

11　Arendt, *Crises of the Republic,*（New York: Harcourt Brace Jovanovich, 1972）, pp. 79-80.

的行動履踐與制度結構互動關係的議題。關於這議題，以下當討論鄂蘭對「實踐」與「製造」(*pōiesis*)的區分時，會繼續探討。這個議題之所以重要，是因為它直接關聯鄂蘭公共領域的理論所面臨的：恆定之制度之建立與動態之行動兩者的緊張。

鄂蘭的公共領域理論的建立一部分憑藉她對古希臘城邦政治的闡釋，另一部分則依據她的行動理論，特別是有關「實踐」(*praxis*)與「製造」(*pōiesis*)活動 的區分。以下，分別說明。

公共領域的兩種模式

在解釋鄂蘭的公共領域的理論，大多數學者共同同意的一項解釋觀點是：鄂蘭嘗試恢復古典的「共和主義」，恢復公民社會的理想 [12]，鄂蘭公共領域蘊含的此種返古論引起許多學者譏評為「對古希臘城邦的懷舊」[13]，或者，如席拉‧班赫比(Seyla Benhabib)所評論：

> (鄂蘭的公共領域理論)困擾當代讀者的地方並不在於鄂蘭高度理想化古希臘的政治生活，而在於她忽略了下列的議題：城邦的爭勝式的公共領域之所以可能是因為它排斥了婦女、奴隸、勞動工人、非公民身分的居民以及所有的外邦人，同時，由於這些團體的勞力承擔城邦的日常生活所需，以供養少數的政治階級，城邦的「有閒階級的政治」

12　Jean Cohen, *Civil Society and Political Theory,* pp. 178-200.

13　Noel O'sullivan, "Hannah Arendt: Hellenic Nostalgia and Industrial Society" in *Contemporary Political Philosophers*, eds. Anthony de Crespigny and Kenneth Minogue (London: Macmillan, 1971).

才成其為可能 [14]。

同時，鄂蘭以此種古希臘城邦政治為典範的公共領域作為一種「規範性」的原則，評斷現代（資產階級的）「市民社會」對於勞動生產力及勞工階級的解放，是為公共領域式微的表徵。這樣的「反西方現代性」的論點激起許多的爭議；譬如，在現代性的條件下試圖恢復或重現古典式的公共領域是否必然預設一種「菁英主義」與「反民主政治」的思想前提？或者，鄂蘭公共領域理論的過度古典主義的傾向致使這項理論無法積極解釋西方現代性的政治的積極意義？

諸如此類的評論都有其論證依據，但也表現對鄂蘭思想的誤讀。在解釋古典的共和主義政治傳統的經驗時，鄂蘭並非關心古典城邦成立的經濟或社會基礎的歷史問題，她關切的重點毋寧是：古典的共和主義傳統能提供給西方現代世界一真切的、富有生機的政治的理念，而這樣的政治理念在西方從柏拉圖以來的政治理論的傳統，以及在現代化的過程中，被掩埋。如此，鄂蘭的公共領域理論的建立表現出「歷史解釋」的途徑：她自認為站立一有利的位置，一方面追溯政治的真實意義，一方面反省與批判這真實意義的政治如何被扭曲。從這個角度來看，了解鄂蘭的公共領域理論，其重點在：它如何從古典共和主義的傳統提煉出她所認為的真實的政治理念。

古典共和主義的政治，依鄂蘭的解釋，表現其特性於兩種活動或生活的領域的區分：一是政治實踐的領域，另一則是「家業」

---

14 Seyla Benhabib, *Situation the Self: Gender, Community, and Post-modernity in Contemporary Ethics*, p. 91.

和經濟活動（包括：勞動生產，與製造或技術）的領域。依照這種
區分，政治實踐的領域不是經濟生產、消費的，以及工藝技術之
製造業的場所，而是具體賦形於人實踐的履行，以及自由交換個
人（或行動者）的言論，這樣的領域預設自由、多元性、平等性的
條件。以下分別論析公共領域的這三種性格。

依鄂蘭的闡釋，古希臘城邦的政治（或公共）領域得以形成的
一重要條件在於：古希臘人能在家族的倫序與經濟社會的非平等
性的層級關係另立一個由法律所規約的政治平等的空間，這樣的
公共領域的確立，在於立法者（如梭倫〔Solon〕與克萊基尼
〔Cleisthenes〕）建立法律規範的生活結構，有了法律的規範，人
的言行表現與交互的關係才有一定的界線與取向：「對古希臘人而
言，在人開始行動之前，必須確立一個空間，以及建立一個結構，
在此所有隨後之行動才可能發生，這個空間都是城邦的公共領域
及其法律的構造。」[15] 這樣的政治空間，依鄂蘭的解釋，都是古
希臘所指的「平等政體」（*isonomy*）。這樣的是謂「平等政體」的
政治領域表現如下的特性：

首先，它表示一種特定的政治組織，在其中，人取得公民的
身分，以及生活在一個不設有「治者與被治者」的區分的條件，
依此，它既不是君主制、貴族制，也非民主制，因為這些政體都
預設「治者與被治者」的區分，不論是一人、少數或多數的統治。

其次，這政治的領域是指建立在法律範圍之內的平等性的政
治實踐的空間。這種平等性，鄂蘭指出，並不是經濟與社會的條
件的均等，而是公民之政治身分的平等，換句話說，是指公民形
成之「同儕團體」（或所謂「政治階層」）所享有的平等。在此，

---

15 Arendt, *The Human Condition*, p. 194-5.

鄂蘭也了解在古典世界中，公民團體是由擁有私產與奴隸的「自由人」所組成。依鄂蘭的解釋，「平等政體」的城邦之所以那麼強調與維護政治的平等性並不是如現代自由主義者所認定的「人生而平等」，而是「因爲自然（或人生而）不平等，（因此）需要一個人爲的制度（即：城邦），這制度因爲它的人爲構造性，而使（生活於這制度中的人）平等」，依此，「平等祇存在於這特殊的政治領域，在這領域，人彼此以公民而非以私人的身分相交往。」[16]

因此，公共領域預設的法律的平等性意含政治的非自然性，換句話說，人與人的血緣和地緣的關係以及情感，或者因人自然本性的需求所形成的社會經濟的關係，都不是構成公共領域的條件，它們是不能顯現在這個領域之上的。在公共領域活動的人的身分是法律賦予平等地位的公民，他們形成「政治的關係」。他們參與城邦（或政治的共同體）的公共事務，透過談論、商議、說服，也經由激辯、衝突而形成「共同行動」（act in concord）的政治伙伴的關聯。

公共領域的由人爲法律建立起來的平等性，祇作爲公民政治實踐的形式上的條件，也就是，在這法律規範底下，任何一位公民均有參與政治、履行政治實踐的平等。依鄂蘭的解釋，因爲有這一形式上的平等，公民方有可能在政治實踐中表現其個體性（individuality）。據此，鄂蘭表述公共領域的「爭勝」或「求秀異」的形態，關於這形態，鄂蘭作如下的解釋：

> 公共領域是充滿激烈之「求秀異之表現的精神」（a fiercelly agonal spirit），在公共領域中，每一個人不斷地以他的言行跟所有其他的人區別，透過他的獨特的言行與成就表現他

---

16 Arendt, *On Revolution*, pp. 30-1.

個人的優越性。換言之，公共領域是保留人的個體性，也祇有在公共領域內，人才可能表現他真正的、無可替代的身分(也就是，能夠回答我是誰的問題)，正因為有這樣一個自我表達的機會，以及出於熱愛這個使自我表現成為可能的政體，個人才自願承擔這個共同體之司法、國防與行政管理的負擔 17。

秀異或美善(*arete*或virtue)的實踐是屬於公共領域的，在私人領域中，人是無法表達行動的優越性的，因為優越性表示突出與區別，沒有互為平等的同儕，突出與區別則無法成立。同樣地，秀異是需求他人在場的見證，而這種在場的見證需要一種公共的形式，由公眾來證實言行的實在性與判斷這些言行的價值。

由上面的分析，可得知鄂蘭解釋公共領域的兩種基本形態：一是公民互為主體的溝通；在此，「所謂政治即是任何公共之事務都取決於談論和說服，而非由勢力與暴力來決定。」18 另一則是公民在其同儕中求秀異之言行的表現，在此，公共領域表示公民同儕的相互的競爭。熟悉霍布斯(Thomas Hobbes)與卡爾‧史密特(Carl Schmitt, 1888-1985)政治理念的人都了解以競賽或競爭為取向的政治行動有極大的傾向走向敵我之劃分的激烈的政治鬥爭，不能調節的激烈的政治鬥爭最後必然造成公共領域的分崩離析。鄂蘭的公共領域的這兩種模式是否能夠有力地解釋這因多元性而形成的政治衝突的現象？

首先，鄂蘭解釋的政治實踐具明顯的「規範」的含義，當她

---

17 Arendt, *The Human Condition,* p. 41.

18 *Ibid.*, p. 26.

說秀異或美善之言行是歸屬於公共領域時，儘管鄂蘭把公共領域的美善言行跟道德良知、悲憫、動機之誠意相區分，但這秀異或美善是具「公共美德」的意義，它表現在自治、勇氣、與人爲美善的友誼、公道、寬容大度、欣賞他人之長處的謙遜……等行爲的原則上。這秀異與美善的行爲是內在於政治的實踐，不是行爲外求的「目標」，因此，在公共領域裡，行動者追求卓越並不是求凌駕他人之上的支配的意志力。在有任何支配或宰制他人的勢力存在的地方，公共領域也隨之消失，因爲支配或宰制違背公共領域成立的一基本條件：政治實踐的多元性。

　　其次，公共領域是公民相互的言語的溝通、說服、協商形成的多重認知觀點互動的網絡，這種公民互爲主體的溝通，以鄂蘭的用語來說，是政治權力的形塑，「政治權力無需證明爲合法，它是政治共同體（或公共領域）存在的內在本質。」[19] 任何時候，當人整合一起與共同行動時，權力就形成，權力若有其目的，這目的並非工具性的，而是內在於政治的實踐。一旦互爲主體溝通的人際網絡爲工具性的宰制力或支配力所控制，政治權力就消失。問題在於：這種爲實踐目的，以及透過互爲主體的溝通，具整合性的政治權力如何可能從鄂蘭所強調的政治多元性中形成？因爲政治的多元性蘊含政治實踐上認知觀點與價值立場的無法通約性與無法並立的可能。針對這椿問題，鄂蘭從古典自由主義的「契約論」中抽繹出規範性的解釋觀點：「結合與承諾，整合與立誓約是政治權力得以保持完整的途徑」，因此「政治實踐（或行動）的根本在於：人所有能力中唯一需要人之多元性的是政治實踐（或行動）；政治權力的構成在於：人所有屬性中唯一能應用於世界性（或

---

19 Arendt, *Crises of the Republic*, p.151.

人間性)的『在一之間』的空間的乃是政治權力，由這樣的空間，人彼此相關聯，透過立下與遵守承諾建立制度之根基中，人結合在一起。在政治領域中，這可能是人最高的能力。」[20]

另外，鄂蘭的政治權力的概念牽涉解釋政治現象的有效性的問題。在《論暴力》一書中，以及〈何謂權力〉一文中，鄂蘭使用她慣常運用的「區分」以求得事物之本質的方法，排除任何使用工具威脅、屈從他人的力量與勢力於「權力」的範疇之外。在此，鄂蘭所要表達的理念是，「權力」的形成與運用在於：行動的主體透過言辭、溝通、說服的過程，當行動主體依此過程達成「協同一致行動」的意願時，在這些行動主體的如此結社中，就自動形成足以開創群體生活之「新局面」的能力。

「權力」跟「勢力」(strength)、「暴力」(violence)，甚至跟「權威」(authority)，在分析的範疇上是不同的，其本質的差別在於：後者都與言辭的溝通與說服無關，它們也跟自願的聯繫和合作無關。舉例來說，「權威」表示無需透過論辯與說服而認可與遵守特定之人和制度(或體制)的優勢(譬如：父子與師徒的關係，以及古羅馬公民遵從與發揚共和制度之初所體現的精神)。

這種截然的區分跟鄂蘭對「政治」(the political)的界定有關：政治意味多元的行動主體參與於言談和生活的事務的一個「場域」(locus)，這場域表示的質性是「開放」。在無限的開放中，言談、行為各發現其確定的位置(也就是跟工具物的使用相分別開來)，以及相互連繫成一關係的網路。依此，政治並非表示一存在物(如，制度和體制)，也非表示組織一個政治社會的支配原則(如功利或正義原則)，而純粹表示言行的動態開展與相關聯，以及發生

20　Arendt, *On Revolution*, p. 175.

的事件。

鄂蘭的此種權力的概念，如同她分析與界定的其他概念一樣，引起的疑惑是：看來根源性但又顯得空泛的權力概念，如何有效的解釋我們日常面臨的實質且具體的政治現象，如暴力（特別是恐怖主義的政治）與支配（特別是現代國家的支配）的政治現象。鄂蘭本人在處理革命現象、在解釋康德晚年的歷史哲學時，也領會這些政治現象引發的解釋的問題。但是她並沒有提出令人滿意的論點。譬如，在上面所說明的，鄂蘭連結了人守承諾和立誓的能力跟人相互結合與合作的實踐（也就是，政治權力的形成與持續）。當然，鄂蘭的用意是指陳我們現時所認識的政府的「權力」的運作有一更為根本的基礎，即是公民的結社與合作所形成的多元性的權力，這一觀點隱含的問題是：公民的結社與合作的條件來自於公民守承諾和立誓約的能力，但是，鄂蘭能否運用解釋來卸除霍布斯對於承諾和誓約之行為的一項洞識：承諾和誓約若沒有法規或體制的權威的護持與保證，則缺乏現實的效力。

鄂蘭在其政治理論中沒有分析西方現代國家的形成與發展，這可能是她的權力概念引人迷惑的本源。在這裡，無意去替鄂蘭的權力概念作一連貫的解釋。但作為一位解釋者，似乎也有必要去尋求此權力概念的含意。

鄂蘭在解釋極權主義政治的歷史與處理西方「現代化」的特質時，敏銳地覺察在西方現代性的成就（如資本主義的生產制度、現代民主政制、科技的發展⋯⋯等）潛伏著一股不斷膨脹的宰制力（如西方帝國主義擴張動力、資本主義或全球經濟引起的激烈的競爭的壓力、現代國家的官僚化、人民之公私生活領域的混淆以及民主政治轉變成行政支配的政治⋯⋯等等）。對於這一股潛伏的宰制力，鄂蘭所擔憂的是：人作為一公民的實踐能力被扼殺，公民

成爲支持既定之制度的順從的子民。把鄂蘭的權力概念擺在這樣的思想的脈絡中，是可能發覺其意義。

如果西方現代性潛伏的巨大支配力需要最起碼的民主化，那麼，依照鄂蘭的建議，基本條件在於：人必須完成其公民的角色，他們不再只是被動地支持在位者的權威，而是更積極地參與各種不同的公共事務，這樣的公民具有批判力，也是深思熟慮的，他們理智且熱情地參與於其生活之發生的爭議：如核武、生態之問題，或者外交政策。公民之參與，其主要之工作是堅持這些問題有一更廣大的論辯空間，而非留給專家處理的行政事務，這也就是聲言：公共空間乃是一公民評論、深思熟慮地尋找不同的解決公共事務之途徑的空間，這空間是防止公共事務非政治化而產生的。鄂蘭認定公民的參與形成自發生性的力量——所謂的政治權力——可以民主化西方當代日漸擴展的政治勢力的宰制力。

鄂蘭在解釋公共領域的平等性，及其兩種基本形態，以及公共領域的權力特質時，對自由概念的釐清構成這些解釋的一基本的議題，誠如她所說的：「政治的必然之理（*raison d'etre*）是自由，而這樣的自由首要的是政治實踐的體認。」[21]

共和主義的自由觀念

在釐清自由的意義，鄂蘭偏向的立場依舊是「共和主義」的傳統，她認爲：不以古希臘羅馬的政治經驗爲資源，很難確實地掌握政治的真實意義，「就政治和自由的關聯來說，道理也是一樣，其額外的理由是：唯有古代的政治共同體是建立在爲求得自

---

21 Arendt, *Between Past and Future*, p. 151.

由之生活的這一目的上，這種自由的生活不是那些為他人威嚇支
配的奴隸，也不是那些為生命之（物質之）必然性所壓迫的勞工所
可能享有的生活」，鄂蘭接著說：

> 如果我們以城邦的意義來了解甚麼是政治的這項問題，那
> 麼政治的目的（或必然之理）必定建立在，以及保持在一個
> 講求秀異之表現的自由得以顯現的空間。這是一個領域，
> 在其中，自由是「人間世之實在」（a worldly reality），這種
> 實在性具體表現在可被聽聞的言論，可被目睹的行為，可
> 被談論、記憶，以及轉變成為故事……的事件。凡發生於
> 這表現之空間者基本上都是政治的，即使它並不是政治行
> 動的最直接的結果 22。

　　自由即是在公共領域中言行的演示或履行，就這一點，鄂蘭
強調自由的「表現」性格，即：自由是可見、可聽聞的實質的行
為的表現，猶如舞台上的表演。鄂蘭解釋說：

> 表演藝術……的確跟政治有親和的關係。表演的藝術家（舞
> 蹈家、戲劇演員、音樂家……等等）需要觀眾與聽眾以展示
> 他們的精熟的技藝，正如同行動者需要他人的在場，俾能
> 在他們面前顯現；藝術家與行動者需要一公共地組織的空
> 間來演示其「工作」，他們為表演自身而仰仗他人。祇要人
> 一起生活於一共同體，這樣的一「顯現的空間」（a space of
> appearance）就被視之為當然。古希臘城邦曾是一確定的「政

22　*Ibid.*, p. 154-5.

府形式」，這個政府給予人一「顯現的空間」，以及一類似舞台的空間，在這個地方，人可以行動，自由可以彰顯 23。

就這種演示性格來看，自由不是表現在亞理士多德的深思熟慮的「選擇」(*liberum arbitrium*)，奧古斯汀的「意志自我的爭鬥」(will divided against itself)、康德的因果律與「道德的自我決定」，或者沙特的「我決定自己之存有的基本抉擇」；也不是如西方現代自由主義所肯定的免除威脅、障礙，以求個人私生活之保障的消極意義的自由。儘管鄂蘭同意這些傳統自由觀點所揭櫫的「自由不是人做他所欲求的事，而是欲求所應當為之事」，可是，這樣的自由觀念卻遮掩了自由最原初的政治的含義。如鄂蘭所提示的：

> 西方哲學的傳統幾乎一致同意：當人離開人群互動的政治生活領域，自由才開始，自由不是體認於人與人之間的聯結，而是我跟我自己之對話的體認──不論這體認是以內在對話的形式來表現，這對話的形式從蘇格拉底以來一直被稱之為「思維」，或者是以內在的自我衝突為形式，聖保羅與聖奧古斯汀曾深刻體會這種「我意欲」(I-will)與「我為」(I-do)之間的內在糾鬥。但這種體會卻表示「人心」(human heart)的猶疑不決與無能 24。

以相同的立場，鄂蘭也批判從霍布斯與啟蒙時期以來的自由理念：把政治自由視之為安全的保障。依此，政治的最高目的在

---

23 *Ibid.*,, p. 154.
24 *Ibid.*, p. 157.

於保障安全，安全使得自由成其為可能。這樣的自由概念指出發生於政治領域之外的活動才是自由的典型。自由遂成為保障所有生命過程與「市民社會」之經濟利益的消極性的自由 [25]。換句話說，自由在西方現代自由主義中成為保護私人領域活動的工具。

鄂蘭在釐清自由的意義時，並沒有否定上面所說的西方哲學傳統與現代西方自由主義的自由理念，但她努力所論證的主題是：公共領域(或政治共同體)的政治實踐的自由是優先於個人意志或任何形式的內在自由，沒有先體認履行於政治領域的自由，那麼意志的或內在的自由無法顯現；同樣地，沒有公民的美善之言行的政治實踐以維繫政治共同體的自由，那麼，經營滿足人之生命過程之必然需求的經濟和社會的活動就成為不可能。

這種共和主義式的自由，本質上，蘊含回答「何謂良好之生活」的價值觀點，所謂良好的生活是公民關心與參與政治共同體之公共事務的政治實踐的生活。這樣的政治實踐的生活，其確實的內容，鄂蘭作這樣的描述：政治實踐的生活「表現一種歡愉與滿足，它來自於我們跟同儕結合成一友誼團體，來自於共同的行動。跟著一起出現在公共領域的，則來自於我們以美善之言行進入共同的世界，由此，我們取得與保持我們個人的同一身分(identity)，而且開創嶄新的事物與事業。」[26]

這種政治實踐的自由生活，「在某種程度上，主宰了純粹生命的必然性，從勞動和工作中解放，而且克服了所有生物根深柢固的求生存的慾望，它不再為生物體之生命過程所束縛。」[27] 依此，政治實踐的自由預設「解放」，即不受束縛與干涉的自由。然而鄂

25　*Ibid.*, pp. 149-150.

26　*Ibid.*, p. 263.

27　Arendt, *The Human Condition,* p. 36-37.

蘭的自由理念並不限定在以薩‧柏林所說的「跟社會生活的最起碼的要求相並容的最大程度的不受干涉」的消極意義的自由 28。以鄂蘭的觀點，自由表示以行動開創一新的局面（a new beginning），把新事物帶給我們生活的共同世界，以及在持續不斷的行動實踐中完成一件事物（包括，建立政治體制的根基）；順此，自由也表示「引導」（rule），但引導並非指強勢支配，如我們對「領導權」的一般認識。能引導他人的人，在政治層面的意義上，是指掙脫生命之物質的必然勢力，具有能力締造新局勢，以成為城邦（或政治共同體）之公民的人，他們形成一同儕的合作團體，或許他們之中有一位特別傑出的，而受到其同儕們的贊助，在他引導下，共同去完成新的政治事業。關於此「領導權」之意義，鄂蘭說：「唯有他人的贊助，引導者，或領導者與開創者才能確實行動，去完成他曾經開啟的新事務。」29

鄂蘭的共和主義意義的自由，顯然是強調人之政治實踐的自由的積極性，即：開創、引導與完成新事物。這樣一種開創新起點的能力是人創造所有偉大與美善事物的潛在的資源，也使我們生活的世界可以有充滿「無限可能性」的自由躍動。在此，鄂蘭以人之「生生不息」（natality）的神學來解釋此種自由的「存有學意義」（ontological meaning），她說：

> 人是自由的，因為他是一項開始（a beginning），因為人在宇宙形成之後被如此地創造出來。在每一個人誕生之時，這種開創性的新起點被重新肯定，因為在每一個如是的時

---

28 Isaiah Berlin, *Four Essays on Liberty* (Oxford: Oxford University Press, 1969), p. 161.

29 Arendt, *Between Past and Future,* p. 166.

刻，新奇來到了一個既存的世界，這個世界在每一個去逝
之後依舊存在。正因為人就是一項開始，人可以「開務成
物」；人成其為人與成為自由是同樣一件事。上帝創造人，
其目的是把開創新局勢的能力，即自由的能力，帶到人間
世界 30。

開創新事物的能力是上帝賦予人的恩賜──自由，這能力表
示人有無限可能創造「奇蹟」：偉大的藝術作品、自由憲政的創制、
先知式的道德規範之宣揚以及崇高的行為的表現；但開創既是稟
承無限可能性，它也表示人有能力做出巨大的罪行，最明顯的例
子即是鄂蘭一生關切的極權主義政治的「根本之惡」（radical
evil）。此種開創新事物的自由儘管充分表示人行動的不可逆料
性，但如何可能不預設任何我們生活世界的倫理觀點？

鄂蘭以人的「生生不息」（natality）為立論之出發點論證「存
有論式」的自由。這種自由表示「產生所有偉大與善美事物的隱
匿資源」，是「激發人所有活動的靈感動力」31，而這種潛在的、
上帝賦予所有人的自由能力，唯有「在行動創造出它自己的世界
性空間，在其中，它能從隱匿處走了出來，而能彰顯或表現自身」，
也才能充分發展 32。「開務成物」的自由是具體表現在公共領域
的，是世界性的、可見聞的實在。鄂蘭在論證這種公共空間顯現
的自由（或所謂的公共自由），誠如上面論析公共領域的質性時所
示，不是基於人個體的「道德性」，而是以人的「倫理性」為前提：

首先，鄂蘭強調自由並非彰顯於「自我主權」（self-sovereignty）

30　*Ibid.*, p. 167.

31　*Ibid.*, p. 169.

32　*Ibid.*, p. 169.

或任何的自由意志，或自我主張；自由不是獨我論式的自由，而是預設行動者相互承認彼此爲自由的主體，在論證這項思想主題，鄂蘭以「多元性」爲出發點：

> 人的條件爲一項事實所決定，即：不是獨一的人而是多數的人生活於地表之上。在這樣的人之條件下，自由與自主權（sovereignty）很少是同一的，如此，兩者甚至不可能同時存在。人，不論是作爲一個體，或形成一個團體，若是企求自主權，則必然受意志力之壓迫所左右，不論這意志是我壓迫自己的個人意志，或一個組織團體的「普遍意志」。如果任何人想望自由，他必須放棄的正是這種自主權 33。

鄂蘭不從「自主權」與意志去說明自由，她的自由理念的旨意在於去除人與人之間互爲行動時的支配性與宰制性，猶如公共領域儘管是行動主體「追求卓越」的「爭勝」空間，但是，求卓越的言行一旦轉變成爲意志力趨使的「求凌駕他人之上」的控制，公共領域也就消失。

其次，鄂蘭論證自由是謂「我欲」（I-will）與「我能」（I-can）的相互的調適。「自由意志」或「我欲」自聖‧奧古斯丁以來的哲學傳統被視之爲與自由的行動爲同義。但鄂蘭從對「自由意志」現象的考察來反駁這項哲學傳統的議題。鄂蘭建立的論證爲：如果人有意志的話，這個意志通常表現爲在同一個人身上同時有兩個意志，「我意欲」（I-will）與「我捨棄」（I-will-not），兩者彼此糾鬥，就此，意志既是毅力也是無能，既是自由也是不自由。另外，

---

33 *Ibid.*, p. 164-5.

意志力總是獨我性格的。如鄂蘭所解釋：「『我意欲』(I-will)從未能去除自我，它往往依然束縛於自我，的確，是為自我所束縛」被自我所束縛表示自我永遠是意志活動的對象，如果意志沒有突破這個自我，它永遠糾纏於自我的對立，最後則是行動的癱瘓。由於這種癱瘓無能，「我意欲」變成對權力的渴求，在實踐的層面上，意志和「權力意志」是為同一，而支配、宰制、奴役他人成為「我意欲」的結果。

　　自由不是自我意志的表現，而是「自律」，在某種程度上則是「自治」。鄂蘭以孟德斯鳩(Charles Montesquieu, 1689-1755)的話來說明這種自由的意義：所謂自由，政治的自由，是「有能力做個人應該意欲之事」。意志要能突破自我對立所帶來的癱瘓無能，所需的條件是：我的意志主體跟我自己的必然限定(如，我必然會死亡)，以及來自於環境與整個生活之世界的限制，兩者的辯證式的互動。「我能」表示意志主體經由上述的限定的試鍊後的行動力，也表示：我對世界開放於我面前的可能性所作的切當的回應，一種練達的言行的「演示」。「從事我應當意欲之事」的「我能」預設「倫理上的要求」。

　　透過上面的分析，鄂蘭的共和傳統的自由理念表示行動主體的「自律」，這樣的自由要求所有人（無論是個體的或集體的）學習「自治」。而任何一個人能夠充分發展其「自治」的能力唯有在下列之條件方有可能：任何人基於平等的立足點，以平等的態度參與於公共事務。沒有這種參與的權利以及由此形成的公民權力，自律和自由就成之為不可能。自由在此不僅止於被動的、「防禦性」的防止權力的人權式的自由，更重要的是它表示積極的要求這些「防禦性」的被動的自由人權的權利。沒有這種積極性參與於權力的權利，我們如何保證那些「保證我們安全」的自由？

依上面的解釋，鄂蘭的自由觀念是以反省批判西方哲學傳統的「意志自由」之理論爲出發點，「意志自由」的理論的重心主題，在於：自由體現於意志的內在經驗，這種內在經驗的形成所依的條件是斷絕所有外在的牽累，在斯多葛學派，是以求得「內在的寧靜」爲宗旨；在基督教，則是反抗個人的欲望，而以貞定之意志服從上帝的戒律。這種訴諸於個人內省之經驗構成了西方自由理論的主流，但此種自由思想的主流，鄂蘭認爲，阻礙了我們瞭解自由的真實意義。

在評論意志自由的學說，鄂蘭鋪陳以下的論證：意志自由既是個人從外在世界的實踐撤退到意志的內在經驗，這種內省式的意志經驗跟思考的活動一樣，均表現於個人自我的內在分裂，所不同的是，思考活動的自我分裂是呈現於我與我自己的對話，但意志則是「我意欲」與「我捨棄」，以及「我意欲」與「我作爲」之間的對抗。個人內在意志的此種自我對抗，最後證明是行動或實踐的癱瘓。若是解釋此意志自由的政治含義，意志自我分裂造成的行爲癱瘓的另一表現，則是實踐的無能，即是：權力意志透過宰制或壓迫他人與征服世界，或者自我捨棄以服從最高之主權權威（如上帝，或國家）的統治，以克服意志分裂所帶來的癱瘓；盧梭的「全意志」與尼采的「權力意志」，甚至是康德的道德主體「自我立法」，鄂蘭認爲一旦應用於現實政治，則形成具獨斷性的「自我主權」。

鄂蘭的自由觀念的構成雖然包含了現代自由主義的「消極概念的自由」與存在主義的「真我之抉擇」（如沙特的「我決定自己之存有的基本抉擇」），但是鄂蘭也提出其批判的觀點。首先，她認爲現代自由主義的自由理念，無論講求個人自主性的或經濟交換的自由，在某種程度上，是建立在「功利的基本原則」，或者把

自由理念看成人之「基本權利」的構成要素。依此，鄂蘭把現代
自由主義的自由理念化約地解釋爲祇求保護個人物質利益，以及
不受干涉的「權利」觀念。姑且不論鄂蘭對自由主義之自由觀念
之解釋的問題，她評論的要點爲：1. 消極性的自由理念無法有力
地解釋「公民身分」的意義；2. 自由權利祇有在對此權利認同的
政治文化中方有實現的可能。

　　其次，鄂蘭的自由觀念吸收了某些存在主義的思想，譬如，
個人存在的「偶然性」，以及自我在克服此「偶然性」時的根本抉
擇。鄂蘭在早年寫成的一篇題名爲「甚麼是存在哲學？」（What is
Existenz Philosophy?）的文章中，指出存在主義對人之「自我」的
理解明顯表現出「獨我論」的觀點（solipsistic view），雖然鄂蘭認
可存在主義者所揭示的「真我之抉擇」是西方現代克服人存在之
偶然性的途徑，但此種自由理念與傳統的「意志自由」的學說同
樣遮掩人之自由的真實意義：首先，存在主義的獨我論的自我理
念，以及對公共事務和公共意見的藐視，使它無法開創出有活力
的政治哲學。更麻煩的問題是：獨我論的自我必須以抗拒公眾的
「他們」，或者「他者」，方能證明自身。跟「自由意志」哲學一
樣，存在主義的獨我論的自我必須以「自我之主權」承擔整體的
責任，這是不可能而且有害於政治事務，因爲這「自我之絕對主
權」否定人彼此之間的互動。其次，獨我論之自我以主觀認定所
謂的「真實的自我」（the authentic self），結果是無法提供一清楚
的準距，讓人判斷何者爲「應然」。無論是傳統的「自由意志」哲
學或者存在主義的自由理念，不但無法表示人之實踐或行動之自
由的意義。而且，就政治的角度，它們必然造成某種絕對主義或

獨斷的政治支配 [34]。

對於「何者自由？」鄂蘭的簡明的表述即是：自由不祇是我欲求應當欲意之事，而是「我能夠做我應當意欲之事」，簡單地來，自由表現在「我意欲」與「我能夠」兩者的協調，我所慾求的不但受到「應然」之承認，也必須是跟「我們」的生活世界構成辯證互動。

鄂蘭認為從聖‧奧古斯丁（或斯多葛學派）的「意志」哲學到現代之自由主義和存在主義的自由理念無法切當解釋政治實踐之自由的意義，這使她重回到古希臘羅馬的共和傳統去尋求政治自由的含意。上面我已說明鄂蘭對此自由的解釋，以下扣緊其行動理論做進一步的解說。

公共領域理論與行動理論

上面說明過，公共領域是人政治實踐之履行的空間、場所；「甚麼是政治實踐？」成為公共領域的理論重心。在說明鄂蘭的行動理論時，我不涉及討論鄂蘭行動理論是來自亞理士多德，或尼采的思想資源。說明的重點擺在鄂蘭如何解釋行動的本質，以及行動是公共領域構成的要素。

鄂蘭行動理論的旨趣在於說明人之活動生命（*vita activa*）的意義，分析其活動形態及其空間性與時間性。依鄂蘭的分析，人之活動生命（也可以說「生活的方式」）可分為三個範疇：勞動、製造與行動（*praxis*）。就鄂蘭的表述，勞動是人以體能勞動從大自然中

---

34 Arendt, "What is Existenz Philosophy?", *Partisan Review*, vol. 13, no. 1, Winter, 1946, pp. 34-56.

產出可隨即消費和維持生命的物質；製造是人以雙手利用各種素材營構一持久性之事物的構造（如，從房舍到各種制度），在其中，人的行爲得以發生，行動是人透過言行開展出，以及維持一「歷史與政治的世界」。在說明鄂蘭的行動理論，我把重點放在「實踐」與「製造」的對比。

依鄂蘭的觀點，人製造或創作活動的對象在於完成一件作品，如我們日常所說的，一位工匠製造一件器物，這製造或創造某件事物的過程是有一確定的開始與結束，它肇始於一欲完成某一目標的計畫藍圖，而結束於目標，即一件產品的完成。這一過程的進行需要主事者運用手段及其確定的能力。整個製造過程，從一開始到結束，一切都是確定的、可預料的。若從製造活動的空間位置來看，它發生於製造者和他的製造素材之間的互動，製造者可以不必跟其他人產生或建立任何關係，他的存在處境是「單獨性」。從時間性的層面來看，製造活動的時間過程是可計算的。更重要的是，製造的成品稟具「持久性」（durability），這些成品不論是可用的器物或無所用的藝術品，都不像勞動生產的物質。它們不是用來消費的。器物雖是可被消耗，但可以持續被使用：一件藝術作品的價值在於它可以抵擋時間之流變的淘汰，甚至社群所立的政治制度之結構，在某種程度上，可以穩定於時間的生成變化之外。正由於人爲設造之事物的「持久性」，人才可能建立一相對永久性的生活世界，藉此，人掙脫其生物性之生命的永恆循環，使人在自然之中立下一個多少抵禦自然勢力之侵犯的安居之所。如鄂蘭言：「（人）運用大自然供給的素材在地表上建立起一人爲安居之所，人製造的，以及被使用的器物——有別於消費性

的物質——構成了人之個體生命能安居其中的世界。」[35]

對照於製造或創造活動的性格，鄂蘭首先說明「行動」的真實意義在於行動者的「自我彰顯」(the disclosing of who)。行動不像製造的活動，不是以特定的某些素材產生可見的、永久性的事物；行動特別是指人自身履行某種特定的行爲，在此間，行動者表露其自身的性格、自我的認定。在說明「實踐」的彰顯性時，鄂蘭特別強調言論的行爲。一位行動者不但經由其行爲的履踐而帶來生活世界的某種改變，他也會講述自己從事某一事情的理由，及說明自己對行爲之處境的瞭解，同時辯說其行爲的合法性。行動若是表示與他人的連結，那麼言辭也成爲這連結的媒介。誠如鄂蘭所言：「沒有說話之行爲相隨，行動無論如何不但喪失其彰顯之性格，也喪失行動的主體」，就此，她更進一步論說：

> 無言之行動不再是行動，因為這表示不再有一位行動者，
> 即，行為之履踐者。成為一位行動者，唯有在他同時是一
> 位演説者，方成其為可能[36]。

行動的彰顯性，以及行動者同時也是一位言談者，使「行動」或「實踐」有別於「製造」或「創造」之活動。在製造活動中，製造的主體不需言談的表達，特別是跟其他人透過言論建立彼此的關係。一位工匠在製造某件成品，他面對的是運用的素材，專心於他構思之成品的完成，其活動是受「目地／手段」之範疇所決定。但「實踐」活動既是某種特定行爲的「演示」，以及是行動

35　Arendt, *The Human Condition*, p. 135.
36　*Ibid.*, pp. 123-124, 178-179.

者「自我認定或身分」的表露，那麼，行動者從事某件事的欲求、
目的與理由是俱在於行為的履踐當中，而在這樣的行為的履踐的
演示中，行為的原則（有別於行為的動機與目標）——如榮耀、名
譽、平等的愛好、或者卓越，甚至是恐懼、狐疑或憎恨——充分表
露 37，行動或「實踐」的這種演示的現象性格，類比來看，相當於
舞台上的表演，關於這一點，鄂蘭作這樣的說明：「顯然，在亞理
士多德的行動理論中，行動(*praxis*)必須透過表演藝術的類比，而
非經由『手段／目的』的範疇，方能有一適當的理解。」38

　　從行動或實踐的這種彰顯之現象性格，鄂蘭指出其「易逝性」
（frailty）。行動或實踐的「易逝性」不同於勞動的「徒勞性」
（futility），因為勞動生產的物品經由人的消費而消失；它也不同
於人為製造事物的「持久性」，因為製造出來的器物可以抵禦時間
之流轉的剝蝕。行動或實踐的「易逝性」表示行動或實踐是「當
下即是」的言行的履踐，如舞台上的表演，行為一發生之後，不
留下任何具體可見的事物。

　　鄂蘭說明行動或實踐的「主體彰顯性」並不陷入「獨我論」
或「主體主義」的思維模式。一個人履踐某種行為或演說某種議
論，必然發生於人與人交往的、互動的空間，人的行動或言說若
是其自我主體的顯現，那麼，他的言行必須為他人所見、所聞，
換句話說，行動者必須與「他者」——不論這「他者」是行動者
或旁觀者——同在。行動者是在人之間的活動。一位工匠的製造
或創造的活動無須「他者」在場，甚至必須排斥「他者」的同在。
隔離，或孤獨是製造或創造活動的存在處境。

---

37 Arendt, *Between Past and Future*, p. 152.
38 Arendt, *The Life of the Mind*, vol. I: *Thinking*, pp. 123-124.

由於行動或實踐的彰顯性與人間性，它必須有一「顯現之空間」，這空間是由人與人相互間言語的交往、溝通，與互動所構成。在說明這行動或實踐的空間性，鄂蘭特別表明它是在「人際關係的網絡」（the web of human relationship）中運作，在其中，行動者之行為的意向、視野彼此之間無限和分歧多端的互動反應，而這樣的互動反應是一種不斷在更新、有建設和破壞的過程。置身於如此錯綜複雜的互動的網絡中，除了行動者自身的行為無法預料其結果之外，行動者也兼具行為的發動者與行為之結果之承擔者的身分。在這人際的網絡中，行動者若經由溝通、協商而形成共同行動的意願，為生活共同體的福祉，從事某種特定的政治事務，就凝聚出「政治權力」。由於政治權力的凝聚，政治的公共空間才得以保持其連貫性和持續性。

政治實踐，依照鄂蘭對它現象性格的分析，是開創與完成人最高的可能性：自由的言論、行動，以及毫無保留的討論與質疑。它確立一個共同體言論與思想的流通。它認可公民有平等的權利去談論他們認為有價值之事，特別是公共事務。由此實踐活動構成的公共領域不祇是有法律保障言行的自由，更重要的，充分享有這些權利的公民在共同體的生活中都是有能力履行勇氣、尊重、友誼、負責任的公民美德，若沒有此種美德的質素作為公共領域的實質內容，公共領域成為言論之推銷、行為之粗鄙、肆無忌憚的喧嘩吵鬧的場所。鄂蘭跟亞理士多德一樣認為有教養的公民才能夠給予公共領域一有價值的、實質的內容。同時，公共領域的實踐由於是行動者共同參與政治權力的運作，而能夠產生與公共領域之生活共同體的休戚與共的認同，共同認識到整個共同體的命運依賴參與其中的每一個人的心智、行為與決定。

上面提起公共領域不只是行動的，也是歷史的空間，公共領

域的形成塑造出一「公共時間」的空間。換句話說,是歷史時間
的空間。鄂蘭一再闡述政治實踐與歷史記憶和敘述的密切關係,
除了是因爲歷史記憶和敘述可以克服政治實踐本身的短暫易逝
性,以及透過歷史的記憶和敘述可以使行動者和行動現實兩者的
復合之外 39,更重要的是政治實踐本身包含的過去和未來的時間
性,就此,政治實踐構成的公共領域必會形成一個層面,在其中,
行動的主體(或公民)真實地面對與考察整個公共領域集體的過
去,把這個過去視之成他們共同行動的結果,另外,未來的不確
定性給他們開展出行動的可能領域,但也給予他們試煉信守承諾
之倫理的可能性。關於這一點,鄂蘭說:

> 政治的事業一直都是在一個為未來籌劃的架構中交涉經營
> 的,法律、制度、條約、結盟就是這指引未來的架構,而
> 這架構,究竟來看,來自於(實踐行動的)建立諾言的能力,
> 以及在面對未來之不可確定性對承諾的信守。一個國家若
> 不容許公民相互的溝通,而使他們糾纏於自我的個人思
> 緒,在本質上,就是專制國家 40。

　　若不容許公民言行的溝通,以結社方式形成政治的權力,公
民就一方面無法檢驗回顧其集體行動的結果,反省、批判其生活
共同體的傳統,另一方面則無法產生爲往後世代籌畫新事物的視
野與實踐。
　　鄂蘭肯定了政治的多元性、公共精神(public spirit)、政治的

39　蔡英文,〈政治實踐與歷史敘述:論說漢娜‧鄂蘭的歷史理念〉,《新
　　史學》3(2):103-122(1992年6月)。
40　Arendt, *Between Past and Future*, p. 164.

美善、無所偏倚的政治判斷、實踐的新開端、共同行動的心志，以及政治的說服、溝通，她的公共領域的理論明顯表現出民主政治的根本義涵。在民主政治中，公民可以做他們個人能力所及的事，他們也知道自己的行為是有所限定。在民主政治中，規範不是要求壓制性的「社會同一」，其權力不是成「垂直」的傾壓，而是成「平面」式的展開。因此公民在其生活當中不能迴避涉及規範之選擇與理據(justification)的問題：為甚麼是這項規範而不是另一項規範？根本來說，就是不能迴避正義公道的問題，譬如，正義是數學的，抑是幾何學的比例？正義是上帝的，抑是統治者的意志，或者是反映經濟生產的關係？民主政治的公民絕不能迴避其行為之界線的問題。而民主政治也正是自我設限的政體，然而，由於民主政治的權力性格，若依鄂蘭對政治權力的了解來看，是「離中心」(de-centralization)性格的，因此，欲在多元、分散的、分歧的觀念、價值，與公民結社成的權力團體，維持一個精微的均衡秩序，往往構成民主政治的一大難題，就此來看，這樣的政體處處皆是險境。尊重自由的體制不預設固著的規範系統，也承認任何規範都是公民集體在一歷史處境中發展出來的，如此，這個體系並沒有任何力量防禦自由可能帶來的驕縱、毀滅性的破壞、愚蠢的行徑。鄂蘭努力去建立民主政治的根本意義及其規範，但她深刻的歷史意識適切地瞭解到人之行動或實踐蘊含的動力足以干犯、動搖任何規範，人本身無法防止他可能造成的自我毀滅。這一點使她在理論上對任何終極原理的建立持著保留的態度。

公共空間與現代市民社會

鄂蘭的公共領域與政治實踐的理論包含對西方「現代性」的

批判。很明顯地，這種批判是站在對古典政治經驗的價值的某種
肯定，依據這個立場，鄂蘭在理論的層面上相當有力地指陳西方
從「宗教改革」之後在「現代化」背後所隱匿的負面性的效應。
在說明鄂蘭對西方現代性的批判時，這個章節並不著重於鄂蘭如
何解釋西方的現代性，而把重點放在她如何說明政治實踐的意義
在現代西方世界被遮掩或甚至消失。同時，順著這樣的解釋脈絡，
說明鄂蘭的公共領域理論跟西方近代國家和「市民社會」——西
方現代性的成果——彼此之間的關聯。

　　在行動理論中，鄂蘭很嚴格地區分勞動、工作和政治實踐的
活動形態及其方位。依鄂蘭的價值尺度，勞動和工作祇具有輔助
性的，或工具性的價值，其活動的目的在於成就政治實踐的價值。
換句話說，勞動生產、製造物品是爲政治事務的參與，以及公民
的美善行爲的履踐提供一生態環境與物質的條件，它們自身無法
成爲一種自主性的價值。舉例來說，私產權應該被保障，因爲有
了私有財產，公民方有憑藉抵禦公眾權力（特別指國家）無限制的
擴展而侵犯了私人的利益，更積極來說，有了私有財產公民方有
經濟物質的條件參與政治事務。可是，私產權一旦超越了其工具
性的價值，而成爲自主性的價值，財產就變成無限累積與擴展的
「財富」（wealth）——就如同資本主義視資本擴張，或產業拓展自
身爲目的——而「財富」的累積反過來會扭曲與侵吞政治實踐的
價值 41。鄂蘭在其行動理論中論辯的一個主題是：勞動、工作與
政治實踐各有其活動的「方位」（locality）；勞動與工作是屬於「私
人領域」，而政治實踐是屬於「公共領域」的範疇，「這兩個領域
的最原初的意義」，鄂蘭論說：「指出有某些事物是必須被隱匿的，

41　Arendt, *The Human Condition*, p. 71.

而有些必須公共地被表現，如果它們要存在的話。」[42]

然而，西方現代社會在其形塑的過程中欲把勞動和工作的工具性價值轉變成為價值自身，把屬於「私領域」的、應該隱匿的活動(如家產的經營管理)釋放到「公共領域」裡。鄂蘭的「現代性」的批判一再闡明西方現代社會的這種價值顛倒與「公／私」領域混淆(或確切來說，私人領域的擴張侵吞公共領域)的傾向。

在現代西方社會中，公共事務的參與、公共的責任、美善言行的演示、個體性的彰顯、言辭的集體商議、公共的情操，這些在古典共和時期被視為最高的價值，被顛覆，人不再被看成的「政治的存有」。人性，以亞當・斯密與馬克思的觀點，化約地表現在勞動生產的能力上，生活的最高價值不是表現在公共或政治的生活，以及履行公共的責任，而是在經濟市場上追逐「私人的利益」。無限制的經濟生長，以及犧牲公共領域以換取私人領域的擴張，成為集體生活的最高目標。國家——以地域為經界與合法操縱暴力工具的組織體——接管了物質生產和再生產的功能，其存在的目的，以自由主義的立場，在於保障每一個「私人」能發掘與追求其私益。「自利自為」的勞動生產成為衡量「人活動與生活方式」的準矩，即使社會主義企圖建立的「自由領域」王國，終究來看，也祇不過是一項人作為族群能再造自身的社會體制，在這樣的社會，鄂蘭論辯：

> 所留下的祇不過是「自然勢力」即：生物之生命過程自身
> 的勢力，所有人及其之活動一概臣服於這股勢力〔馬克思
> 說「思想的歷程本身也是自然(勢力)的過程」〕。同時這股

---

42 *Ibid.*, p. 73.

自然勢力的最後目標――如果它有目標的話――祇是作為一生物體的人類的生存。人不再需要有更高的能力來結合個人的生活與族類的生命；個人的生活變成生物的生命過程的一部分。生命的全部及其所需祇是勞動，以及延續個人的生命及其家庭 [43]。

西方現代性發展到最後，把人性界定是為自然勢力之過程支配的存在物，這樣的過程的終點在於勞動生產力與工藝科技的世界，在其中，一切事物均轉變成為生物之生命體消費的物質，生產與消費無限擴展的循環成為這個現代的工藝科技世界的表徵。為這樣的生產與消費的有機循環所支配，人變成求溫飽的、求滿足生物本能衝動的「群氓」（herd）。消費的社會――在某種程度上是現代「市民社會」的特徵――是由這樣的勞動人所塑造，這種社會「可能在死寂中滅亡，而且在人類的歷史中從未有的最貧瘠、惰性最強的社會。」[44]

鄂蘭以政治實踐為價值立場的批判西方「現代性」的觀點也是批判現代「市民社會」的理論依據。她以「社會領域」（the realm of the social）表述現代「市民社會」的表徵：

> 私人與公共領域的區別對應於家業（household）和政治領域的區別。這兩種領域，自古希臘城邦以來，是兩項不同的、相別異的存在。然而，「社會領域」（the social realm）――既非私人也非公共領域――的興起，相對來說，卻是一新

43　*Ibid.*, p. 294.
44　*Ibid.*, p. 295.

的現象，這個現象的出現與現代的興起相吻合，而它的政治形式表現於民族國家的體制 45。

社會領域的形成表示的特徵是公共和私人領域相互滲透導致這兩個領域穩定的界線的消失，最後則是促使一擬似自然勢力之運動過程的結構體吞噬了公共（或政治）和私人領域。關於這樣的解釋觀點，鄂蘭做這樣的提示：

> 由於社會（領域）的興起，由於允許家業和家管的活動進入公共的領域，最後，造成一股不斷膨脹的不可抗拒的趨勢，它吞噬了以往的政治和私人的領域，甚至是現代才有的「人心的私密性」（the intimacy of heart），這正是這新的社會領域的最突出的表徵之一 46。

而社會領域之所以有如此的發展，來自於社會領域把人彼此依賴以求生物體之生命的存續認定是具有公共意義的，「在社會的領域裡，跟求生存相關的一切活動皆被表現是為公共性和政治性。」47

鄂蘭講求分（making distinction）的分析方式割斷了社會經濟之需求與政治實踐，私人領域和公共領域之間可能的互動聯繫。如此，政治實踐和公共領域成一獨立自主的畛域，一旦受到私人領域和社會領域之活動原則的滲透，便帶來政治生活被扭曲與破壞的後果。堅持這樣的理論立場，鄂蘭否定現代的官僚體系以及福利國家的政策。以她的觀點，官僚體系與福利國家政策的實施

---

45 *Ibid.*, p. 28.
46 *Ibid.*, p. 45.
47 *Ibid.*,, p. 46.

都代表政治治理的「社會」形式，因為，正如同上面所說明的，社會經濟的問題，換個方式說，全民福利的問題，祇可能透過行政管理的途徑，方有解決的途徑。當然，鄂蘭並不否認現代國家需要文官治理或行政管理，她所論辯的主題是：當福利政策成為整個國家關注的唯一問題時，國家便成為「技術官僚」的統治體，這樣的統治體，因為以行政命令而非以法治為主體，而且操縱行政命令者是隱匿於政府統治機器之背後，而容易傾向任意獨斷統治的政府。換句話說，為實施福利國家政策帶來的官僚體系膨脹的政治體不但削減公民參與公共事務的空間，而且使政治變成一種經濟利益的分配 48。

　　分析到這裡，可以瞭解：鄂蘭依她的行動理論和公共領域的理論架構反省與批判西方現代性的質素時，無法找到聯繫公共領域與私人領域，或家庭生活和政治生活的媒介。因此，現代國家的體制純粹是一種掌理經濟利益之增益和分配的行政管理的控制機制，而所謂的「市民社會」完全是人以私人而非公民的身分追逐滿足生物之生命必然性之物質利益的場所。她不像黑格爾一樣能夠解釋「市民社會」作為調節私人生活和政治生活的媒介，也不像哈伯瑪斯一樣能以更細密的歷史進路發掘現代市民社會能發展出另一形式的公共領域(所謂的布爾喬亞式的公共領域)[49]。鄂蘭的共和主義式的公共領域理論，若把它擺在西方現代社會與政治生活的脈絡中，則無法發現它落實實現的可能性。因此，她祇

48　關於鄂蘭之「社會領域」(the social)之疑難概念，參見Hannah Pitkin, *The Attack of the Blob: Hannah Arendt's Concept of the Social* (Chicago: The University of Chicago Press, 1998)，特別是177- 203頁。

49　比較Jürgen Habermas, *The Structural Transformation of the Public Sphere: An Inquiry into a Category of Bourgeois Society*, trans. Thomas

能從當代的革命運動，譬如，巴黎的學生運動和布達佩斯的反抗蘇
維埃統治的「革命」，找到政治實踐之動力的壯觀但短暫的表現，
但終究無法建立使得這政治實踐和公共領域制度化的可能條件。

公共空間的議題

從以上的分析，可以了解鄂蘭的「公共領域」理論旨在恢復
古典的共和傳統的「公民之共同體」的理念，這理念一方面闡釋
政治的自主性，一方面則蘊含回答「甚麼是良好之生活？」的價
值論。關於這政治的自主性，鄂蘭透過政治實踐和「製造活動」
（*pōiesis*）與勞動生產的分立觀點，把利益的追求、技術的經營管
理、家庭的生活、人際之間的親暱情感，甚至道德的良知全部排
除於政治實踐和公共領域之外。如果鄂蘭認為公共領域的開展和
人的政治實踐（不論是個體的或集體的）使形成一種互動的關係，
那麼，鄂蘭無法解釋基於甚麼樣的動力政治實踐成為可能。同時，
鄂蘭沒有給予合法性之私人身分以一權利的概念，如此，無法了
解生活於私人領域的個體如何取得法定的公民身分與運作其公共
的身分。關於這一點，在此引述愛葛妮‧海勒（Agnes Heller）對鄂
蘭的政治觀念的評論：「（鄂蘭）服膺民主政治，但在理論的層面
上，她排斥了廣闊的議題，這些議題是生活在日常世界中的男女
視之為最迫切且最切身的。鄂蘭這種著迷於政治的排他性（即：政
治的自主性或純粹性），以及罔顧『日常生活的細碎的實踐』是任
何根本論之政治哲學的引入議論的主要特徵。」[50]

Burger (Oxford: Polity Press, 1989).

50 Agnes Heller, *The Postmodern Condition* (New York: Columbia University, 1988), pp. 118-119.

以價值的理念來看，鄂蘭的共和主義的「政治共同體」的理論表示良好的生活的體現是在一容許人積極參與政治事務的民主政體，在這個政體中，人可以取得公民的身分，能體認以美善之言行作自我彰顯的歡愉，而且，能跟公民的同儕一起辯論、協商、決定生活之共同體的公共事務，透過這樣的途徑，人作為一有理性的、道德的存有可以有適切的表達。這樣的一政治價值的理念，對於生活在一專制控制的政體的生活條件底下的人們，或者在充滿追逐金錢利益的庸俗的情況中，不啻是一具強烈吸引力的價值理念。然而，現實地發掘這政治價值的理念，誠如，麥可‧華爾哲所提示的：這種積極參與公共事務的生活誠然是一種良好的生活方式，然而，對生活於當今世界的多數人而言，它並不是一種「真實的生活」，理由是：儘管民主國家的政權，因為回應積極參與公共事務之公民的要求而擴大，但我們不能因此說國家的權力完全操縱在公民的手中。事實是：國家權力愈大，它愈能控制各類的公民的結社，最後政治的決定權並非操縱之於公民，而是為國家所控制。其次，大多數的公民每日憂慮於日常細碎的事務，政治事務並不必然構成他們生活關注的重心。會激起他們關心政治事務的動力往往是來自於跟他們日常切身事務（往往是生計之事務）有關的議題。跟鄂蘭一樣持抱政治多元主義的華爾哲並不像鄂蘭一樣把勞動、工作與政治實踐安排在一有高低之分的價值尺度裡，他認為工作，即使是來自於生計之必然性，也能體現它自身的價值，譬如，終身從事一項工作之生涯的忠誠、職業的自尊、在工作場合中形成的友誼，這一切美德跟鄂蘭強調的政治參與的「公民美德」不分高下，同等重要 [51]。

---

51 Michael Walzer, "Civil Society Argument", in *Dimensions of Radical*

　　嚮往古典共和城邦政治的鄂蘭特別欽羨公民在城邦中能由美善言行與事功來作自我的彰顯，以及由此帶來的榮耀與聲望，城邦政治求不朽之信念類似中國左傳時代的「君子疾沒世而名不稱焉」的政治信念。就解釋古典共和城邦的政治來看，誠如柯雷里・卡斯多里亞底所評論的：「鄂蘭〔自布克哈特（Jacob Barckhardt）之後〕恰當地強調古希臘文化的求卓越爭榮譽的特徵──不但在政治上也在所有的領域。除此之外，不論在民主政治的雅典，也在所有的城邦，古希臘特別關懷美善與明智以及這些行為所代表的不朽。」儘管如此，這位政治理論家認為：若以這樣的城邦政治的元素作為民主政治的基礎，不是很貼切的，他指出下列的兩項理由，首先，民主政治比其他形式的政治更容許公民的自我表現與自我彰顯，儘管如此，在一政治共同體中，並非任何公民，事實上，祇有少數的公民能在公共領域中積極參與政治而作這樣的自我彰顯。其次，更重要的是，鄂蘭在強調政治的自我彰顯性時，並沒有精微地給予這種彰顯性一恰當的、實質的，與倫理性的內涵，因此，我們如何分辨希特勒、史達林跟其他具政治開創性和建設性的政治家的言行的表現？他們同樣在公共領域出現、同樣以言行彰顯自我，也獲得歷史的不朽。儘管鄂蘭的政治實踐的理念帶來明顯的倫理規範性，但她把政治實踐過度「美感化」（aestheticizing）使行動的倫理規範性顯得薄弱 [52]。

　　鄂蘭的共和主義式的政治實踐和公共領域的理論跟自由主義針鋒相對，誠然，鄂蘭在其論政的著作中充分表現她對從洛克以

　　　　Democracy, ed. Chantal Mouffe（London: Verso, 1992）, pp. 92-93.

52　關於此類評論，見Cornelius Castoriadis, *Philosophy, Politics, Autonomy: Essays in Political Philosophy*（New York & Oxford: Oxford University Press,1991）, pp. 121-122.

來的自由主義的一些基本前提的質疑，如自由主義的求物質安全
的消極性自由、自由主義顯示的「布爾喬亞化」（求經濟利益）的
公民身分、以及利益分配的正義觀（包括自由主義式的福利國家理
念）。這樣的疑慮，以我們對自由主義的了解來看，是否盲昧於經
濟的自由主義和政治的自由主義的區分？政治的自由主義強調公
民的自我批判與反省的能力，以及要求以公開的言論辯解，不論
是個人的、集體的或政府的信念、政策與主張，而且以基本人權
的立場要求國家不能干犯而且能保障公民的這種理論與道德良知
的能力，以及政治理據（political justification）的運作。誠如史蒂
芬・麥肯多（Stephen Macedo）對此種「自由的美德」（liberal virtue）
的解釋：

> 自由公民的反省能力，即：隨時對個人的信守和自由大權
> 可能的衝突有所反應的能力，是增進和保存良好秩序之社
> 會的正義因素的最重要的機制。在這樣的社會中，公民具
> 有主動的能力去瞭解、應用正義之意義，而且身體力行。
> 一個自由社會要能妥善形成，其重要的條件是：對於自由
> 人權的尊重必須優先於個人的友誼、宗教信仰，或團體成
> 員的身分。如果組成一個社會的成員無法跟自己的信念保
> 持一反省的距離，俾能審察這信念跟自由之正義的基本要
> 求可能產生的衝突，那麼就不可能有一良好的自由社會的
> 秩序 53。

---

53 Stephen Macedo, *Liberal Virtues: Citizenship, Virtue and Community in Liberal Constitutionalism* (Oxford: Clarendon Press, 1990), p. 46.

在論政治理據的質性時,他繼續說明:

> 政治的辯解絕非一勞永逸的,正義是一種公道,(或者其他
> 的價值,美德)都沒有定於一尊的解釋,它的應用在許多方
> 面都是可議的,而且是不確定的。如果我們認為已經掌握,
> 或將可以掌握整體的政治真理,那麼,我們就是犯下自大狂
> 妄(hubris)的罪行。我們追尋真理,以我們所知,繼續探討
> 未知,當我們發現它,依舊祇是更接近真理而已 [54]。

鄂蘭的共和主義的「公民美德」(civic virtue)與上述的政治之
自由主義的「自由美德」是否如鄂蘭所認為的表現相反的倫理質
性?鄂蘭對自由主義片面的過度反應,這可能跟她在德國威瑪共
和時期與德國納粹統治的時期的政治體認有關,使她的理論在某
種程度上喪失了實踐的可能性。誠如,珍‧柯恩(Jean Cohen)所評
論,去除掉自由主義的重要的前提,例如,自由人權的理念,我
們看不出鄂蘭的公共領域理論在當代社會落實的可能性 [55]。

儘管有如上的評論,鄂蘭對政治實踐的「實現性」(energia)
與美意的尊貴性的動人分析與描敘,對於生活於把政治看成為支
配、宰制,或行政管理,以及把生活的價值化約成貴己、養身的
價值,或者無法在權威的家族和社會倫序之外立起一平等與自由
之政治空間的傳統中的人,是具理論上的魅力。另一方面熟悉古
希臘悲劇的鄂蘭在其政治理論中時時表露——雖然未明示地——
她對人之情慾的支配性、破壞性,以及人之有限性的洞識,這使

---

54 Macedo, *ibid.,* p. 47.
55 Jean Cohen, *Civil Society and Political Theory*, p. 200.

得她的政治理論免除了政治上的某種天真的樂觀主義，以爲能消除錯誤的政治制度而建立一理性安排的憲政結構，人就能夠自動表現出友誼和團結的情操。鄂蘭清楚地認識到，上帝給予人自由的能力本身有建設與破壞、有表現高貴之情操與低劣之行徑的「能動性」。人無法根除這種破壞與爲惡的根性——如她從康德借用來的「根本之惡」的概念所說明的。鄂蘭的政治規範的理論背後隱藏這種宗教式的對人性的基本洞識。

第五章

歷史敘事與人的自我認同

　　鄂蘭在闡釋人之行動的意義上，肯定歷史之敘事(或故事之敘事)對於行動者本身的自我理解與認同之建構發揮一定之作用。這一章節闡明鄂蘭政治思想的這一論證主題。依她的見解，歷史作為一種研究過去的學識，若被取消了歷史事件的重建和敘述，則喪失其歷史性格。一位歷史家研究的取向，無論是分析某一特定時代之政治、社會或經濟的結構，或者探討所謂「長程穩定」之結構，都脫離不了重建與敘述歷史事件(或者所謂的短暫或瞬息變化的政治事件)。在論證這樣的一個歷史思想的主題，鄂蘭是以解釋人的行動與政治實踐(*praxis*)的意義及其時間性做為起點的。她所作的如是的理論性的反省也確立了歷史研究之根源：歷史的研究與敘述出自於人本身對其行動與政治實踐之意義的瞭解，依此希望建立個人與一生活之共同體的認同，而此種「自我認同」的建立是人(無論是個人或集體)跟行動所造成的「歷史的現象」(如歷史事件、影響，以及歷史之集體記憶與解釋)得以復合的一重要條件。

　　在闡述人之行動的意義時，鄂蘭說明每一個人——作為一個行動者——在他生命的有限期間展現了屬於自己的故事。這故事來自於他的行為，以及發生在他身上的事件跟行動之發生所牽涉的人際關係網絡及其形成的環境——這些錯綜複雜之因子的相互

激盪。在故事的形成過程中，行動者當然是主角，但行動者並不是她的故事的創造者或作者。誠如鄂蘭所說：「沒有一個人是他自己之生命故事的作者或製造者。換言之，故事（即行為和言談產生的結果）表示出一位行動者，但這行動者不是（故事的）作者和製造者。人，作為一行動者，是開啓了一段故事，他是這故事的主體，這主體具雙重意義：故事的行動者和承受者，但沒有一位行動者是這段故事的製作者」，她又說：「故事和歷史是人行動的結果，但我們不可能把故事的主體（或主角）毫無疑問地稱之為這故事或歷史之結局的製作者。」[1]

人的生命本是一段故事，這是因為人本身是一具「歷史性」（historicality）的存在，鄂蘭在說明這「歷史性」之含意是扣緊人生命之死亡性的條件（mortal condition）。人個體的生命不像「生物－自然」之生命一段落置於毀滅和再生的永恆循環，也不像人製造出來的器物一樣具有「持久性」，它一出現即朝向死亡。在人個體生命的出生和死亡的過程當中，是一連串變化生成的歷程，其中交會了個人生命之計劃、環境之變遷、人事之榮枯、生活之喜樂和憂傷，錯綜複雜地形塑出一段故事。人研究歷史，以及敘述過去發生之事情與事件的活動根植於人本身的這種「歷史性」。人不但是行動者，也是一位歷史的敘述者。行動者的行為與言語的演示，必須經由敘述者的瞭解、解釋和描述，才能表現其具體和真實的意義。為說明這個思想主題，鄂蘭更進一步闡明人行動與政治實踐的「易逝性」（frailty）。

人行動與政治實踐的「易逝性」不同於勞動的「徒勞性」（futility），因為勞動生產的物品經過人的消費而消失；它也不同

1　Arendt, *The Human Condition*, p. 184.

於人爲製造事物的「持久性」，因爲人製造出來的器物（包括藝術
創作之作品）可抵禦時間之流轉的剝蝕。在這裡，鄂蘭如何說明人
行動與政治實踐的「易逝性」？首先，她指出行動與政治實踐的
「現象性格」：如果人製造事物的活動會留下具體可見的事物（如
器用物品與藝術作品）而能夠建立一持久性的人生活世界的結
構，那麼，行動與政治實踐則是「當下即是」的行爲的履踐和演
示。依我們一般的理解，行爲的發生必有其理由，在解釋這理由
時，我們通常會把理由歸諸於行動者的動機、欲求、目的以及行
動的發生和行動之環境的互動關係。然而，依鄂蘭對行動與政治
實踐之現象式的解釋，人行動的欲求或目的是依一特定的方式表
現在行爲的履踐中，就好像一位演藝者在舞台上的表演，他的姿
態、風格和才情是在表演的過程中表現。而表演結束時，行動也
就消逝於舞台上。在說明行動與政治實踐的此種「現象」性格時，
鄂蘭說：「顯然，在亞里士多德（的行動理論）中，行動必須透過表
演藝術的類比，而非經由『手段－目的』的範疇，方能有一適當
的理解。」[2] 行動與政治實踐的這種現象性格也表現在「政治權
力」當中。依鄂蘭的解釋，人相聚，經由溝通、協商而共同去爲
整個生活共同體的福祉而從事某種特定的政治事務，這種共同的
行動凝聚出「政治權力」。由於政治權力的凝聚，政治的公共空間
才得以保持其連慣性與持續性。但這政治權力是潛能，當公民相
聚時，經由溝通之互動，政治權力就表現，而公民一旦散開，政
治權力也隨之消逝。在此，行動或政治實踐的「易逝」現象意指：
行動與政治實踐唯有在行爲（無論是個體或群體的行爲）之履踐中
才表現其存在的意義。

2　Arendt, *The Life of the Mind,* vol. I: *Thinking,* pp. 123-4.

　　經由表明行動與政治實踐的「現象之彰顯性格」（即，行動與言論爲行動者之自我認同的影像），以及「易逝性」（即行動明示於言行之演示），鄂蘭提出歷史敘述和行動或政治實踐兩者必然的關連：行動與行動帶來的事件需要歷史家的瞭解、解釋、重建和敘述，纔能有一清楚且連貫的意義。誠如她所說：行動的意義完成於故事的敘述，也就是，顯示於歷史家的回顧。」[3] 在此，我們有必要深入闡明這看起來平凡的歷史觀念的主題。

　　故事的敘述與歷史寫作，這一古老的「創作藝術」的存在的條件，除了人是「歷史性的存有」之外，則是：故事的敘述和歷史寫作，以里克爾（Paul Ricour）的概念，是一種「記憶的重組」（organized remembrance），經由這種記憶的重組，人行動和政治實踐的「易逝性」才能被克服。在〈現代歷史概念〉（the modern concept of history）一文中，鄂蘭透過對古希臘歷史理念的瞭解，解釋上面的主題：古希臘的歷史家，如希羅多德（Herodotus）和修昔提底斯（Thucydedis）瞭解到歷史寫作的工作是爲了緩解人之言行的徒勞性，以免人之言行表現及其結果被時間的流轉所掩埋。而此種史學觀的思想前提在於，古希臘人體會「人必然死亡性」（the mortality of men）與自然之不朽性，以及對「人爲創作」（pōiesis）與「自然造化」（physis）的區分明辨：

　　　西方歷史一開始，史學依據的一未明示的思想前提在於：
　　　人的死亡限定（mortality）與自然之不朽、人爲設造與自然造
　　　化之間的分辨。所有事物一旦出自於人之存在，如作品、
　　　行爲與言論，都終歸腐朽，因爲這些事物的作者是必然死

3　Arendt, *The Human Condition*, p. 201.

亡的。然而，如果人(必然死亡的人)能賦予其作品與言行
以一永久性，而能抵禦腐朽的必然，那麼，這些事物，至
少在某種程度上，就能進入與安居於一個超脫變遷而永存
的世界，同時人也就可以在這除他之外一切都不朽的宇宙
自然之中，找到一適當的位置。人能成就此事的條件在於
記憶 [4]。

人會記錄其言行、事蹟，以及憑藉過去留下的遺跡(trace)去
探究與重建過去，其根源來自於人感受自己必然死亡的有限性，
人個體生命之朝向死亡跟自然界的事物的「不死性」恰成一強烈
之對比。人追求不朽之事業、勳績，是這受死亡之必然所限定的
人加諸於自己身上的，藉以克服死亡之大業。人除了感受這種有
限性之外，他作為一位行動者也體會到一切行動都具「徒勞」
(futility)的性格。而此種行動的概念，依鄂蘭的解釋，是古希臘
人的發現；「行動(對比於人製造事物的活動)本身表現出徒勞的性
質，這正是古希臘人的發現，他們瞭解到行動從不會留下任何可
見之成品於行動之後。」[5] 偉大的行動、功業與勳業雖然來自於
人追求不朽的動力，但必須仰賴歷史家之寫作才能獲得真實的不
朽性；關於這一點，鄂蘭繼續說明：「(依古希臘人的理解)詩人與
歷史家的工作(亞里士多德視這兩種創作活動同屬一個範疇，因為
它們共同的主題為人之行動)在於由記憶而創造出永恆之事物。」[6]
詩人(指古希臘悲劇的作家)與歷史家的寫作——人創作活動
(*pōiesis*)的一個類型——把人的言行，以及發生的事情與事件，

---

4 Arendt, *Between Past and Future*, p. 42.
5 *Ibid.*, p. 48.
6 *Ibid.*, p. 45.

轉化成文字敘述的創作作品，也就是，變形成爲永久的客觀物。人之言行的「易逝性」透過文字的敘述而有可能被克服。

　　歷史家的工作即是重建與敘述人之言行造成的事端與事件。在此重建敘述的過程中，歷史家對行動者言行彼此間的複雜的互動有了解釋，而使事件之主角（或主體）的言行的意義，因爲隨著敘述而能更清晰明白。扣緊人之言行的「易逝性」或「徒勞性」而論，沒有經由歷史家的敘述性的重構，人的言行及其造成的事蹟與事件輕易被時間給埋沒與遺忘。在此，鄂蘭並沒有進一步精微地分析「歷史時間」（historical time）的含義。歷史家是站在「現在」的時間向度追憶往事、研究過去，而此種追憶與研究成爲可能，就時間的向度來看，在於事蹟、事件都已經成爲「過去」。歷史家存在之時間的「現代性」與事件的「過去性」如何構成知識論的關連？歷史家如何可能從他站立的現存的「現在性」，進入一個跟「現在」不同的過去之人的言行與事件？

　　鄂蘭無意建立一套歷史的認識論，她關懷的是歷史的基本存有學以及歷史的實踐意義，她指明歷史事件的重述和敘述是歷史家最主要的工作：「歷史，沒有了事件」，她說，「就變成在時間開展中死的單調的重複。」[7] 但什麼是「歷史事件」？關於這項議題，鄂蘭提出了一引人爭議的解釋，即是：歷史事件必然是巨大之事件，她說：

　　任何時候，當事件足夠巨大而能解釋其過去時，歷史才出現。唯有在一巨大之事件發生時，過去發生的零碎的、雜

7　Arendt, "Understanding and Politics", *Partisan Review*, Spring, 1953, p. 322.

亂無章的事情才能體現一樁可述説的故事，這是因為它有
了開端與結局。這具有解釋力的巨大事件所啓示的是：過
去一直被隱藏的開端，對歷史家而言，因為這具解釋力的
巨大事件之緣故，而表現出一有待新的發掘與解釋的開端
之結局 8。

「偉大」事件具有能力解釋過去發生的片段的事蹟。「偉大」
事件的發生使得既無開端與結局的人行動的無限之連鎖反應，有
一明確的起點與終點，它表示歷史持續發展中的一個斷裂。有這
樣的一「偉大」事件的發生，歷史敘述才成其可能。以鄂蘭的「歷
史」著作《極權主義的起源》為例，鄂蘭認為希特勒和史達林的
「極權統治」是西方現代歷史的一個「偉大」事件，因為這個事
件的發生，「西方(現代)歷史的暗潮才洶湧地冒了出來，而且這樣
的暗潮湮埋了(西方)傳統的尊嚴。」9 一「偉大」事件之發生(如
一場革命或戰役、一新體制的創立，或一新的政治現象的出現……
等等)表示某一個時期或階段的歷史發展的結束，而從這個結局，
歷史家可以回溯到一個開端或根源。歷史家依照這樣的追溯，可
以解析出在時間的流轉中使這事件發生的種種因子。因為在起源
(或開端)與結局之間是一連串人之行動、理念與人事的糾葛與變
動，猶如有生有死的人之個體生命，有了故事，有了可以重建與
敘述的歷史故事。
　　歷史理論一直存有這樣的一項議題：到底是具時間性的事
件，或者「非時間性」(a-temporal)的結構體才是歷史研究的優先

8　*Ibid.*, p. 323.
9　Arendt, *The Origins of Totalitarianism*, p. ix.

主題？這項議題是取決於從事具體研究工作的史家的抉擇。但以鄂蘭的論點來看，歷史乃是偏向事件的重建和敘述。在討論西方現代的歷史觀念和史學時，鄂蘭認為現代的歷史概念及史學偏向「長程」的結構、趨向與循環的探究，或者把歷史看成了一朝向確定之理念目標(如黑格爾的「絕對精神」或馬克思的「無階級社會」)發展的過程，或者試圖以因果關係的分析模式建立起歷史通則。這樣的歷史觀念和史學，不但忽略了歷史事件的重建和敘述，而且把歷史事件當成建立起某種通則或解釋某種社會理論的「素材」。在此，鄂蘭強調，一旦歷史研究捨棄了敘述，歷史研究就喪失其歷史性格。歷史研究的主題必然關涉在一時間行程中具體的人之行動：行動者的目標、計劃及其策略彼此之間的互動，以及此互動跟行動之環境脈絡之間的交互作用，以及造成之連鎖反應之事件的發生。歷史研究是以無法重複、獨特的事件作為主要課題。在認識與解釋這事件，歷史家不必安架某種理論的結構在這事件的上面，歷史事件本身就有解釋自身的能力。在此，鄂蘭訴諸古希臘羅馬的史學觀點來解釋如是的史學觀：

> (古希臘羅馬的史學)認為每一件行為、事蹟或事件本身就足以表現其意義，或者，如古羅馬史學所稱，表現出教訓。誠然，這並不排斥因果關係，或者忽視造成事件發生之環境或脈絡之結構……但因果關係或環境脈絡是內在事件之發生，而被理解的。它們並不被看成為獨立於事件之外的一個解釋架構，而使事件喪失其自主性……任何已經發生的行為與事情或事件，都在它們特殊的個別性的局格中包含與彰顯其共有的「普遍」意義，它們不需要被架上一種

不斷進行的、吞沒一切的過程，才能顯現其意義 [10]。

　　在這段引文中，鄂蘭表示：1. 任何歷史事件都是獨特的，它不能成爲某一「科學式」之歷史通則的一個變數，或者成爲證明某一社會理論的事例；2. 事件的敘述並不排斥「結構」之分析（無論這結構代表政治體制、社群關係之結構或經濟生產模式），但這「結構」之分析必須內在於歷史事件之發生，而與事件發展之「情節」同時成爲敘述體；4. 事件彼此之間的因果關係的建立不必援引那些跟事件之敘述無關的概念作爲黏合劑（如，結構功能的系統分析概念、生物學式的演化觀念、經濟唯物論的解釋模式，或者思辨之歷史哲學的目的論等等）。

　　說明了鄂蘭的「歷史事件」之概念，接著解說其「歷史敘述」的觀點。所謂歷史敘述，從其原型來說，就是述說一段歷史的故事：

　　歷史作爲人存在的一個範疇，當然，是比文字的寫作，較之希羅多德，或甚至比荷馬的詩作更早。不以歷史而以詩的吟唱之角度來看，它的開始在於：當尤里西斯(Ulysses)在菲尼基王庭傾聽其言行與遭遇──他自己生命之故事時，他的言行、遭遇（在他傾聽的這個時刻）變成身外之物，變成所有人皆可見聞的「客體」。曾經是純粹發生的事情現在變成了歷史。把獨特的事件和事情轉化成歷史，基本上，跟後來應用於古希臘悲劇之概念：「行動之模仿」，是同樣意思…尤里西斯傾聽自己生命故事之場景是歷史和詩歌的濫觴和典範。「與現實的復合」(the reconciliation with

---

10　Arendt, *Between Past and Future*, p. 64.

reality)，所謂「心靈的滌清」(*catharsis*)，依亞里士多德，是悲劇的本質，在黑格爾，是歷史的終極目標。它的實現是透過記憶之淚水的洗滌[11]。

從這段文字，鄂蘭提出兩項論點：1. 歷史最原初的意義是故事的敘述，因此它跟詩的寫作(或者自17世紀以後小說寫作)屬於同一類型，儘管兩者之真實之參考架構有所不同；2. 由於歷史的敘述，行動者在傾聽或閱讀自己生命之故事時得以跟已發生之「現實」重新調和，從「自我」之概念來說，個體之認同或共同體之集體認同也由此而生。關於這兩個要點，先解說第一項論點：歷史敘述。

依鄂蘭的見解，人之經驗的「歷史性格」(historicity)若要有所表達，則必須透過敘述；敘述就是把一件歷史事件的原始本末，以及牽涉其中的人、事、環境的變化形塑出一具完整結構的、可理解的整體，這整體有其明確的年代秩序，有其清楚的型態格局，以及有擬似情節的動態進展。形塑如是的一個整體，就是把在某一個時段分別發生於各地方的事情、行動、事態的錯綜複雜的連鎖互動，整合成一具連貫性，以及具時態的整體，以敏克(L. O. Mink)的概念來說，敘述是一項具「鑄形之思維模式」(configurational mode of thought)的活動，就是：把各種不同的質素鑄造出一具連貫性的、具體的關係複合體(concrete complex of relations)[12]。以鄂蘭敘述「極權主義」之故事爲例。她在反省《極

---

11 *Ibid.*, p. 45.

12 L. O. Mink, "Mode of Comprehension and the Unity of Knowledge," in L. O. Mink, *Historical Understanding*, ed. Brain Tray (Ithaca: Cornell University Press, 1987), pp. 35-41.

權主義的起源》的方法論的問題時，表達如下的敘述觀點：她說
她所採取的研究「極權主義」的途徑是把「那些凝聚出極權主義
之因子作一番歷史探討」，在此，歷史被視之為現象或事件彰顯之
「空間」，一旦現象或事件具體彰顯而出，歷史家對此事件或現象
作一結構之分析，然後對這些結構要素的形成，做一歷史的回溯，
在這樣的分析和歷史之回溯中，鄂蘭把它分析出的不同的現象要
素（如資本主義的經濟擴張、暴力與群眾、資產階級的世界觀、民
族國家體制的動搖、霍布斯的政治哲學、T. H. 勞倫斯的行為和理
念……等等）整合在一起，而形塑出一複雜的關係的連貫整體。在
建立起不同要素（或事件）的時間先後關係時，鄂蘭並不確立「有
一前因造成一後果」的因果關係，而是嘗試建立「脈絡之貼合」
（contextual congruity），在其中，不同要素或事件的關連彼此相互
解釋、說明，而不必藉由與事件之解釋不相干的概念（通常是從某
一種既定的政治或社會理論取來的概念）。

　　經由歷史的敘述，行動與政治實踐的意義因為敘述性的解釋
而顯示其連貫性和明確性。由此，鄂蘭接著說明歷史敘述與政治
實踐的相關。在解說這主題時，鄂蘭並不沿襲古希臘羅馬以來的
「殷鑑式的歷史教訓」——認為歷史對人的道德和政治實踐有實
用性的助益——而提出「敘述性之認同」（narrative identity）的概
念。她認為一位行動者和一個政治共同體的「自我認同」（self-
identity）或者「自我的同一性」必須由歷史敘述的解說和塑造。在
此，「認同」或「同一」是指行動主體在行動與世事變化的過程中
認識到自己的動態性的本質；另外，「認同」或「同一」是指一個
行動主體跟它的作為和遭遇形成的「實在」重新的調和。要解說
此種同一性的理念，必須扣緊鄂蘭的行動理論。

　　上面已說明過，行動與政治實踐的全盤意義必須經由歷史家

的瞭解、解釋、判斷與敘述，其主要的理由在於行動和政治實踐的「易逝性」。沒有歷史家的寫作，行動和政治實踐隨著行為之履踐和言詞之演說的結束而消失，無法成為可資記憶的永存性的事物。但更重要的理由在於：行動者的言行之履踐都發生在一錯綜複雜的「人際關係網」。一位行動者言行的意向、動機、策略計劃，與其他的行動者，以及生活世界的價值規範、制度之結構、社會階級之關係形成一極複雜的互動關係。誠然，以鄂蘭的觀點，行動者以其言行的履踐在這一公共的空間（或人際關係網絡）表露其自我的意向，去回答「我是誰」的問題。然而，由於行動之過程是一複雜之人際互動的歷程，行動者置身於其中自然會糾纏於世事之變化、人事之糾葛，其自我的形象反而在其中變得模糊——遑論行動者的意向往往跟行動之結果不相稱。如當代捷克作家米蘭·昆德拉（Milan Kundera）所指出：「介於行動和行動之間，展開一無法彌合的鴻溝，人希望透過其行動的履行彰顯自己的意象，但這意象（卻在行動的歷程中）對行動者本人往往愈顯得陌生。」[13] 除此之外，行動必定發生於一特殊、具體的處境，行動者也因此往往被其特殊的行動處境所束縛，而無法以一較全盤性的觀點來審視與判斷其行動帶來的事件的整體意義 [14]。但更重要的是，行動者糾纏於人事的糾葛與世事的變遷，容易遭受行動的負面效應，如挫折、憂傷、憤恨、懊悔、怨懟、磨難等等，這些行動之負面效應帶來行動能力的癱瘓。

　　行動者在行動履踐之過程中面對著如此困境：自我意象的模糊、視野的局限性、行動之負面效應帶來的癱瘓，這些都必須經

13　Milan Kundera, *The Art of the Novel* (London: Faber and Faber, 1986), p. 24.

14　Arendt, *The Life of the Mind*, vol. I: *Thinking*, p. 93- 4.

由行動的敘述才能稍加療治。首先，如鄂蘭所說的：「人之本質──
既非一般的人之本性，也不是個人之性格的長處和短處的總合，
而是表示『是誰』的認同性──唯有在生命之結束而留下一段故
事於身後，才顯得明白。」[15] 唯有透過歷史的回溯、敘述，一個
人之「我是誰」的身分才能清晰的表露。如亞里士多德所說：「一
個人在世無法明確其生命是否幸福，唯在入土那一時刻才瞭然揭
示」。這種「敘述性的同一」並非是行動者當下即是的認知，感情、
心意、行動的片斷的表現，也不是硬加諸於行動主體上的一個可
以含攝其多樣之行動事態的理論的「統一體」，諸如人之本性，或
人之進化的概念。這敘述的認同，乃是顯現於歷史家形塑故事的
敘述，是經由一時間的結構中開展與形成，而這樣的時間的結構
體是存在於歷史家之敘述當中的「動態」的認同或同一性。

　　這樣的一個敘述與顯示行動者之同一性或認同，對行動主體
而言，具有滌清其行動之負面效應的作用，在此鄂蘭引用亞里士
多德的「心靈之滌清」（*catharsis*）的概念：「歷史寫作（與悲劇）的
政治效用在於清除那些可能癱瘓行動的所有情緒。」[16] 就如同心
裡分析的治療要求「病患」是可能把自己的生命故事毫無隱藏地、
毫無壓抑地表述出來。這樣的敘述，其目的在找尋個人之認同或
同一性，而能體現出從隱而未發的不完整故事到一完整故事開展
之間的持續性。在論當代丹麥的作家──《遠離非洲》的作者──
愛莎克·丹妮遜（Isak Dinesen）時，鄂蘭說明小說之敘述對丹妮遜
的作用：「故事之敘述解救了她的情愛。同時在生命遭受災難的打
擊之後，故事敘述解救了她的生命」、「所有的憂傷，如果能夠表

15　Arendt, *The Human Condition*, p. 192.
16　Arendt, "Truth and Politics" in Arendt, *Between Past and Future*, p. 261.

達以故事的形式，是可承擔的。」[17] 這種認同的獲得，也表示行動主體跟其言行之造成的「現實」兩者的重新複合。

這「敘述的認同」和「敘述的滌清作用」亦可應用於一政治共同體之集體認同的形塑。一政治共同體的「實踐之世界」的「實在」必須在一條件下方能確立，那就是，這個政治共同體讓歷史家以及各種型態的敘述自由地在公共場合表露歷史的真相，以及對這個共同體的作爲和遭遇作解釋與判斷。如此，這個共同體的自我恆定性的認同才能顯示於此共同體之公民。而歷史的敘述與寫作遂有了政治的意義。每一個人生於一共同體中，本質上都是帶著「陌生者」的身分，而伴隨著對這共同體的「疏離」和「異化」。緩和此「疏離」和「異化」（alienation）的途徑，除了牽涉到政治空間的開放，政治和經濟資源的分配之外，另一個途徑在於形塑整個政治共同體之「集體認同」的歷史敘述。

鄂蘭從解析「行動」與政治實踐及其「時間性」的現象本質中，發展出有關歷史研究的根源：1. 行動及政治實踐的行動主體之「身分」的彰顯；2. 行動者本身的有限性；3. 行動者必然死亡的「歷史性」；4. 行動者的言行的履踐發生於「人際的網絡」，也就是發生於一「實踐的世界」當中；5. 行動者既然是一位「世界中的一存有」（the-being-in-the-world），那麼，他必然承受著這個世界的傳統的遺產。這些內在於行動與政治實踐的現象本質構成「歷史研究」的可能條件。行動和政治實踐的「易逝性」與行動主體的自我意象的含糊性，更進一步來論，需要歷史敘述在認識層面上的不斷澄清、解釋與判斷。行動與政治實踐的動力必須經由歷史敘述的不同的瞭解、解釋與判斷，才能源源不斷地重生。

---

17 Arendt, *Men in Dark Times* (New York: A Harvest, 1968), p. 104.

歷史本質上是為研究過去而研究過去,因為它的對象是已經發生了的言論、行動、事件、遭遇,但歷史敘述在政治實踐上負有「歷史敘述之認同或同一性」的重建,沒有這種「敘述的同一性」為主要架構,個人的認同與群體的認同無法確立。人希望安適地生活於他的世界裡,而「有歸屬性」,以鄂蘭的觀點來看,是歷史敘述所能提供的一個途徑。

就一完整的歷史理論的建立而言,鄂蘭只側重她所說的「歷史的存有論的根源的」解釋,而較忽略了歷史之知識論方面的探討,在歷史敘述的程序中,歷史的瞭解、因果關係與目的論的解釋,具時間性的事件與「非時間性」的結構如何承擔敘述的「情節安排」的形構,對於這些議題,鄂蘭並沒有提出完整的知識論的解釋。這個「缺陷」並沒有遮掩她對歷史的肯定,而她的政治理論正是一種「歷史敘述」,從對傳統的「發掘」中去展露被時間的灰塵所掩埋的,而可作為一共同體政治文化的「寶藏」。她的「政治或公共論述」的理念,她的「行動」(*praxis*)理論,以及歷史敘述和「敘述之認同」的觀念,是透過這種「歷史的發掘」而形塑出來的西方文化的認同或同一性。

第六章

政治與道德之間的糾葛

　　政治與道德的關係，在鄂蘭的政治思想中，乃是一項常引起議論的課題。美國的政治學者，如喬治・凱德伯（George Kateb）與理查・渥爾林（Richard Wolin）──舉這兩位爲代表──質疑鄂蘭的行動（*praxis*）理念過度地闡揚行動（保括言語）的公共性及其偉大與榮耀的表現，簡言之，誇大了行動的「劇場性格」（dramaturgic），行動之實踐好似變成了爲表現之緣故而表現。另一方面，他們也質疑鄂蘭強調行動之創發性（initiative）的力量，甚至有時候將之誇大成爲一種絕然突破「因果關係」的「奇蹟」。在這種批判的觀點下，鄂蘭的行動理論只注重言行表現的「劇場性格」，而忽略了行動主體的動機或意向（或目的）的考量，也漠視了行動之正當性的規範，換言之，鄂蘭之行動疏於深究人之言行的道德可能性──不論是「目的論」或「盡善論」（perfectionism），抑或「本務論」（deontology)的考量 [1]。

　　這些評論者進一步指出這種行動往往帶來了非理性的所謂

1　George Kateb, *Hannah Arendt: Politics, Conscience, Evil* (Oxford: Martin Robertson & Company Ltd. 1984), pp. 29-30. 亦見 Richard Wolin, *Labyrinths: Explorations in the Critical History of Ideas* (Amherst: University of Massachusetts Press), pp. 166-172.

「感性論或美感之政治」（aestheticist politics），如渥爾林所批判的：「鄂蘭的政治理想解釋掉了『利人之作風』（altruism）、或同胞之情誼，這跟民主之公民權的規範概念，特別跟這概念所依恃的『聯繫團結』（solidarity）的價值，是無法相兼容的。因此，鄂蘭的『美感式之政治模式』讚許的不是公民的，而是秀異分子的政治……，它激發的不是公民共同的參與，而是政治菁英的爭奇鬥豔，它鼓勵的不是參與共事，而是秀異分子凸顯個人之自我表現。」[2] 以此而論，鄂蘭的政治理念無法提供我們一種確定的準則，藉此分判政治行為與體制的好與壞、正當與不正當。

這種批判論點是否言之成理？這是本章節要解釋的課題。誠然，有關道德與政治之關聯的論述，鄂蘭的基本觀點是有疑義。依據英國學者瑪格麗特‧卡諾凡的詮釋，其主要理由乃是：鄂蘭一生理論的志業在於對抗極權政治的罪惡，因此若要恰當地說明這一議題，我們有必要掌握她反思此議題的脈絡。納粹之極權政治，對鄂蘭而言，乃代表西方現代政治與社會結構的瓦解，致使得以防範政治罪惡的道德規範亦隨之式微，用她個人的語言來說，即是「意義的喪失」與「道德的虛空」（moral nihilism）。而極權主義意識型態及其全面的恐怖統治帶給鄂蘭的體認則是：人類創設的文明規矩，在面臨如極權主義之政治罪惡的侵犯，顯得相當脆弱：「西方文化的結構及其蘊含的信仰、傳統與判斷的準則證明它們皆喪失了激勵與引導人之實踐的作用。」[3] 這種個人體認及其反思，在「後極權主義」時代，激勵鄂蘭尋究一種更富生機的政治實踐的道德資源。

2　Wolin，*ibid.,* p. 173.

3　Margaret Canovan, *Hannah Arendt: A Reinterpretation of Her Political Thought* (Cambridge: Cambridge University Press, 1992), p. 159.

道德與倫理，是跟她個人的經驗有關。她個人親身經歷德國威瑪共和的自由憲政的危機；流亡法國時期，體驗自由國家對人權的干犯。再者，她闡釋馬克思與社會主義乃是構成史達林極權主義的意識型態的資源，這種觀點也讓她帶著批判的態度面對任何基進的左派思想。鄂蘭無法在現代性的政治文化當中，找到思想的支點。因此，鄂蘭早年在《人之境況》一書中，嘗試從現代自由主義與社會主義之外的傳統，找尋政治實踐的活力資源。就此，她構築「古典共和主義」的實踐之倫理。在1963年的《論革命》一書，鄂蘭也帶著「古典共和主義」的理念，詮釋孟德斯鳩與托克維爾的政治思想，嘗試替美國的憲政創制奠定其自由與民主的精神。這些努力並沒有建立整體連貫且一致的政治實踐理論。鄂蘭所從事的理論工作若不是詮釋傳統思想的一面，就是以一種歷史敘事的方式，推演其政治理念。因此她揭櫫的政治觀念雖然保有歷史的具體性，可是顯得支離，甚至有時候會產生前後不一致以及矛盾的情形。除此之外，她的思想旨趣與資源不在於西方自由主義的主流傳統。這些都容易造成評論者對她政治思想的誤解。

　　從英美自由主義的論述傳統來看，鄂蘭的政治理論誠然缺乏道德的考量，譬如，她強調行動的開創性及其榮耀，而沒有申論人行動的目的性與正當性（right）。對於人的基本權利（human rights）的有效性，鄂蘭亦抱持著懷疑，甚至是批判的觀點。在她的政治理論中，我們看不出她對正義原則有所關切與論述。但是，這是否表示鄂蘭的政治理論缺乏道德（或倫理）的蘊義？針對此一課題，本章以重構鄂蘭之「公民美德」（civic virtue）為起點，試圖從他政治理論的道德與倫理含義。

　　鄂蘭肯定行動的開創性，而且以行動的偉大、榮耀來判定行動的價值（或所謂「高貴性」），甚至認為公共性的行動乃體現人

存在的根本意義。她排除行動之內在動機與目的性的考量。儘管如此，鄂蘭在闡釋公民美德的意義上，她宣揚古典共和主義所肯定的勇氣與「恪守分際」的自我約束的美德。另外，自基督教義中，鄂蘭闡揚行動主體之間的「承諾」與「寬恕」的美德。鄂蘭論述的重點在於：行動（或主體）是在公共領域中進行的，既是如此，我們只能在此界域中闡釋行動之美德的意義。鄂蘭以法國革命的羅伯斯比（Maximilien Robespierre, 1758-1794）為例，說明公共美德一旦混淆了私人內在的美德，那麼容易走向美德的扭曲，以致於造成政治的暴虐。羅伯斯比之所以把革命實踐導向剷除異己，以及營造出猜忌與恐懼的政治氛圍，其主要理由在於，羅伯斯比將「悲憫」（compassion）──無產階級悲慘之生活處境激發出來的內在情感──帶到政治實踐的公領域，變成為實踐的一種原則。結果是，革命志士與公民在其實踐的任何處境中都必須公開表現個人內在純粹、不雜含任何自我之慾念的動機。革命實踐就此轉回追逐虛幻的道德情緒，一種無法被確認的「道德虛偽」（或道德的雙重人格）遂變成為指認公共敵人的準則。

　　如果我們把人的「道德性」解釋為個人內在良知的體現，那麼，鄂蘭牽涉於政治與道德的糾葛，乃在於她闡釋亞道夫‧艾克曼（Adolf Eichman）之政治罪惡的觀點。艾克曼是德國納粹的特務頭目，負責執行希特勒猶太種族屠殺的行政命令。1961年，他從阿根廷被引渡至以色列公審。鄂蘭親臨這場審判，並對艾克曼的罪行提出「思想良知之喪失」（thoughtlessness）的解釋，其基本的論點乃是，艾克曼雖為國家官僚的一員，有義務遵行國家的政策，但是在接受政策的命令時，艾克曼無法反省此政策的執行是否違反人性的基本原則──不能濫殺無辜。艾克曼在一關鍵的決定時刻，喪失了思維內在的反思批判判斷力，致使他良知遮蔽，即使

面對個人犯下的罪行亦無悔恨之色。

　　這種看似平常的解釋觀點會引起爭議，若不論鄂蘭批判其猶太同胞之觀點，其緣由在於鄂蘭以「罪惡之浮淺性」(the banality of evil)概念來表示其解釋觀點，而引起概念字義的解釋議論。從鄂蘭政治理論的內在理路來看，鄂蘭的解釋觀點承認人內在的思維與良知是跟實踐有關，這抵觸了他早年闡釋共和主義之「公民美德」之理念：公共領域的實踐不涉及行動主體內在的思維活動與良知。這種矛盾性引導鄂蘭晚年探索「人心靈活動」(*vita contempletiva*)的意義，從事這項探究，人的實踐及其道德性依舊是鄂蘭關切的焦點，關於人心靈之活動，她闡釋的一項主題乃是，人內在的心靈活動一旦跟外在(或公共領域)隔離，那麼不論是思維或意志活動皆有產生自我分裂以及自我背反的傾向。當思維與意志的活動臨遇這種處境時，解脫之道在於公共領域的實踐。鄂蘭一反早期確立的「古典共和」的政治理論，不再絕然對立公共與私人的領域。現在，她肯認人的思維活動與意志活動皆是人政治實踐的內在動力。缺乏思維，行動者無法跟公共領域的實踐保持反思批判的距離，由思維的內省而來的良知必須跟政治實踐有一種聯繫──儘管這種聯繫可能只是一種消極性的。除此之外，實踐沒有意志力的激發，人無法開創新契機──或所謂「開端啟新」。從這裡，鄂蘭思考的一個重點乃是，私人的心靈活動轉向公領域的實踐時，必須有一轉折的環節，這環節即是人判斷力的機能。鄂蘭晚年殫精竭力思索判斷力如何環扣心靈與實踐的活動。

公民之美德

　　鄂蘭政治思想的一重要主題在於，把人之政治實踐活動放置

於「公共領域」裡。人——作為行動之存有——表現他秀異之言行在這一公共的、開放的空間，以彰顯其自我個體性，這即是鄂蘭所稱的行動主體的「自我彰顯」（self-disclosure）。這「公共領域」是人之個體性展現的場域；依照鄂蘭的解釋，它必須跟其它活動之場域區分開來，而能夠自成一獨立自主的場域。既是如此，它自有其運作的原則，以及活動的內涵。在這裡，鄂蘭以西方古典時期之城邦的政治經驗為資源，論證政治實踐及其公共領域乃代表公民的公共事務的關懷，以及公共事務的參與，由此展開以自由、平等之政治關係為紐帶的活動空間。

任何人對公共事物的關切，以及參與公共之事務，並由此所表現的「卓越」之言行，鄂蘭稱之為「公民之美德」（virtue）。這種美德之表現並非私人性質的，「因為公民之言行必須有他人在場做見證，在場見證需要公共的形式條件。」[4] 是故，公民美德之表現必須有公共判斷的準矩，而這準矩不是依照「道德的準繩，也就是，依照動機或意向，以及目的和結果」。判斷「公民美德」之表現的基本原則在於，公民言行之踐履是否具有「偉大」的品質，所謂「偉大」，在鄂蘭的界定下，意指行動能夠「突破一般性之成規」，而帶給生活世界一新的契機，或者，開創一新的開端。鄂蘭以「生生不息」、「開物成務」（natality）的概念，說明公民言行之踐履的「創新之能動性」（initiative），她說：

> 行動，就其普遍意義而論，意味創新、肇始〔如古希臘字詞 *"archein"* 的意涵，表示「開始」、「引導」與「領導」（the rule）〕，以及意指「激發事物之運動」（set something into

---

4　Arendt, *The Human Condition*, p. 49.

the motion)。由於人的出生，人（對於他生活世界而言）天
生具有「新生活」與「新來者」的身分，以及言行創新的
能動性。……這種開端不是如同「太初」(the beginning of the
world)的意思，也不意味「創造事物」，而是表示人本身即
是一創新者〔以奧古斯丁的話來說〕。上帝造人，把創新的
原則帶到這個世界。開端，換句話說，即是自由之原則，
這原則被設立是在上帝造人的同時，而不是在這之前 [5]。

顯然，鄂蘭嘗試以「人出生」這一存有論之事實，論證「言
行之創新的能動性」，她說：「如果行動之創新符應『人之出生』
這一事實，以及實現了此人之條件，那麼，言說(speech)乃對應
於人的獨特性，以及實現了『人之多元性』的條件，亦即：人生
活於同儕中顯現其獨特性。」[6]

從上面之分析，可以瞭解鄂蘭肯認「公民美德」之踐履乃是
政治道德之所繫，她從「人出生」這一存有論之事實，論究人的
言行本質具有的「創新」的能動性，以及言行之踐履呈現的「人
之多元性」。鄂蘭除了分析「公民美德」預設的條件之外，也具體
說明了它們實踐的內涵。關於這一方面，我們特別闡釋鄂蘭提出
的「勇氣」與「承諾」和「寬恕」的美德意涵。

公民之政治實踐乃是投入其他公民在場見證的「公共領域」，
透過優異之言行的踐履，而彰顯個人自我之特異性。個人跨越安
穩的、熟悉的「私人領域」而在公民匯集的「公共領域」內，表
現自己。這種自我表現，依鄂蘭的解釋，即是勇氣，她說：「勇氣，

5　*Ibid.*, p. 177.
6　*Ibid.*, p. 178.

甚至是膽識，已經表現於一個人離開個人私密的場所，〔在公共領域裡〕彰顯與暴露個人之自我，展現自己是誰(who one is)的特質。」[7] 個人投入「公共領域」即是對個人自我的試煉，琢磨個人的才情。從政治的層面觀之，勇氣表現在公民關注其生活世界的公共事務，並奉獻他個人的心力於其中，鄂蘭就此論說：「(公民)離開自己之家庭，其目的便是踏入險境，以成就榮耀之事業，而較單純的目的則是奉獻自己之生命於公共事務……任何人一踏入公共領域，首先必須有冒生命之危難的準備……因此勇氣乃是政治之美德的表現。」[8]

公民之勇氣與膽識之美德並不是魯莽，或不經慎思明辨的「血氣之勇」。區分兩者的準矩在於言行之踐履是否能夠「恪守分際」(keeping within bounds)，鄂蘭以「實踐行動的無界限性」(the boundlessness of action)為脈絡，說明「恪守分際」這一政治美德的意義。

鄂蘭闡述「實踐的無界限性」的主題，一方面說明人際之間的行動互動構成一複雜、動態且開放性的行動網絡，行動者一旦涉入這一行動交互作用的網絡當中，他往往無法確切地掌握個人言行所產生的效應會影響到什麼人、會激起什麼事情。另一方面，鄂蘭也說明人行動之間的交互作用所形成的力量。從積極面觀之，這種力量(鄂蘭名之為「權力」)可以建立起某種穩固的群體之關聯；從負面觀之，它可能帶來人際關係與制度的破壞。如鄂蘭所陳述的，「行動，無論其特殊的內涵是什麼，通常具有能力建立起各種關係，也因此具有潛能突破種種的限制，以及跨越任何

---

7 *Ibid.*, p. 186.
8 *Ibid.*,, p. 36.

界域。人間事物的領域內是有其一定的限制與界域，然而它們從未提供一固若金湯的架構，足以抵禦新生一代介入此事物領域時所帶來的破壞。人為的制度與法律，或者更普遍來說，人共同生活的體制，都是脆弱的。這種脆弱性來自於人『生生不息』(natality)的條件，是獨立於人本身的脆弱性格……法律的限制從來未能防禦那來自於政治體制內人之行動的沖激，正如同〔一個國家的〕疆域從未能保證不受〔外敵的〕侵略。」[9]

如果行動之實踐所帶來的效應具有新的人際關係的建立，以及對於任何限制、規約可能造成的破壞，那麼，政治實踐之美德，以鄂蘭的觀點，在於行動者常有「恪守分際」的警惕。

最後，鄂蘭在尋求政治實踐的美德上，肯定了「承諾」與「寬恕」的美德，肯定它們對於緩解人間性之行動實踐的「無可轉圜性」與「不可確定性」可能發揮的功能作用。

個人言行的踐履在跟其他行動者交往、互動的過程中，無可避免地，常常會帶來人際之間的誤解、傷害，而導致人與人之間的敵意、仇恨與怨憎。當行動的互動帶來這種心理的積澱時，表示人際關係的緊張、對立與破壞，在這種處境形勢當中，實踐活動的「互為主體」的合作關係，就成為不可能。

除此之外，人的言行構成了一種效應與回應互動的網絡，置身於此網絡當中，行動之主體很難估量自己之言行可能產生的影響程度；另一方面，也很難確實地闡釋自己言行的實質意義，以及行動之網絡到底會產生什麼事故或事件，而衝擊了行動者，這些事件是牽涉於這行動之網絡的任何行動主體所難逆料的。人實踐活動的歷程，在某種程度上，是受這種「非確定性」所主導。

9　*Ibid.*, p. 190-191.

　　鄂蘭從這樣的實踐交互作用的網絡，提示「寬恕」與「承諾」的美德。行動實踐若缺乏「寬恕」之美德，行動者無法掙脫行動實踐因錯誤、傷害所帶來悔恨、怨憎的牽絆；若缺乏「承諾」的美德，行動者則無法抵禦實踐過程的「不可預料性」。如鄂蘭所論述：

> 人實踐這兩種美德的能力……依據人之多元性，以及「他者」的行動與顯現(presence)。個人不可能寬恕自己，也不可能對自己下承諾。在孤獨與隔絕的處境中，寬恕與承諾只面對個人的〔私密性之〕自我發揮作用，可是缺乏任何現實性的意義 [10]。

　　從上面的分析說明，我們可以瞭解，鄂蘭在政治與道德的問題上思索的一基本問題，乃是行動者一旦進入「公共領域」，跟其他的行動者共同處於參與公共事務的處境形勢中，而建立政治的聯繫，從「私人的身分」轉變成為「公共身分」時，需要什麼樣的「政治美德」(political virtue)？就我們上面所說明的，鄂蘭從人出生具有的「生生不息」、個體的多元性(plurality)的人之存有論之事實，揭櫫實踐的能動性、創發性(initiative)，強調秀異之言行的踐履彰顯個體之自我、政治實踐的榮耀，以及實踐的勇氣、膽識；另一方面，鄂蘭描述人的實踐活動構成的人際網絡所呈現的實際的「無界域性」(boundlessness)、「無可逆料性」，以及行動的破壞性、傷害性，就這種闡釋，鄂蘭提示「實際恪守分際」、「寬恕」與「信守承諾」……等實踐之美德。

---

10 *Ibid.*, p. 189.

政治美德與個人道德意義的含混性

　　鄂蘭闡釋「公民美德」的意義時，引起道德上的爭議在於，她把我們一般稱為道德實踐的行為，如「誠心正意」或善良的動機、善意、悲憫(compassion)，排除於政治領域之外，而且強調這些行為乃是屬於個人的「私人」行為，當它們進入的政治的公共領域而暴露於公眾之前，以及把它們當作政治實踐的原則加以應用時，往往帶來扭曲政治與道德實踐的真實意義。

　　另外一方面，鄂蘭把道德解釋成一個社會群體的風尚、約定俗成的成規(mores)，這些風尚與成規乃構成了人之社會關係得以確立的紐帶。但鄂蘭在肯定任何個體之獨特性(uniqueness)的觀念下，認為這種社會成規的道德性可能要求任何個體「隨社會流俗」(social conformistism)的作風，而毀損了個人的獨特性的實現。跟此論證主題相關的是，鄂蘭的政治實踐的理念在某種程度上，懷疑任何「普遍性或客觀性」之原則，或者說，懷疑人的道德行為之踐履在於遵循某些確定之普遍、客觀性之原則，鄂蘭對於這些原則的懷疑帶給她的政治思想一麻煩的問題，即是，政治實踐如何可能有道德上的論據，如席拉‧班赫比的評論：「鄂蘭懷疑道德信念與原則，這在20世紀的今天是否可能約束或控制政治，以及它們是否能夠引導政治的方向，而得以使政治的活動可以跟人的基本權利與尊嚴相兼容。這種懷疑導致鄂蘭的政治思想產生了規範性的空隙。在鄂蘭的政治思想中，我們看出她抵禦政治論述的正當性論據，也不嘗試去確立我們對於普遍人權、平等與尊重他

人之義務的正當性與有效性。」[11]

事實上,鄂蘭的政治思想是否真的排斥普遍性的道德規範的論據?從上面的我們對於鄂蘭之「公民的政治美德」的闡釋中,我們可以論辯說,鄂蘭並沒有如一般評論者所指稱的,排斥道德規範之論據。鄂蘭的論述會產生這種道德批評的爭議,問題出自於鄂蘭之政治思想的重要論旨在於:確立我們政治實踐構成的「公共領域」乃是一自主性之領域,而且從歷史的闡釋中,重新發現這「公共領域」的真實意義,以及論證這理想是可欲的,以及是可行的。以一般評論者的意見,這是鄂蘭之政治思想最具有洞識的貢獻:「如果我們無法提出公共領域之重現的問題,就無法真正掌握鄂蘭政治思想的真實意義,鄂蘭重新發掘公共領域,這乃是她政治思想的巨大貢獻,就此,她提供給我們思考平等與參與式民主如何可能的核心概念。」[12]

公共領域若是如鄂蘭所肯定的,乃是一具自主性的活動領域,那麼,人一旦踏入這一領域裡,跟其他人共同關注公共或政治事務,他必須表現出切合此公共領域活動的道德、如我們上面所說明的「公民美德」:開創(或創新)、勇氣、膽識、平等、尊重(或政治之友誼)、共識合作的意願、守信與寬恕。

但是,公民之美德很容易受到另一種道德情感的侵蝕與剝蝕,在這裡,鄂蘭認為我們所認定的「社會之道德」:譬如,社會資源之分配的正義,以及對於苦難遭遇的同情一旦被轉化成為政治實踐的動機與原則,則扭曲了政治的真實意義。關於此一令人困惑的論點,我們特別闡釋鄂蘭在《論革命》一書中剖析人的「悲

---

11 Seyla Benhabib, *The Reluctant Modernism of Hannah Arendt* (London: SAGE, 1996), p. 192.

12 *Ibid.,* p. 193-194.

憫」的道德情操如何在法國大革命的政治實踐過程中如何被扭曲，而導致所謂的「美德的恐怖統治」（the terror of virtue）。

鄂蘭在《論革命》一書中，以法國與美國的革命為歷史事例，詮釋革命實踐的意義，並且重新發現西方革命傳統在20世紀（可以說「後極權主義」時代）中的政治價值。《論革命》雖然以革命的歷史事件為探討的重心，可是這本論著不能稱得上嚴格的歷史著作，鄂蘭以詮釋革命之歷史事件為經緯脈絡，塑造出法國與美國的革命的「理念型態」（Ideal types），對比這兩場革命的基本特質，以及剖析革命實踐的正面與負面的意義，在這樣的論述中，鄂蘭鋪陳她個人的政治理論。

總的來說，《論革命》的基本闡釋綱領乃是以政治實踐及其「公領域」和社會經濟活動及其「私領域」為主軸，尋究革命（以法國革命為主題）之所以造成剷除異己、暴力、戰爭、以及恐怖治理和專制獨裁的基本因素。在鄂蘭提出的眾多之解釋觀點當中，常被討論與評論的一項主題乃是，革命原本的宗旨在於建立自由與平等的民主憲政，但這樣的「政治革命」一旦面臨解決經濟匱乏、貧窮與政治分配的問題，便會變質而走向暴力與專制統治的途徑。對這一解釋的主題，一般學者的評論纏繞於，鄂蘭此種政治與經濟範疇的嚴格區分是否能夠切實地解釋人在生活世界中具體的實踐活動，以及這種區分是否能夠特別地闡釋法國與美國革命的歷史經驗 [13]？

細心閱讀《論革命》（特別是第二章〈社會問題〉）鄂蘭論述的脈絡，我們可以承認上面之解釋主題的適切性。但是，鄂蘭論證的要旨，並不是否定政治革命應該解決經濟匱乏與分配的問

---

13 *Ibid.*, p. 123-171.

題。依照鄂蘭的觀點，它們是屬於技術管理層面可以解決的問題。
然而重點在於，這屬於解放人之生命自然欲望的經濟問題一旦涉
入政治實踐的領域，政治實踐的理性言說、自由開放的論辯很容
易被行政之支配、管理所扭曲或遮掩。同時公民美德會在此經濟
物質欲望的驅迫下變質，經濟物質之欲望帶有必然性的脅迫力，
它一旦成為政治實踐的一種目標（譬如，解決人民物質慾望的滿
足），暴力的使用便成為可能。關於這解釋，鄂蘭陳述如下：

> 在一批批貧無立錐之地的貧窮無依者洶湧而出時，物質欲
> 望的必然性因素……就具體顯現於革命實踐的過程當
> 中，……解放人生命之經濟物質的基本欲望遂成為所有「治
> 理權」（rulership）正當性的根據。達成這種解放的一基本條
> 件在於，使用暴力，以及強迫他人承擔這群氓流之生命負
> 擔。……企圖以政治手段把人從貧窮的桎梏中解放出來，
> 這不但……徒勞無益，……而且往往帶來危險之結果，這
> 即是經濟物質的必然性侵犯了政治領域，而這政治領域乃
> 是使人可以共享真正自由的領域 [14]。

物質經濟之需求之介入政治實踐之領域，在鄂蘭的思想脈絡
中，帶來了暴力的政治議題。除此之外，它也激發了另一項道德
與政治的議題，亦即：廣土眾民在經濟匱乏的情境中，遭受貧困
飢寒的煎熬，這常激發革命志士的「悲憫」情操，也成為他們奮
起行動的重要因素之一。然而激發革命志士的政治實踐的高貴情
操在革命浪潮之推促下，卻帶來了凶惡的政治後果。「悲憫」的道

---

14 Arendt, *On Revolution*, p. 77.

德情操卻埋下了「美德之恐怖統治」的因子。

革命志士奮起反抗專制之暴政,依據普通常識的解釋,源自自由與正義的渴望與追求,鄂蘭不否認這些政治實踐的動機。但是,她從道德心理學的角度,進一步闡釋「悲憫」——對人性之愛的一種效應——在革命實踐的所帶來的動力及其效應。

「悲憫」在鄂蘭的用語,切近我們所熟悉的「不忍人之心」,亦即:目睹自己之同胞深受暴政之蹂躪、磨難而激發的悲憤、同情之情愫,繼而凝煉出一股解放同胞之苦難的行動意志。這種在日常生活中被肯認為高貴之道德情操,在革命實踐的過程中為什麼會變質成為另一種暴政的來源?針對這項問題,鄂蘭論據的主題在於:法國革命志士不瞭解激發他們行動的這種「絕對之善」,其危險性跟「絕對之惡」相去不遠 [15]。這種道德的限制乃是法國革命(或任何偉大的革命之運動)之悲劇性所在。然而,鄂蘭如何論證這項令人困惑的解釋主題?在這裡,我們先引述一段鄂蘭分析法國革命志士羅伯斯比的道德心理,然後說明鄂蘭的論據:

> 即使羅伯斯比的革命行動源自悲憫的激情,但是,這種悲憫一旦展現於公眾,它不再是關切某一特殊的苦難,也不是關懷某一位有血有肉的個體。悲憫在這種場合變成為「憐憫」(pity)。職是之故,本來是為真實的道德情感,現在,轉變成為漫無邊際的情緒,這種情緒似乎反應廣大民眾的無限無盡的悲苦、磨難。羅伯斯比被這種漫無邊際的情緒所掩覆,這使他無法跟任何一個人建立與維繫穩定的關係。苦難的悲情似同洶湧波濤一再翻滾他的情緒……而淹

---

15 *Ibid.*, p. 93.

> 沒了所有一切具體之考量，包括了：人際之間實質的友誼，
> 以及治國之道術的權衡 16。

　　一般而論，政治之殘酷與迫害可能源自政客個人的虛榮矯飾、自大狂妄、猜忌懼怕、貪戀權力、偏執傲慢、愚鈍麻木，或者源自心理的扭曲病態，如虐待狂……等等心理因素。然而悲憫或憐憫，在我們普通常識的理解裡，很難被解釋是爲政治之惡的來源。鄂蘭把羅伯斯比之政治的殘酷不仁推向「悲憫」之情操，這種闡述是否正確有效 17？

　　鄂蘭肯定「悲憫」（或謂「不忍人之心」）是崇高之美德，她甚至把這種道德情操解釋成宗教性的「絕對之善」。鄂蘭也不否定悲憫是觸發任何偉大之行動的動力，許多偉大的宗教家往往基於悲憫之胸懷，而奉獻一己於救助苦難的偉大工作。然而，在《論革命》一書中，鄂蘭關切的是革命之政治實踐，她思考的一問題在於：「悲憫」這一高貴的道德情操是否跟政治實踐的完成有關？針對此一問題，鄂蘭論辯：如果悲憫源自「苦難之覺識」，以及因此企求解決貧苦無依者的悲慘處境，那麼，憑藉悲憫的道德情操並無助於緩解苦難，遑論改造世界之條件 18。鄂蘭如何論證這項解釋觀點？革命實踐的處境形勢，基本上，是一異常的現況，或者，以鄂蘭的觀點，是一偉大的事件。人之實踐行動置之於此情況中，表現出各種可能性。同時唯有經歷這偉大的事件，人方有可能體會與認識平時隱而未發的事物跡象與格局。我們掌握了鄂蘭持有的這種特殊解釋立場，才可能中肯地說明她的政治觀念的意義。

16　*Ibid.*, p. 79.

17　George Kateb, *Hannah Arendt: Politics, Conscience, Evil*, p. 95.

18　Arendt, *On Revolution*, p. 82.

革命實踐的處境形勢既是一異常的情況，那麼，平常的道德與政治原則，一旦涉入惶杌不安的革命局勢，很容易就易容變態，譬如，受壓迫之民眾所訴求的平等正義，在革命的形勢中，極易跟苦難之悲情與悲憤相混合，而走向一種意識型態，肯定苦難者代表人類普遍正義。如此，平等正義變成一種絕對性的道德原則，而被利用，以作爲證成任何手段之正當性的目的。

以鄂蘭的解釋，悲憫本爲人際之間相互體會苦難的遭遇，而產生的同感共知。就此而論，悲憫是人際相結合的與團結的紐帶之一。但是，悲憫的道德情感是針對有血有肉的個人的遭遇的體認，這種體認跟人類所有深刻的道德情感一樣，往往難於透過言辯、修辭與論據而得以盡意表達，如我們在日常生活中所體會的，滔滔不絕談論自己之美德的人，其道德的真誠性往往遭人懷疑。就此，鄂蘭更進一步推論：「凡設法將善業表現於公眾之場合的努力，終究帶來了罪愆（crime）的形象，以及政治場域的罪過。」[19]

悲憫一旦彰顯於公共或政治的場域，其本質意義常遭扭曲。以鄂蘭的分判，悲憫只能藏之於個人之胸懷，它的體現也只能行之於人際的私人交往，就如同男女之間的情愛，它的真實性與真誠性只能表現於「私領域」。沿著這樣的解釋脈絡，鄂蘭分析悲憫在革命的處境形勢中被革命分子帶到政治領域，當做是內在自我的外在展示，這時候，悲憫遂喪失其具體關懷的對象，而流入了空泛抽象的情緒反應。這種情緒的反應，以鄂蘭的用語，即是「憐憫」（pity），一種虛有其表的悲切情緒、一種居高臨下的非對稱的人際關係、一種施小惠的態度。當貧苦無依、飽受經濟匱乏磨難的廣大民眾蜂擁進入政治場景，「憐憫」之情緒反應愈形擴散，而

---

19 *Ibid.*, p. 93.

推促革命分子「視憐憫爲個人最真誠與真實的自我，同時將之投射於政治領域」。「憐憫」一方面變成一種譁眾取寵的自我展示；另一方面，它像一塊海綿，盤吸了個人的自我，革命分子變成一位自我迷戀、顧影自憐的行動無能者 [20]。

「悲憫」的高貴道德情操一旦「政治化」，它就被標舉成爲一種公共或政治之美德。然而這正是道德情感的腐化敗壞，因爲悲憫（或任何相類似的道德情感）本來落實於人幽暗不可測的心胸（the darkness of heart），現在被置於不是它們所屬的領域——公共或政治領域。這樣的倒錯既腐蝕了道德情感，也毀損了政治的實踐。沿著這種解釋脈絡，鄂蘭分析革命運動帶來的美德之暴政或恐怖之統治（the terror of virtue）。

鄂蘭所分析的是爲我們所熟稔的，革命分子要求其追隨者對於革命大義的真誠，以及革命運動所帶來的普遍懷疑的氛圍與不斷地整肅異己。革命的變質源自於悲憫（或類似之道德情操）的移位倒錯，悲憫從「幽暗之心」的個人「私領域」被帶入公共性的政治領域，本爲高貴的道德情操卻轉變成爲殘酷、暴力的根源，鄂蘭如何闡釋這轉變的樞紐？

如上面所分析的，悲憫不是經由言辭、爭論與交涉而得以傳達。同時悲憫所體認的，乃是一單一之個體遭遇的、實質且具體的苦難，它無法擴散到一個階級、人民或人類整體，當我們說：「我悲憫無產階級的苦難」，這種陳述不是漫不經心就是虛矯措辭。換言之，悲憫的真實性在於體認的獨特性，它無法被通則化或普遍化。適合此種獨特性，悲憫只能體現於人際之間親暱的交誼，由於這種特性，悲憫往往「消除了人與人之間的距離，壓縮了人際

---

20 *Ibid.*, p. 79.

之間的『在世空間』（the worldly space），而這空間乃是政治事物的，或公共事務之領域落置的地方。」[21]

這種政治性格的道德情感一旦被帶入到政治領域，而變成政治實踐的的動力與訴求的原則，在這個時候，由於悲憫無法經由言辭、說服，或者透過法律和政治之制度的中介而落實。它只能訴諸直接且果斷的行動，才能被實現。依照鄂蘭個人的解釋，這樣的直接了當的行動已經蘊含著暴力的成分[22]。

若進一步分析，悲憫直指人之內在心靈，在體認他人的苦難時，由然心生一種苦難同當、無私無我的情操。一個人體現悲憫的真實性端在個人的真誠，它是自然而發，而非源自外在的要求或脅迫。當革命分子的心胸爲悲憫之情感所纏繞，並且將它投射於政治實踐的領域，視之爲革命之動力與原則，這時候，政治美德與人深奧之內心的質素很容易就相互混同。就政治層面來說，這導致一項偏激的結果：革命分子對其同儕與追隨者要求革命之真誠，這種要求，實質上，乃是尋究動機，政治忠誠的判斷遂不在於具體的行動實踐，而是直指動機的純正與否，「虛僞」、「僞善」與「欺瞞」成爲控訴與迫害「異己」的公共聲言。鄂蘭再次以法國革命分子——羅伯斯比——爲例證，說明這種轉折的關鍵：

> 人内在之心靈……透過不斷的自我鬥爭，而保持自己的活力資源，這種自我搏鬥正因爲在幽暗不可測之內心中進行，因此隱而不顯。當我們說：沒有人而只有上帝（或蒼天）才能……看到人心之真實時，「沒有人」一詞當然包括「一

---

21 *Ibid.*, p. 86.
22 *Ibid.*, p. 87.

個人的自我」在內──這只是因為我們的現實感維繫於「他
人之存在」（the presence of the others）。我個人的瞭解，若
沒有他人在場，總是狐疑不定。人心這種隱匿性帶來的結
果，即是我們內心（或心理）的生活，或者說，針對我們自
己與內在最深的動機而言，心情感受的歷程通常都膠著徬
徨猶疑。羅伯斯比的多疑猜忌──即使他最親近的朋友都
難逃他的猜疑──並非源自他的異常人格，而是他的自我
懷疑所致。他的信念迫使他日復一日在公眾面前扮演著「剛
正不阿」（incorruptible)的角色，展現他的美德，以及有時
候敞開其內心給民眾，正因如此，他如何確定自己是否是
人民所憎恨的「偽善者」？人心了然知曉諸如此類的內在
自我掙扎，並瞭解人內心所隱藏的一旦展現於公眾，就必
然扭曲變形。再者，人心也知道如何根據它自己的「邏輯」
去處理這些深不可測的問題──儘管它們終究不可解。這
純粹因為若要解決人內心之徬徨不定，必須透過人世間公
領域的「照明」，但這種「照明」必會曲解人內心生活的幽
暗隱蔽。盧梭……的確洞察人心的激盪在於它的破碎，有
了掙扎。然而，人心的這種實相無法行之於人內在心靈生
活之外，或者說，無法落實於政治事務的領域之內。羅伯
斯比把人心之掙扎帶進了政治，正因為人心之掙扎無法自
取解決之道〔但是若訴求政治之途徑，則會自我扭曲〕，職
是之故，人心的移位倒錯帶來了殘暴政治的結果 23。

歸屬於人內在心靈之情操，委實不能展現成為一種政治實踐

---

23 *Ibid.*, p. 97.

的道理，一旦顛倒過來，政治變成追逐飄忽不定之事；人之心情
一旦必須時時刻刻交付公眾之政治裁判，「審查偽善者，無縱無枉」
便容易締造出一種人人自危的憂懼氣氛。鄂蘭在此另外以愛國心
（patriotism）為例，說明誤用人心之情所帶來的政治偏差。革命時
期，統治階層慣常引用「愛國心」為號召，以鞏固人心，但這種
政治舉動不是流於口號式之吶喊，就是帶來「追逐虛偽者的」暴
虐統治（the rule of hypocrisy），其理由不難理解：「愛國心」純係
個人內心之情感，既是如此，我們如何能夠辦定它的真偽[24]？道
德在政治上的顛倒誤用變質成一種殘酷殺虐。據此，鄂蘭進一步
把凡是源自人「幽暗之心」的道德情操——諸如情愛、悲憫或憐
憫——排除於政治實踐的領域之外。政治實踐及其界域都跟人際
之間的言辯、討論、溝通、協商有關，換言之，政治實踐乃是「理
性言說」的展現與進行、以及自由體制的創設。同時，政治之美
德在於卓越之言行的體現，以及表現榮耀、節制、勇氣、寬恕與
守承諾（或所謂「忠恕」之道）。扣緊此處討論的道德情感而論，
鄂蘭肯定人際之間的「友誼」（friendship）是一種適當的政治美德，
它意味人我之間的相互欣賞與尊重。鄂蘭如此論說：

> 愛情就其本質而言，偏限在相當狹隘的領域；但尊重則在
> 於廣延的人間（或政治）事務的領域。尊重如同亞里士多德
> 式的 *philia politike*（政治情誼），是一種擺脫人際之親暱
> 關係的「友誼」，它表現在人生活於一「在世之空間」（the
> space of the world），彼此之間得以從一客觀之距離，相互

24　*Ibid.*, p. 98.

瞭解、愛慕與欣賞個人獨特的品格與成就 25。

　　鄂蘭並不否認人之內心有一種需求，渴望人際之間形成一種
無距離、不分彼此的親暱關係，然而，她一再辯論這種關係不能
跟公共或政治之美德混為一談，她也一再強調這種關係足以破壞
人活動的政治性格的基本設定：「在世空間」、人的「多元性」，以
及理性言說與溝通。

　　鄂蘭斷然區分人內在心靈與外在言行展現的領域，或所謂「公
／私」領域的區分，這是否能夠有效地論證政治與道德的關聯？
以下試著從鄂蘭對「政治之惡」(political evil)的反思，再次闡述
這項議題。

政治之惡與內省之良知

　　「政治之惡」是貫穿鄂蘭政治思想的一重要課題，誠如理查‧
伯恩斯坦(Richard Bernstain)所指出的：鄂蘭從寫作《極權主義的
起源》開始，便反覆思索政治之罪惡的問題，即使在她晚年，依
舊掙扎於此 26。學院之政治理論一向忽略這項問題，鄂蘭殫精竭
慮用心於此，這是她政治思想的魅力所在。她對這項問題提出甚
麼解釋以及鋪陳甚麼論證，是值得我們探討的。筆者在上面一節
處理「悲憫」的移位倒錯及其帶來的政治罪惡，沿順這樣的解釋
脈絡，筆者繼續討論鄂蘭對「政治之惡」論證的兩項主題：一是
「根本之惡」，另一是「罪惡之浮淺性」(the banality of evil)。鄂

25　Arendt, *The Human Condition*, p. 243.

26　Richard Bernstain, *Hannah Arendt and the Jewish Question* (Cambridge: MIT Press, 1996), p. 137.

蘭提出這兩項論證主題各有其脈絡，現稍加說明，爾後再闡釋它
們的意義。

　　鄂蘭揭櫫「根本之惡」的概念是沿順她闡釋極權主義之本質
的脈絡，以此說明極權主義政治之罪行的本質；在1961年，鄂蘭
前往耶路撒冷觀察納粹特務頭目亞道夫‧艾克曼的審判，寫成《艾
克曼在耶路撒冷》(*Eichmann in Jerusalem*)，並登刊於1963年2月
的《紐約客》(*New Yorker*)雜誌，在此作品中，鄂蘭對於這位納粹
戰犯的罪行，提出了「罪惡之浮淺性」的解釋觀點，引起輿論之
譁然與抨擊[27]。鄂蘭因應學院內外的評論，以及為釐清此解釋觀
點，在1971年寫成了一篇名之為〈思維活動與道德考慮〉(Thinking
and Moral Consideration)[28]，以及在同時，鄂蘭應基佛講座(Gifford
Lecture)之邀，講談「心靈之生命」(the Life of the Mind，或「沈
思之生活」)的課題。在此講談中，鄂蘭重新反思「罪惡之浮淺性」
的議題，並由此發展出她晚年關注的，有關政治與道德判斷的問
題。

　　從「根本之惡」的解釋到「罪惡之浮淺性」，鄂蘭所要解決的，
乃是極權主義所帶給她的道德困惑：人類歷史如何可能出現像希
特勒與史達林這般的極權政府，把「不可殺人」與「不可作偽證」
的道德誡律顛倒轉變成「殺戮無罪」、「作偽證合法」？以及一個
政權有系統地肅清與屠殺被它歸類為「必須消逝於人間世」的社
會範疇——不論是猶太人，或是地主階級，或是某一族群種族，

27　關於此爭端，見Bernstain, *ibid.*, pp. 154-178.
28　Arendt, "Thinking and Moral Considerations: a Lecture", *Social Research*
　　vol. 38 no. 3, Fall 1971, pp. 417- 76. 此文之中譯，見蔡英文之譯本，〈認
　　知心與道德心〉，收錄於Arendt,《帝國主義》，蔡英文譯，頁277-
　　298。

而生活於這個體制內的人——包括有教養的社會階層——卻默許這種肆無忌憚的惡行，有的甚至助紂爲虐，爲甚麼？

鄂蘭先後提出了兩個概念解釋政治罪惡之現象，它們在概念的內涵上是否有不同？這是值得解釋的議題。針對這項議題，伯恩斯坦經由細緻的分析，提出下列的解釋，他說：

> 鄂蘭早年分析〔極權主義之〕「根本之惡」的重要概念在於「多餘無用」（superfluousness），在目睹艾克曼的審判之後，她反思的重點擺在「思想良知之喪失」這個主題。我們可以說，鄂蘭早先〔在撰寫《極權主義的起源》一書時〕認爲我們必須瞭解20世紀之極權主義帶來的史無前例的罪惡，對於這項罪惡，她的解釋乃是〔人類歷史上〕不曾出現過像極權主義一樣，妄想有系統地改造人的本質，把具有多元性、自發性與個體性的人改變成爲「多餘無用」。然而在艾克曼之審判以後，她的心思盤據於另一新的不同的問題：如何去處理像艾克曼這樣的人犯下的如邪魔般的凶惡罪行，這個人若處於不同於納粹德國的環境，他也會跟一般人一樣舉止正常規矩 29。

簡言之，這兩項概念各自有不同的解釋對象以及問題，在這裡把重點擺在「罪惡之浮淺性」的概念。筆者分析此概念的基本取向乃沿順前一節處理「悲憫」的政治與道德的脈絡，考察的重點在於：鄂蘭認爲發自人內在「幽暗之心」的道德情感一旦移置到公共領域裡，而被當作是一種政治與治理原則時，道德情操會

---

29 Richard Bernstain, *Hannah Arendt and the Jewish Question,* p. 152.

變質,更甚者會帶來政治的罪行。然而鄂蘭在說明艾克曼的邪惡行為時,從人內在「心靈」的思維活動(thinking)及其「良知」之發用,說明艾克曼因為「喪失思想良知」,是故犯下了滔天的政治罪行。在此引發的一項問題:不論是「悲憫」抑或「良知」,都是在無可測度的「人心」中進行,如果鄂蘭把這些源自「人心」的情感或活動限定在「私領域」當中,而因此絕緣於政治實踐及其領域,那麼,她如何可能論證艾克曼的政治罪行源自他喪失了屬於內在(或私人)領域之「心靈」(或「思維」)的活動?為解釋這項議題,我們有必要說明鄂蘭所揭示的「喪失思維之能力」與「政治罪惡之浮淺性」之概念的意義。

鄂蘭在〈思維活動與道德考慮〉一文中,陳述她所提出「罪惡之浮淺性」概念的原委:

> 我在反省「艾克曼於耶路撒冷受審」這件事件時曾經談論過「罪惡的浮淺性」,也指出這不是一種理論或學說,而是明白地擺在我們眼前的事實:如果我們認真地去追蹤滔天巨大之罪行的跡象、根源,那麼,會發現:跡象所顯示的並不是當事者特別的邪惡癖性、病態,或者是意識型態上的偏執,反而是,當事者個人的素質可能是極為浮淺的。不論行徑多麼罪惡,當事者並非邪靈怪獸。在審判與警方的偵察過程中,對於當事者──艾克曼──的過去與行為所可能探索得到的、唯一特別的性格是負面的,這即是艾克曼並非愚蠢無知,而是他真的沒有能力思考 30。

---

30 Arendt, *The Life of the Mind*, vol. I: *Thinking*, pp. 3-4.

　　依照我們普通常識的理解，類似艾克曼犯下滔天大罪的罪犯必定是具有異常的人格質素，如我們日常所指稱的，「禽獸不如」或「邪靈怪物」。但是據鄂蘭的觀察，艾克曼不是如同莎翁筆下的邪惡角色，如《奧賽羅》中的伊耶戈（Iago），或馬克白，或是那位「立意成爲惡棍」的理查三世。他也不是我們所俗稱的「魔鬼的化身」，他的邪惡行徑不是源自於狂妄自大、嫉妒或偏執⋯⋯等心理的異常。艾克曼在法庭上的言行表現，讓鄂蘭印象深刻的地方在於他的膚淺，他跟我們日常接觸到的人並沒有甚麼兩樣，隨流俗好風尚、追求成就、有責任心，簡言之，他犯下的滔天罪行跟他的人格質素毫不相稱。這樣的觀察激起一項問題：如果艾克曼如同一般人一樣，人格與心理並沒有異常，那麼，我們如何去解釋他的罪行？就此，鄂蘭提出了一連串的問題：邪惡的行徑在缺乏法律所指稱的「基本動機」或任何深刻的心理因素，以及在缺乏特殊利益的誘導、意欲的趨使的情況下，是可能發生的嗎？邪惡的癖性〔或如康德所說的「惡意」（wicked heart）〕，這種「立意證明自己是惡棍」的癖性難道不是罪行的必然條件嗎？如果說艾克曼因爲「缺乏思考能力」而犯下滔天大罪，那麼，我們判斷的能力——分辨美醜、明辨是非的能力難道是依據我們的思考機能？「無能力思考」是否即表示「良知泯滅」？

　　這一連串反思的議題帶動鄂蘭在晚年探討人心靈活動的意義，藉由這樣的探索，鄂蘭嘗試建立起政治實踐和人心靈活動（或者她所區分的「公／私領域」）的可能關聯，以及調和這兩者彼此的緊張，關於鄂蘭的心靈的活動的理論，我們留置下一章節再做討論，在此剖析「罪惡之浮淺性」的概念。

　　如上面所提示，所謂「浮淺性」意蘊我們日常所說的「平凡性」，它是指日常所見、不足爲奇的意思，跟這個詞相反的是「異

常」(monstrosity)，意指兇狠殘酷，猶如邪靈惡魔。鄂蘭運用「浮淺」形容艾克曼的罪行，其論旨在於艾克曼並非「惡魔的化身」、「罪惡的象徵」。因此在瞭解他的滔天巨罪時，我們不必深究他異常的心理或人格質素。艾克曼跟我們在日常生活中所接觸的人一樣，並沒有讓我們矚目的人格特徵。假若他不是身爲一位納粹的高層官員，以及生活於納粹德國的特殊處境，他可能跟一般人一樣過著正規的生活。

　　鄂蘭的解釋並不意味她否定艾克曼及納粹分子從事種族屠殺的罪惡，鄂蘭在《極權主義的起源》一書中闡明納粹極權主義的罪行時，曾經提出「根本或絕對之惡」的概念，她說：「極權主義〔所犯下的罪惡〕乃是法律無法懲罰，美德無法寬恕的罪孽，……〔面對〕此種罪行，我們無法用『罪惡之動機』，譬如：自我利益、貪婪、怨恨、權力慾、偏執妄想與懦弱無能，去瞭解和解釋它的來源。因此面對著它，憤怒無法報復，情愛無法寬容，友誼也無法寬宥。在極權主義的執行者眼裡，那些被送往『死亡工廠』與『抹煞一切的幽暗洞穴』之集中營中的受害者再也不是『人』，不具任何人性。職是之故，這種新的罪犯族類不再是人爲的刑事法所能控訴，他們的罪行甚至超越人對罪惡的一致看法。」[31]

　　依據上引文之反思觀點，納粹極權主義基於種族主義的意識型態，運用國家體制之官僚科層的「合法」秩序，以及配合工業化勞動分工的需求，把該體制認爲「應該被整體剷除」的猶太人，一批批送往「殲滅營」、「集中營」，不是被屠殺，就是被製造成「活死人」，甚至屍體還被當作廢物利用。面對著這種體制性的種族屠

31　Arendt, *The Origins of Totalitarianism*, 中譯《見極權主義》，蔡英文譯，頁256。

殺，我們如何指認罪行的責任？再者，從納粹分子的角度來看，
他們既是執行國家的「合法」指令，屠殺猶太人猶如清除「臭蟲」
一般，那麼，他們的殺戮行為就不是異常的罪行，而是「例行公
事」。因此，當艾克曼在審判法庭中，振振有詞辯稱他只是執行國
家政策時，我們如何回應？

　　針對艾克曼以「執行國家政策之責任」為合理化其罪行的說
詞，鄂蘭反思的重點即是：艾克曼的罪行在於，他沒有思考自己
所接受的命令是否具有道德的正當性。缺乏此種自我反思的思
考，艾克曼遂喪失判斷是非善惡的能力。因此，當審判法庭判決
他過去所遵從的命令是「違抗人性」時，艾克曼好似不加思索地
就全盤接受，也就是說，他毫無困難地全盤否定過去所遵從的法
則律令，也毫無困難地接受另一套規範系統。既無法思考先前所
接受者是否具「正當性」，同樣地，也無法思考當下所接受的是否
具有同樣的性質。艾克曼這種「無思性」，以及在法庭中毫無悔恨、
以及沒有顯露絲毫「良心不安」的顏色，觸發鄂蘭進一步闡明思
維活動、良知與道德判斷彼此間的關聯 [32]。

　　思維活動，據鄂蘭的解釋，打斷我們對日常事務的關注與操
煩，讓我們從日常生活的領域撤離，而有空間去思索我們日常所
接受的習尚、成規與價值，以及個人言行之意義，思維活動正是
追尋意義的活動過程。它，按其本質而言，是不帶來任何實質的
結果。就此，它跟「認知」（cognition）與「邏輯」的思想模式顯
然有別。「認知」活動的本質在於知識的建立，即經由演繹、歸納
與否證的程序獲得實質的知識成果。邏輯的思考模式即是按照定

32　Arendt, "Thinking and Moral Considerations: a Lecture"，中譯〈認知心
　　與道德心〉，蔡英文譯，收錄於Arendt,《帝國主義》，頁277-298。

理與公設的推論，它是形式的，我們依照推論的首尾一貫或一致
性，以檢驗其思想的正確有效性。

再者，從日常生活的一般事務的實用觀點來看，思維活動「不
但無濟於事，所得的結果也恍惚未定，無所參驗，更甚者，它往
往會自我否定。」[33] 正因為我們日常活動是行之於一表象世界
裡，而在此表象世界中，「無象而有覺」(王船山語)的思維活動可
比擬為「寂滅」(death)，如鄂蘭引柏拉圖所言：「哲學思辨相對於
政治實踐，乃是沈溺於死亡的事業」，也就是說，思考乃是「離人
間世之秩序」[34] 的活動。人思考活動的存在處境乃是，人的身體
雖然置之於人間世，可是思維活動卻遠離此世界，以莊子的語言，
「形固可使如槁木，而心固可使如死灰。」[35]

但這種超離人間世的思維活動，亦可以在人的生活世界中進
行，而具有其道德與政治含義。鄂蘭以蘇格拉底的說明為例證。
蘇格拉底不像一位如我們現在學院所稱的哲學家，他沒有留下任
何論著，但卻是一位典型的「思想家」，他終其一生透過言談辯
論，刺激古雅典的公民，讓他們反覆審視與思辯事物的真實意
義，以及釐清未經審問明辨的，且有礙思考的各種偏見(或所謂
「聞見之知」)。蘇格拉底教導古雅典公民：我們瞭解自己無知，
也盲昧生命的歸向。鄂蘭從蘇格拉底的思想經驗，闡釋人的思維
活動——尋究事物之意義、不斷自我否定，而且產生不了任何實
質的成果的活動——跟人間世的道德與政治實踐的關聯。鄂蘭首
先提示思維活動的負面效應：

33　Arendt, *The life of the Mind*, vol. I: *Thinking*, p. 282.

34　*Ibid.*, p. 283.

35　《莊子》，〈大宗師〉。

思維活動導致所有既定的準則、價值與善惡度量的不確定性。簡要言之，它對於我們待之以道德與人倫的習俗、行為規範，都具有動搖、摧毀的力量。依蘇格拉底的言論，這些習尚成規，舉凡一切僵化的、唾手可得(the present-at-hands)的事物，在你昏睡之際，均可發揮作用；然而現在「思維之風」將撩你清醒，爾後，你會發現手邊空然無物，只有迷惘、疑惑……這由思維帶來的癱瘓有雙重層面：一是，一旦思考，你得打斷所有其他的活動。但是，當你從思考的迷霧走了出來，你會發現先前沒有深思而看起來毫無疑問的事物，現在都變得不確定。其次是，如果你的行為包含著把普遍行為規範應用在日常生活的具體特殊事務，那麼經過思辨的過程，這些被認知為是普遍的、真實的原則也變得不可靠。行為的癱瘓由此而生 [36]。

思考之反思衝擊與顛覆我們習以為常的社會習尚、規矩與價值。它不但動搖我們所依憑的聞見經驗的信實性，也不斷自我否定。就我們日常生活的實踐而言，思考活動帶來的可能危險的結果，乃是一種虛無與犬儒的作風：既然我們無法肯定道德原則的信實性，我們的行為就沒有必要遵從這些原則 [37]。如果這種純粹之思考活動會帶來這樣的負面效應，那麼，它如何跟道德的實踐有所關聯？針對這個問題，鄂蘭揭示下列三個論點：

第一、純粹思考活動本身具有顛覆力量，它「足於掃蕩人在人間世能安頓自己的所有習尚、成規與符號象徵。」[38] 儘管如此，

---

36 Arendt, *The Life of the Mind*, vol. I: *Thinking*, pp. 288-289.

37 *Ibid.*, p. 289.

38 *Ibid.*, p. 290.

這種肅清作用有助於我們對於所接受的規範與原則時，能夠保持一種有距離的反省與批判。積極來說，它可以讓我們在生活世界裡保持自己的個體性，不會隨社會之流俗。

第二、純粹思考之活動，乃是人的「良知」之所由來。鄂蘭在闡明此論點上，再次從瞭解蘇格拉底的思想經驗中，揭櫫思考活動的過程中「我跟我自己」(I-me)的對話，或以鄂蘭的用語，「自我一分為二的無聲息對話。」[39] 鄂蘭從人辨認自我之同一性，或所謂的「自我認同」，闡明這種自我內在之對話的以及由此而生的「良知」(conscience)。我辨認我的「同一性」必須預設一跟我有所區別的「他者」或「異己」。如上面所說明的，在實踐的層面上，我經由言行的表達，把自我彰顯給在公共領域的其他行動者，我與這些其他的行動者相互較量、爭勝，以鄂蘭的用語，彼此之間「求卓越」的爭勝，以凸顯個人的個體性。我與其他人的此種關聯，在人間世的表象世界（或公共世界）裡，是我體認「我是誰」的認同之樞紐所在。但另一方面，當我從這人間世撤離，而獨居幽處時，我跟他人相互爭勝與結合的處境轉變成另外一種處境，即是：我跟我自己之間的共處對話，鄂蘭說：「我的自我，這是『我是我』(I-am-I)在不跟彰顯的現象，而是跟自我相互關聯時，體認了認同中的差異性，沒有這一種自我意識的原初分裂，即：我意識自我，一分而為二的自我對話遂成其為不可能。」[40] 由此言之，人一旦獨處而從事思考活動時，這自我便形影相隨，我必須跟這個在自我意識中分裂出來的另一個自我相處、交往與溝通，鄂蘭從這裡闡明「良知」及其道德義蘊：

39　*Ibid.*, p. 298.

40　*Ibid.*, pp. 296-297.

「良知」，正如我們用之於道德或法律之事上的意義，是指時時刻刻顯現於我們的內心，就像是「意識」一樣。同時，依照我們慣常所瞭解的，「良知」告訴我做什麼、拒絕什麼。在它轉變成為 *"lumen naturale"*（自然之理性）或康德的「實踐理性」之前，它是指「上帝之聲」。但這裡所談論的良知，也就是蘇格拉底所說的這位跟我在一起的「伙伴」，是停留在於我自己的家宅，而跟上述的「良知」的意義有別。蘇格拉底懼怕這位「伙伴」，猶如在莎士比亞的劇作《理查三世》中的謀殺者懼怕他們不可見的「良知」一樣。……這種「良知」跟我們內心的「上帝之聲」或「自然之理」不一樣，它不能給予任何積極的引導，頂多如蘇格拉底的 *"daimonion"*（神意），只能告訴何者不可為，……人懼怕這「良知」的理由在於，它預示一位只要人一獨處就靜候他的言行之見證者。……〔這「良知」雖然令人懼怕〕但甩掉它卻是輕而易舉，正因為人的行為不必然肇始於「無聲無息孤獨之對話」的思考活動，人不一定回歸其家宅，審問明辨一切事情，……不曉得我與自我交談（在這交談中，個人審問明辨自己言行的意義與真實）一事的人，根本不在意「自我的矛盾衝突」[41]。

我們慣常為日常生活的實際事物而操煩憂心，在這樣的具體處境中，「我跟我自己對話」的思辨活動，以及由此滋生的「良心」之端倪，顯而易見的，只是一種「邊際事物」，對於我們的現實生活起不了任何作用。更甚者，它只是不斷地自我否定，就此而言，

---

41 *Ibid.*, p. 295.

「它不會另立新價值，也無法證明『善』的本質，它更不會肯定既成的行為規範，而只會拆解它們。」[42]

　　縱然如此，這樣的思辨活動在一個政治社會混亂失序、價值顛倒的危機時刻，尚有其作用：一位善於思辨的人置身於這危機的處境，至少可以保持清醒的良知，不至於隨流俗，或者被外在之光景所迷惑，這防範他可能犯下的罪行 [43]。

　　第三、從上面的分析，個人之自我由一分裂為二的對話孕育了人的良知，這意指：個人的言行除了有他人的評斷之外，更重要的是，任何一個人永遠有一位唯有自己可見的審問者，作為個人言行的最後裁判。因此，當我們停止了日常繁忙的事物，歸回自己的「家宅」，而靜觀自己時，這位思考的「伙伴」就側身在旁，審問明辨你個人言行的意義與真實。當你犯下不良言行時，儘管在犯錯的場合沒有旁人，可是你無法擺脫自我的這位思考「伙伴」的審問。這時候，這分裂為二的我彼此之間因對立，而無法相安共處，而滋生「有愧」、「悔恨」的道德覺識。鄂蘭對「良知」之作用的闡釋，若能夠成立的話，必須預設人之自我對話這種分裂必須復歸和諧，才可能有整全的人格。人的自我不可能長期生活於自我的相對立，以及相互仇視的處境中，這種對立仇恨終究必須獲得調節。

　　但是，這種自我的調節，如何可能是被我們所說的「善」所主導？因為任何人在自我對立衝突的處境中，也可能刻意壓制「善」的端倪。為了克服這一論證上的疑難，鄂蘭從古典時期的倫理與神學思想中，提出「善」在存有論上的優先性，以及惡本

42　*Ibid.*, p. 297.

43　*Ibid.*, p. 298.

身的虛無性(evil is nothingness)這兩項觀點，鄂蘭就此肯定：個人
在自我對話及其可能產生的自我衝突對立處境中，主導自我歸復
和諧完整的力量必定是「善」。在這裡，鄂蘭特別提示蘇格拉底在
《柏拉圖對話錄》的《郭吉亞》（Gorgia）篇中，揭櫫的兩條道德
律則：一是「自己寧可遭受〔旁人之〕錯誤（或罪惡）加諸於己身
的磨難，也不願意親身犯下罪行」，另一則是「寧可觸犯眾怒，也
不願意跟自己失和。」

　　經由上面的分析與說明，我們可瞭解鄂蘭的「罪惡之浮淺性」
的論證，直指罪惡的淵藪在於人喪失了思辨的能力，或者說，喪
失了自我審問明辨個人之言行意義的能力。在鄂蘭論證的脈絡
裡，思辨只能消極性地防範罪行的產生，思辨能發生這種作用，
其關鍵所在乃是它能帶出判斷的能力。

　　然而，針對思維與道德之實踐的關係而論，鄂蘭的論述所產
生的疑惑在於，思維如同「悲憫」一樣同屬於隱匿的人之內在領
域（或者歸屬於鄂蘭所指的「私人領域」），它們都不是在政治或
公共領域中可以彰顯的。而且，依照我們上面所闡明的，「悲憫」
一旦被指認是為政治實踐的原則與美德，那麼，它在革命的異常
處境中會帶來「美德的恐怖統治」之結果。依此類推，思維是否
如同「悲憫」一樣也會帶來政治上的罪行或錯誤？一般論者在解
釋這問題上，喜用鄂蘭的思想導師馬丁‧海德格（Martin Heidegger）
為例證。海德格，無可諱言地，是20世紀最深刻的哲學家之一。
但是他在1930年代亦犯下嚴重的政治罪衍：贊同且支持納粹政
權。從是觀之，喪失思辨能力者如艾克曼，以及日用之間皆專注
於思考活動者如海德格，都一致犯了政治的罪行和錯誤。既是如
此，是否如鄂蘭所闡釋的，人之思維的活動確實對人的道德意識

和行為有正面的意義 [44]？

判斷與政治實踐

　　若要回答鄂蘭之「罪惡之浮淺性」概念所引起的詮釋疑義，我們有必要說明鄂蘭晚年嘗試建立的判斷理論。鄂蘭循經如探索人的「心靈活動」的意義，而處理人的判斷能力。鄂蘭處理這個課題，只完成了兩個部分：一是人的思維(thinking)，另一是人的意欲(willing)，因此，她如何循經解釋思維與意欲的論證脈絡，而得以建立起她的判斷理論，遂成為詮釋上的問題。

　　在這裡，筆者不企求重建鄂蘭的判斷理論，而著眼於她闡釋人之判斷力的主要論點。

　　沿順上面的說明，鄂蘭因艾克曼審判的事件，思索人為惡的理由，他提出的「罪惡的浮淺性」的觀點，其論證的主題在於缺乏思辨能力乃是犯錯行惡的一主要條件。關於思維與判斷之間的可能關聯，鄂蘭說明如下：

> 在價值的混淆，政治社會動亂不安的時代裡，思考活動不在是政治上的「邊際事物」。當每一個人都迷執於他所行所信的時候，那些勇於思考的人不同流合污，他們得以從隱匿處站立，特異獨行。他們不再是一位寂然不動的觀想者，而是一位行動者。思考活動中蘊含的批判肅清的作用……

44　Arendt, "Thinking and Moral Considerations: a Lecture," 中譯〈認知心與道德心〉。關於思維，判斷與行動彼此之間的問題，見Seyla Benhabib, *The Reluctant Modernism of Hannah Arendt* (London: SAGE, 1996), pp. 192-193.

在此揭露一切未經審問明辨之意見的偏頗，繼而剷除了那
些為我們習以為常、而且經常冥頑不化之價值、學說、教
條、理論，甚至是信念的偏執迷妄，這乃是思維施用於政
治事務所發揮的能量。由於思維具有這一種整肅清理的能
力，它可以帶動人的另一種心靈的能力，即「判斷的機能」，
這可以稱之為人的心靈活動中最富有政治作用的能力。它
只是一種機能，人運用這種機能，當下判斷個別事物，不
需要把這種個別性的判斷安置於普遍法則之下。

鄂蘭概略地說明思維與判斷之間的關係之後，進一步說明判
斷機能的意義：

判斷個別事物，指出「這是錯誤」、「這是美」，這樣的能力
是不同於思考能力。思考機能處理非感覺可論究的「不可
見」之事的再現；但判斷時常關切個別的與唾手可得的事
物。然而，思考與判斷的相互作用的方式跟「意識」和「良
知」的互動方式同出一轍。如果「無聲無息的一分為二之
對話」的思考活動體現了人之意識中的「同一性與差別性」
的互動，因而產生了此活動的副產品：良知，那麼，思考
活動批判清理的能量，則附帶地孕育了判斷能力，思考活
動藉由孕育判斷力的途徑，把本為孤獨之自我對話的思考
處境帶入了「現象世界」，這現象世界是人共同的世界，在
其中，我並非獨自一人，而是跟他人一起生活，也在這個
世界中，我為各種瑣碎之日常事務所憂煩，也常因如此，

我常被打斷思考的活動 [45]。

　　從上面的引述，我們可以瞭解鄂蘭在解釋思維和判斷的關聯時，提示了三項基本論點：第一，判斷當下評定個別事物的好壞、美醜、善惡。它不必引用某種普遍性的原則或規範，把個別事物的品質解釋為此原則所概括的一項事例。第二，唯有經由思維活動的反省批判，清理了日常生活世界的成規積習的含混性與迷執性，判斷才有其施用的條件；第三，思維與判斷兩者之間的區別在於，前者活動的處境是「非人間性」，也就是說，思考活動乃是個人處於寂寥靜默的處境中，從事「我與我自己的對話」，這種對話除非受日常生活事物的影響而被終止，它不必然在特定的時間與空間中進行。跟思維活動相反，判斷必定處於一具體的處境形勢中，針對特定的人與事，做個別且具體的評判，換言之，它是在人間世中活動，而具有政治性格。

　　針對這三項論點，我們進一步說明鄂蘭判斷的內蘊問題。無可諱言地，我們通常處於一特殊具體的處境，判斷特定的人與事。但是，當我們在評判某一特定的人與事時，我們憑藉什麼原則作論斷？或者說，判斷如何可能免除個人主觀的臆測與任意性？鄂蘭似乎不強調我們下判斷時，是抱持某些普遍原則或規範應用於具體的處境而做衡量，或者，我們在具體的處境中，「運用」或「使用」某些規則或規範，而下判斷。鄂蘭強調判斷的獨特性，這意味下判斷無須引援前例、運用原則，或者遵循成規積習。以鄂蘭的論據來看，引援前例使判斷無法洞燭事物的新異，使用原則往

45　Arendt, "Thinking and Moral Considerations: a Lecture," 中譯〈認知心與道德心〉，頁298。

往使判斷走向擬似科學式的推論，而無法直陳判斷事物的獨特性。若遵循社會的成規積習，則「隨流俗之作風」（conformism）往往是腐化人判斷的主要來源。

鄂蘭的這種論證無異把判斷的處境推向「不確定」的境況，判斷成為「無所依傍」（without banisters）。這種「不確定性」，若從鄂蘭思想的脈絡來看，乃是西方「現代性」的一種特徵。在西方現代性之「世俗化」過程中，以基督教義和社群之風俗習尚為基礎或資源的政治與道德原則，以及據此而確立各種權威機制，在商業資本主義、科學知識、個人主義的衝激下，逐漸喪失其團結人心、維持社會與政治穩定的效力。由此導致多元分歧、開放自由，但也充滿對立緊張、衝突傾軋的現代處境，任何穩固的事物，在動態的社會與政治的進程裡，極易被顛覆。置身於此種現代性的脈絡中，任何權威都極為脆弱。處身於這種境況當中，人如何可能有一究竟意義的原則和規範，依此作為他判斷的最後憑藉與準矩？

儘管如此，鄂蘭依舊必須在理論層面上，探索我們的判斷如何可能不受輿論或社會積習的左右，得以自主自發地以一種新的見解，而判斷每一場合發生的事故。另一方面，如果我們置身於現代性的處境中，缺乏唾手可得的究竟或終極原則可供判斷的準矩，那麼，鄂蘭在理論層次上是否提出判斷之有效性的可能條件？

鄂蘭肯定判斷的獨特性，不強調普遍原則在判斷處境中呈現的作用。既是如此，鄂蘭的判斷理論不預備提供我們確定的普遍原則或基本規範，藉此引導我們下正確的判斷。或者，鄂蘭不像那些抱有「科學主義」的心態的「理論工程師」，認為只要透過實驗、統計、演繹、歸納等科學研究的程序，即可以確立精準的有關人性、道德和政治實踐的「方程式」，或者所謂的實踐的科學真

理，藉之以指導我們得到可預測的正確的判斷。或者，鄂蘭雖然跟自由主義者一樣批判任何專斷的權力，以及肯定自由、平等、多元主義與自由、憲政原則。然而鄂蘭不像自由主義的政治哲學家一樣，致力去建立某種恆定的道德和政治原則，如功利、正義或人權等普遍原則。若是如此，我們是否可以說鄂蘭的判斷理論，甚至是她整個政治思想，陷入了「相對主義」與「虛無主義」的思維模式？針對這問題，以下論證的主題，乃是鄂蘭的判斷理論，就它排除任何普遍的考量而論，呈現「相對主義」的論述傾向，可是此「相對主義」的傾向不等於「凡事皆可爲」，或者以否定爲宗旨的「虛無主義」，鄂蘭的判斷理論乃內蘊規範的要求與設定。

　　如一般論者所瞭解，鄂蘭從美之鑑賞(taste)的進路，闡明人之判斷力的意義。在形塑其判斷理論上，鄂蘭深受康德的《判斷力批判》的影響，她採納了康德在這第三批判所提出的「想像力」、「公共性之共識」(*sensus communis*)，以及「反思性之判斷」(reflective judgment)的理念，作爲她營構判斷理論的思想資源。但是，鄂蘭的判斷理論不僅僅只是來自康德思想的資源，鄂蘭亦攝取與揉合了亞里士多德的 *"phronèsis"*(實踐之智慧)與馬基維利的 *"virtú"*(政治美德)的概念。在這裡，闡釋鄂蘭的判斷理論，本文著重的不是此理論的思想資源，而是鄂蘭如何論證判斷力預設的規範條件。鄂蘭營建判斷理論依舊關切政治實踐的課題，職是，我們必須把判斷擺在政治實踐的論述脈絡裡，才能較貼切地瞭解其意蘊。

　　公民的政治實踐，乃是公民在其公共領域的言行的自我彰顯與表現，以及公民彼此之間的相互爭勝與結合，以形成具有政治行動力量(鄂蘭稱之爲「權力」)的「公民結社」。公民在政治實踐場合的理性言說，一方面是個人自我彰顯的語言，表現行動者的

「自我認同」，另一方面則是公民相互溝通、結合的聯繫紐帶。這種實踐概念貫穿鄂蘭的政治思想的主軸。然而，這種實踐概念亦帶來了一項問題：政治實踐跟理性的深思熟慮(deliberation, 或謂「審議」)之間的關聯是如何？雖然我們上面說鄂蘭處理判斷力之課題，是因爲「艾克曼審判」事件激發的政治之惡與道德的議題。從她的政治理論的內在脈絡來看，理性之審議以及相關的判斷力的問題，也是她的政治理論實踐理論所必須論述的課題。但是，鄂蘭闡釋政治實踐的現象本質意義時，分割了「實踐活動」(*vita activa*)和「心靈活動」(*vita contempletiva*)的生命型態，是故，她嘗試結合它們，必須經由曲折的論述途徑。

鄂蘭晚年的著作《心靈之生命》採取概念史的進路，闡述人之思維、意志活動的意義。她論證的一項主題在於，思維和意志之活動，相對於政治實踐活動而言，均在人「內在」或「私人」領域中進行。因此它們在完全隔絕外在世界的情況下，必然遭遇自身無法脫離的困境。它們若要脫離此自我之困境，其條件乃是走出自己活動的領域，而進入實踐的公共領域。人內在心靈活動的這種自我轉化的可能性源自於心靈本身的一項能力，即判斷力，人藉由判斷力的施爲，他的心靈活動方有可能跟政治實踐相互關聯。在此，我們分析鄂蘭的論證。

人內在心靈的活動，不論思維或意志的活動，均呈現「自我分裂」的特質。思維，如前所分析，是在人自我分裂成「我跟我自己靜默之對話」中進行，思維因爲稟賦這種對話能力，它才可能反思與批判個人言行之意義與承受之事物(包括社群的成規積習)的價值。思維的自我意識根源蘊含道德良知。人若爲惡，這種自我分裂必然處於一持續割裂的狀況，然而，人的自我分裂必須復歸於「完整」(integrity)。鄂蘭就這自我的完整性，提示道德考

量的基本原則，即所謂非矛盾原則，其基本含意在於，人所作所為不能忤逆自我對話的另一位伙伴，即你自己，而造成自我矛盾的處境。人為惡造成自我割裂的矛盾，而帶來所謂的「良知的負擔」。

　　鄂蘭認為這種思維活動，其思考的對象往往是不著於特殊時空的普遍事物，以鄂蘭的用語，即不可見之衡量的概念與原則（如正義、公平……等概念）。但是，當個人自我反思其言行之意義時，是針對具體且特定的人與事。因此反思的我如何判定具體之言行的道德意義？以鄂蘭所提示的蘇格拉底式的道德原則——「寧可遭受旁人之錯誤所帶來的痛苦，也不願意自己犯錯」——為例，一般人如何承認這項道德原則是普遍為真的？或許有人會認為，「以直報直」或「以牙還牙」才是正義的原則。再者，他人之過失與自己之過錯的原則，在自我反思的處境中，如何被分判清楚？人在自我反思的過程中，是否常常膠著於善惡渾沌未明的狀態。另一方面，思維的自我對話如何進入政治實踐的「公共領域」？在「公共領域」裡，行動者必須以公共言談的方式，跟其他的行動者相互論辯與溝通。既是如此，源自於人內在心靈的活動如何跟政治實踐建立起聯繫關係？

　　這基本的問題亦出現於鄂蘭對意志力之活動的分析。意志乃是我們行動的根源，它職司人行為的決斷、否定和欲望，就如同思維關涉行為者的自我反思與批判，就行為的踐履而言，思維和意志跟人的作為須臾不可分割。然而，依照鄂蘭的分析，意志既是構成人內在心靈的活動，它跟思維一樣，本質上呈現意志之我的自我分裂，即：「我意欲與我否定」（I-will and I-nil），鄂蘭扼要說明這個論點如下：

　　早先我討論過心靈活動所具有的「自我反射」（reflexive）的

本質：思維即是我跟我自己的對話，意志乃是我的意志跟我
否定這個意志的矛盾與對抗(*cogito me cogitare, the volo me
velle*)──即使在心靈活動當中，判斷力的自我反射性比思
維與意志來得輕微，它也無法全然免除這種性格。這種心靈
活動的自我反射性在意志力中顯得特別明顯，其重點在於，
任何「我意欲」(I-will)具有自由之本然傾向，換句話說：意
志稟賦違抗任何命令的傾向，意志也在這樣的違抗命令的處
境中是自由的。另一方面，意志通常是自我訴求的：當一項
命令要求「你應該做X」，受此指令的意志則會這樣回應：
應該如命令所要求的、全心全意去執行命令，但也在這個時
刻，內在的抗爭就開始⋯⋯因此人的意志不僅會分裂成「我
願意與我不能」的糾葛，而且任何意志活動必然會伴隨著「我
意志的否定」(I-nil)，即使意志服從上執行了命令，這種內
在抗拒與否定依舊存在 [46]。

鄂蘭依據這樣的解釋架構，全盤地探索西方自古希臘羅馬以
至於德國觀念論各個時期重要的哲學家(包括尼采與海德格)對人
之意志力活動的體認和解釋。

鄂蘭在這極為豐富與細緻的概念史解釋中，論證的基本主題
在於，人內在心靈的活動(如上面所說明的「慈悲」、「憐憫」的道
德情感的萌發)無法直接地形成政治實踐的資源與原則。人不可能
在心靈活動中尋獲他在世界中實踐的安身立命處(或者，以鄂蘭的
語言：尋獲「家園」)[47]。理由在於，人內在心靈的活動往往纏繞

---

[46] Arendt, *The Life of the Mind*, vol., II: *Willing*, p. 69.

[47] *Ibid.*, p. 158.

於個人自我的獨我對話(如在思維活動中,我與我自己的對話),
或者相互的對抗(如在意志力的活動中,我意欲和我否定的相互對
抗)。它們活動的條件乃是從「人我之間」的實踐世界中撤退,或
者徹底否定它。這跟人政治實踐的「世界性」及其預設的理性言
說、溝通和「公共領域」,是相互背離的。鄂蘭扣緊她對政治實踐
的關切,負面性地闡述了人內在心靈活動的意義。但是,她並沒
有因此全盤否定心靈與實踐兩者的相關互動。她在闡明人思維活
動意義時把思維的反思批判能力及其衍生的「良知」作用保留給
政治實踐所必須的判斷,繼而提出政治實踐必須伴隨心靈的判
斷,以及行動者需要觀想者的解釋、判斷和敘述。相同地,鄂蘭
在解釋人的意志力活動時,把人意志之自由創發力(initiative)及其
開創新局面(the new beginning)的能力保留給政治實踐,繼而進一
步闡明她在《論革命》中所提示的革命實踐在於創造「新政治體
制之秩序」(*the novus order seclorum*)的觀點。

　　鄂蘭觀察「艾克曼審判」而提出「罪惡之浮淺性」以解釋艾
克曼在納粹政體下所犯下之「政治罪惡」的緣由。從思索政治罪
惡的可能性的問題,鄂蘭轉向探索人心靈活動的(即 *vita
contempletiva*)的現象意義,這項探索提供給我們許多有關人之思
維與意志力活動的洞識,但是這些洞識是否可以充分地解釋鄂蘭
原本關切的課題:政治罪惡源自思考能力的喪失,以至於在生活
世界中無法分辨是非善惡?與此相關的問題則是:善用思辨是否
能夠讓我們免於罪惡的施為?答案並不是那麼肯定的。

　　鄂蘭從解釋人思維與意志力活動的意義的脈絡中,碰觸到一
根本的問題,這即是:內在心靈的活動的自我反思性及其自我分
裂的矛盾性,均必須在實踐的動態中才可能被超越,鄂蘭在此嘗
試闡釋判斷力如何可能接合內在心靈與外在實際之活動。在建立

判斷力的理論上，鄂蘭依據她對康德《判斷力批判》的詮釋，嘗試把康德的「美感判斷」帶入政治和道德實踐的領域來，以結合行動與觀想兩種活動型態。鄂蘭生前並沒有完成這項理論，因此有關鄂蘭如何建立這個理論及其實質的內容是如何……等問題一再引發評論者詮釋的興趣 48。筆者在此沿順上面解釋的脈絡，嘗試提示如下的詮釋觀點：

鄂蘭借引康德的「反思性之判斷」（相對於「決定性之判斷」）的理念為主軸，建立她的判斷理論。所謂「反思性之判斷」意指：我們在判斷一件個別事物的質性（如這首樂曲美麗動聽）時，不需求通則，而把此判斷視之為此通則涵蓋的一項事例。換言之，它不同於「決定性」（或謂「科學式」）的判斷：以概括性的通則解釋一特殊之事件的性質（或發生）為此通則的例證。但「反思性之判斷」就因此具有個人主觀的看法。因為當我們在判斷一個別事物是美或醜時，總是企求其他人的同意，而表現出尋求「公共性之共識」的意向與努力，抽象地來說，此「反思性之判斷」預設一理想的品鑒判斷之共同體。

從這樣的觀點來看，判斷雖然跟思維與意志一樣，構成了人內在心靈的活動。但是它跟其他兩者顯著不同的地方在於，判斷力預設進行判斷的主體跟其他主體相互間的溝通、瞭解，以及彼此取得「共識」的意向，它不像思維和意志一樣，會陷入獨白（monologue）和自我分裂糾葛的困境。職是，判斷具有向「公共性」（publicity）開放的可能性，關於判斷力這些質性，鄂蘭如此說明：

---

48 Ronald Beiner, "Hannah Arendt on Judging," in Hannah Arendt, *Hannah Arendt: Lectures on Kant's Political Philosophy,* ed. Ronald Beiner (Chicago: Chicago University Press, 1982), pp. 89-156.

判斷力在人我之間達成同意的潛力。思辨過程在判斷事物
上是起作用的，但這種思辨是跟「純粹思維活動」（pure
reasoning）不同。此思辨，即使在我單獨一個人思考的處境
中，總是預期跟其他人相互溝通，而且經過溝通，我必須
跟他們達成某種同意。判斷力的有效性源自這種潛在的同
意。這表示如是的判斷必須掙脫「私人主觀的狀況」，也就
是說，它必須擺脫純粹私人的「癖性」（idiosycracies），這
些「癖性」通常左右一個人私人生活的觀點，但他們只有
在成之為私人意見的境況中才是有效的，它們不適合展現
於公眾場合；在公共領域裡，它們不具任何有效性。從是
觀之，判斷呈現一種廣大包容的思辨方式（enlarged way of
thinking），它瞭解如何超越自己個性的限制，也瞭解無法
行之於自我孤獨或隔絕的狀態。判斷需求「他者」的在場，
而且這些「他者」的立場，以及他們的觀點是任何判斷必
須悉心思考與盡心考慮的。缺乏這些條件，判斷力起不了
任何作用 49。

　　引文中鄂蘭所提的「廣大包容的思辨方式（或「心靈」）」一
詞，乃是鄂蘭從康德的《判斷力批判》借用過來的概念，但鄂蘭
做了政治性的闡釋。依照鄂蘭的觀點，任何政治的思辨與審議均
是「再現性」（representative）或「代表性」。行動者在公共領域中，
研討或審議一項公共議題時，他必須有能力觀照有關這項議題的
各種不同的觀點或「視野」（perspectives），它們有些是個人親身
體認的，有些則不是。無論如何，行動者必須能夠把它們融會於

49　Arendt, *Between Past and Future*, p. 220.

個人思辨的範圍與過程當中，據此，行動者在其思辨中，再現它們，或者說，代表這些不同的觀點或視野。就此而言，「他的心靈愈能夠呈現更多不同的觀點或視野，他愈有能力去想像，以及設身處地於各種不同觀點之立場的情感與思想，如此，他『再現之思維』（representative thinking)能力就更強，他的結論與意見也更有充分的有效性」。鄂蘭把這種「廣大包容的心靈」視之爲判斷力，而且認爲「只要它使得人在公共領域，或共有之世界中有了定向，它即是人作爲一政治存有所具有的基本能力。」[50]

這種「廣大包容之心靈」的判斷力既不是一種科學式的客觀推論，也不是一種「移情作用」（empathy)。我在判斷某一件特別事物的好壞性質時，不需要事先掌握有關事物的客觀的、如科學一般的公式準則，才能下判斷；我在了解他人的情感、意見時，我運用想像力而得以設身處地、感同身受，但這不是表示我必須跟他人有相同之遭遇，才能體會他的心境、情感，就如同我不必一定是一位勞工，才能夠真正體會與了解他在資本主義生產體系下所受的不義之遭遇。介之於客觀性之公式準則與主觀性之「移情作用」，鄂蘭指出「想像力」是「廣大心靈」之判斷的一構成要素，「想像力讓我們得以適當地了解事物，因爲想像力，我們不至於陷溺於事物當中，而無法跟它們保持一定的距離，職是之故，我們才有可能不抱偏見去了解事物，也因爲想像力，我們才會有廣闊的視野，去接近遠離我們的事物，直到我們看清楚它們的真相──縱然這些事物並非切身緊要。」[51]

---

50 *Ibid.*, p. 241.

51 Arendt, "Understanding and Politics"(1953), in *Essays in Understanding, 1930-1954,* ed. Jerome Kohn (New York: Harcourt Brace & Company, 1994), p. 323.

判斷既是一種品鑑與判別，它就跟選擇與決定之能力有關。鄂蘭在形塑其判斷力理論，除了引述康德的思想之外，也接受了亞里士多德的「實踐理性」的一主要概念 *"phronèsis"*，它所指的不是哲學家的智慧，也非指一般人的聰明巧智，而是指行動者「洞悉善惡事物」的見識。它是人從事政治事務必須具備的理性能力。*phronèsis*，依亞里士多德的區分，亦不同於 *"eupraxia"*，意指不計較利害得失，而祇思量是非的正當性理念與行爲，以及不同於 *"aretai"*，指涉行動者當下表現的秀異言行。除此之外，*phronèsis* 跟 *"proairesis"* 亦有所區分，後者是指行動者依照 *"eudaimonia"*（善）之原則，而決定達成「善」之目標的途徑或手段，以拉丁文的譯名，即是 *"liberum arbitrium"*（自由選擇的能力）[52]。就判斷的機能而論，鄂蘭強調 *phronèsis* 的理性能力，運用此種能力，行動者同時兼顧目的與手段的考量，以及明辨何者可以爲之，以及應當爲之，更重要的是，*phronèsis* 乃具體表現在實際的行動當中。

鄂蘭的判斷理論不那麼肯定哲學的真理（*episteme*）與科學的客觀性，或任何通則與原理在人實踐判斷的過程中所發揮的效用。鄂蘭以康德的「廣大包容之心靈」和亞里士多德的 *phronèsis*（實踐之見識），解釋判斷力之構成。但是，判斷力之所以能夠接合內在心靈與外在實踐，其重要的條件在於它預設了如康德所提之「公共性之共識」。依照康德的言論，「*sensus communis* 包含一種『全體共通意識』（a sense common to all)的觀念，也就是，一種判斷機能的觀念，就其反思而言，它考量（先驗地）所有其他人思想的再現模式。這樣的考量是爲了將（個人）判斷跟人性之集體理性（the collective reason of humanity)做比較。這乃是我們

---

52 Arendt, *The Life of the Mind*, vol. II: *Willing*, pp. 59-63.

個人的判斷跟其他人的可能性的，以及非確實性的判斷彼此之間的比較。這也是一種爲他人設身處地的思量，以及脫離個人判斷的偶然性加諸於己身的限制。」[53] 簡言之，「公共性之共識」即是一種共同體與溝通意識，藉此，行動者彼此之間得以相互關聯。經由溝通，行動者彼此之間了解私人的感官覺識有什麼可以共同分享的，並由此形成一種共同的意識。對於康德的這項概念，鄂蘭闡釋如下：

> 公共性之共識顯示世界──只要世界是一共同的世界──的本質給我們，我們因之而掌握一項事實：我們私人與主觀的感官覺識及其感覺資料（sense data）是可以適合一種「非主觀性」與「客觀」的世界，這個世界是我們共有而且彼此分享。判斷乃是一種重要──即使不是最重要──的活動，在判斷的活動當中，這種「與他人分享世界」方得以落實 [54]。

　　循經上面的分析，鄂蘭的判斷理論是建立在她的政治實踐與公共領域的論述脈絡，她把判斷力解釋成行動者（或公民）在公共領域理，審議和討論公共事務議題，以及形成「公共意見」（public opinion）的樞紐。此判斷理論預設人「廣大包容的心靈」（或不偏不倚之執中）、洞識善惡之見識、考量手段與目的的謹慎思慮（*phronèsis*），以及言論溝通的意向，以及企求*sensus communis*。它在某種程度上類似約翰‧羅爾斯（John Rawls）在《政治自由主義》

---

53 Kant, *The Critique of Judgement,* trans. James Creed Meredith（Oxford: the Clarendon Press, 1986）, p. 136.

54 Arendt, *Between Past and Future,* p. 221.

發展「公共理性」(public reason)的理論經緯，兩者的不同在於，
鄂蘭並沒有提供一種類似羅爾斯建立的正義原則，以作爲公民審
議和判斷的準式。鄂蘭認爲，判斷不是依據某種原則在具體的實
踐處境中作推論。判斷所面臨的往往是突然而來的事故，因此它
乃居處於特殊且具體的處境中做考量與抉擇，儘管判斷具有特殊
和具體性格，但它並非任意獨斷。如上面所論述，任何判斷力之
施爲乃企求他人在場(不論實際的或非實際的)，以及跟可見或不
可見的人與事從事一種對話，它既不是內在心靈的獨白，也不是
自我循環式的邏輯推論，而是人我彼此之間的溝通，以及企求一
種「理想的判斷共同體」(或者以康德的語詞，「人性之集體理
性」)。同理，由公民集體審議與判斷而形成的「公共意見」也具
有特殊與限定的性格，不是普遍原則。判斷正義的陳述通常是「在
這樣的情況下，這種作爲是公道或不公道」，是在某種具體與特殊
的限定下，具體判斷某種作爲是否具有正義的性質。鄂蘭判斷理
論所訴求的是合理與良好判斷需要的條件〔如上面所分析的、廣
大包容的心靈或不偏不倚的執中、溝通的意向，以及企求「公共
性之共識」〕。她從不認爲審議與判斷——不論是個人或集體
的——是絕對性，或普遍性，就如海德格所言：「任何判斷與決定
都不可能是確定的，而是必須冒風險」。

小結

　　鄂蘭的政治理論，誠然沒有建立如正義、或功利的的恆定原
則，對於自然法與法治的規範也缺乏系統性的論述。但是，這並
不表示鄂蘭排除政治實踐的道德、或規範的考量。相反地，她關
切如何把政治實踐從傳統哲學所架構的任何恆定性的規範原則釋

放出來，而駁斥傳統哲學貶損政治實踐的趨向，恢復它們在人活動中具有的尊嚴。因此政治實踐及其畛域並非如傳統哲學所質疑的，猶如一所「瘋人院」（巴斯噶語），充塞著翻滾動盪的激情、虛矯狂妄、狡詐欺騙、愚昧盲動的行為。相反地，政治實踐，本質上說來，乃是人體現其「自我展現」之多元性，以及追求「合作共事」的言行之踐履。基於這樣的思想傾向，鄂蘭關切的課題在於政治實踐所體現的美德的本質意義。

在闡釋這項課題上，鄂蘭首先否定我們一般所肯定的、諸如悲憫（或「慈悲」）、良知天理、或甚至是康德的「道德無上命令」在政治實踐中所具有的積極性的意義。如上面所分析的，鄂蘭認為源自於人內在靈魂（soul）的「悲憫」情操被釋放到政治領域，成為一種政治治理的道德原則，會帶來反其道的政治的殘酷不仁，造成「揭露和追逐偽善」（the rule of hypocrisy）的恐怖統治。另一方面，鄂蘭也認為源自於人內在意識與思維的「良知」不足以構成政治實踐之美德的要素，同理，如蘇格拉底的美德之消極原則，以及康德揭櫫之「道德無上命令」的積極原則，亦無法成為人政治實踐的基本原則。如上面分析，鄂蘭在闡釋「罪惡之浮淺性」的概念，雖然論證個人無法以「政治之責任」來卸除「個人道德責任」的承擔，並據此以合理化個人的罪行；就此，鄂蘭解釋罪惡源自個人「喪失思辨之能」。可是鄂蘭並不沿順此論證的脈絡，而強調思維意識之良知對政治實踐發揮的積極作用。

鄂蘭的這種觀點來自於她對政治和私人領域的區分，以及源自她洞識人內在靈魂與心靈的活動往往陷溺於自我分裂的對抗、猶疑或懷疑，或者如悲憫的情操，沈溺於情感（sentiment）的膨脹、誇張（或者，用譬喻而言，情緒的漩渦）。即使我們肯定道德的實踐意義，但是以鄂蘭的觀點來看，道德的關懷只是自我的關懷，

譬如保持自我的和諧一致性或完整（猶如良知的作用在於使自我分裂不會產生自我的敵對），鄂蘭有時甚至以「自我利益」的概念解釋人的道德實踐的意涵。

如果說政治實踐是在「公共領域」裡開展，而且實踐主體相互之間形成「互為主體」的理性言說、溝通，那麼道德的自我關懷，就鄂蘭論證脈絡而論，無法構成政治實踐的充足條件。鄂蘭針對道德與政治實踐相關之議題提出這樣的觀念，常遭致誤解，以為鄂蘭的政治實踐理論去除掉了任何規範性的考量。鄂蘭關切的是人在政治領域中實踐的美德，這些美德體現於政治領導者與一般的公民，無論指涉的對象為何，政治實踐之美德表現於創發性，以及具體言行的秀異（如古希臘人所稱的*virtue*）、榮耀而有光輝美感，以及勇於任事、敢於表現的勇氣膽識，以及洞悉事態變化的見識、因應時勢的手腕（如馬基維利的*virtù*）。在行動者彼此關係的互動上，鄂蘭強調人我之際的「恪守分際」的自我約束，以及行寬恕、重承諾的道德理念，並確立亞里士多德的「政治友誼」的理想。

如我們前文所言，鄂蘭為調和人內在心靈和政治實踐活動的對立，而發展判斷之理論。她借用康德的美感判斷，並給予一種政治化的闡釋，儘管她依舊區分「行動者」和「觀想者」（spectators）兩種身分和活動的區分。但是，她把判斷帶入政治實踐的活動，肯定想像力、廣大包容之心靈、審議之慎思（*phronésis*）、恰當之決斷，乃是構成真實之政治實踐的條件，也是我們判斷政治實踐之正當性依據。政治實踐不僅體現於榮耀、勇氣、寬恕、承諾與友誼的「公民美德」，它亦是一種當下處境的明智判斷與決斷。同時，公共領域不僅是行動者自我展現的、合作共事的場域，也是「觀想者」解釋、判斷行動意義與敘述行動之故事之「空間」。從

反思艾克曼之政治罪惡之意義，鄂蘭探討思維、判斷與行動彼此之間的關係。鄂蘭處理這道德哲學的問題，以及提出的解釋觀點，本質上，並沒有去除掉規範性的考量。相反地，鄂蘭的政治實踐之理論明顯表現出一種相當高遠的道德理想主義。

　　從鄂蘭政治理論之內在結構來看，鄂蘭堅持公／私領域與心靈／行動的區分，儘管她嘗試以判斷作為調節這些區分的媒介，可是我們還是無法實質地理解思辨與良好的判斷如何可能轉化成獨立自主性的行動實踐？或許，我們可以說像海德格不虞思辨能力的缺乏，艾克曼也不是沒有判斷力。他們所喪失的是公民之美德以及實踐這些美德的勇氣。即便如此，我們從鄂蘭的論述依舊無法瞭解人在什麼具體情況，以及基於什麼動機喪失了這些美德以及體現它們的勇氣。即使鄂蘭的判斷理論有這樣的論證不足之處，我們沒有充分的理由否定她是一位「非道德」或甚至「反道德」的政治理論家。

第七章
革命、人民主權與制憲權

　　漢娜・鄂蘭在1963年出版的《論革命》中，經由美國與法國大革命的歷史敘事，發掘國家主權、人民主權、自由憲政與「制憲權」（*le pouvoir constituant*）的錯綜關係。自19世紀以降，西方的憲政思想在「自由主義」主流論述的引導下，對此關係的解釋大致採取「法律與制度」（juridical-institutional）的模式，其論旨要義在於，絕對權力（*summum imperium*）被安置於人權的倫理原則與憲政法規的約束之下，而得以自我轉變成爲正當性的治理權威。因此主權國家及其政府機關（apparatus）除了有能力實現「公共福祉」，譬如，抵禦外侮、確保國內和平、增強國力以及從事完善的「基礎建設」（infrastructures）之外，主權者及其政府的決策皆必須交付人民的代議機關審議，進而形成行政之合法性與代表制之正當性。在這個憲政法治之安排中，凡是牽涉憲法本身的更動或修正，則必須依照憲政規範之程序，不能訴諸主權者意志之決斷。當國家處於危急存亡的「異常」（exception）境況時，憲法亦賦予主權者一種「獨裁」的權力，讓他超越憲政之法規與程序，而能夠以行政之決斷與命令處理危機，俾能克服此「異常」狀態而回歸憲政之常態。

　　這種我們稱之爲「自由憲政主義」的理論與實踐在西方，是

跟隨現代主權國家的長期發展而形成的。現在，鄂蘭經由革命之歷史敘事與理論解釋的脈絡，回溯自由憲政主義形成過程中的一個重要環節，意即：革命的「制憲」（law-making）與「創立新政治體制的基礎」（the act of foundation，以下簡稱「創制」）。鄂蘭以這種革命實踐的活動關切什麼政治哲學的議題？對於這些議題，鄂蘭提出什麼樣的解釋觀點？同時，特別針對自由憲政主義的「法律與制度」之解釋模式，鄂蘭的革命論述提供什麼洞識？本章在此首先以鄂蘭闡述法國革命的觀點作爲探討的對象。

自由之深淵

革命乃指：在一既定體制的權力（*potenza*）衰微潰散以及權威掃地的處境形勢中，受這個體制宰制與壓迫的人民奮發而起，群策群力，立意推翻此舊體制，以解放身受之桎梏，並期望建立一個能保障與維繫自由的「新時代之政治秩序」（*novus ordo saeclorum*）。在此，革命實踐乃體現鄂蘭的行動理論所強調的人之行動（*praxis*）秉具的「創發性」，或所謂「開端啓新」（to begin a new beginning）的自由能動力 [1]，以及自由之行動主體相互契合，行動一致，而形成動態與開放的，「非體制性」的權力（*potentia*）——這種動態性之權力是構成政治共同體的根源，也是所有憲政體制之權力的基本前提 [2]。革命之實踐正是人體現此行動力的極致，但是亦帶出了鄂蘭所說的「自由之深淵」（abyss of freedom）與「制

---

1 Hannah Arendt, *The Human Condition*, p. 49.
2 Hannah Arendt, *On Violence*, 1969. 參見蔡英文，〈漢娜‧鄂蘭的公共領域理論及其問題〉，載於錢永祥、戴華主編之《哲學與公共規範》（南港，1995）頁282-4。

憲權」(*le pouvoir constituant*)等難解的議題。鄂蘭以「自由之深
淵」說明人之行動，特別是革命之實踐動態的無限可能和「開端啓
新」的弔詭。而以「制憲權」的概念說明革命權力之正當性的難題。

革命乃是自由的實踐與體現。就這個自由的意義而言，革命
兼具消極性與積極性，它一方面意指解放桎梏、推翻舊政制；但
另一方面，也如鄂蘭所說的，意圖建立新的「自由之憲政」(the
constitution of freedom)。從解放到「自由之建制」的行動歷程乃
呈現一種動態性的，以及充滿無限可能的態勢。如同一般的行動
者，革命分子置身於這種處境，會臨遇一種「過去已不再，而未
來尙未明確」的不確定性，他們一方面感知當下從事的實踐最後
可能前功盡棄，一事無成；另一方面亦明瞭所作所爲一旦成爲定
局，必然無轉圜之餘地。從道德心理學的角度，行動者與革命分
子皆糾纏於「破壞而無建樹」與「事後懊悔」的焦慮中 [3]。

從時間的向度來分析，鄂蘭指明革命實踐明顯表現出一般行
動的「創發性」或所謂「開端啓新」。這種創發性之實踐表現爲時
間連續過程中的一種斷裂，並自這個斷裂處開創出一個新局面。
如此，「開端啓新」顯示了行動本身自爲根源(originality)的性格。
這種純粹自發性與根源性的自由行動，並無前例可遵循，如馬丁‧
海德格在〈藝術創造之根源〉一文中所解釋，根源意指事物本身
及其本質由此出現，並因此有所依憑的端倪 [4]。對於行動者而言，
此原創性的自由行動是一種眩惑，「如他們所瞭解的，所謂的自由
行動唯有在不受先於它之前的事物所影響，或者不以它們爲原因

3　Arendt, *The Life of Mind* , vol. I: *Thinking*, p. 207.
4　Martin Heidegger, *Basic Writings from 'Being and Time'* (1927) *to 'The
Task of Thinking'* (1964), ed. David F. Krell (New York: Harper & Row,
1977), pp.149-156.

的條件下，纔有可能」。原創性之行動既然不受任何「前因」所決定，那麼這種行動力就表現出「任意性」（arbitrary）。如何論證此行動力的正當性（legitimacy）？以下會進一步說明，這種原創性之行動力一旦構成既定體制之外的一種動態性權力時，會引發革命憲政構成的正當性問題。

另一方面，任何行動者本身都處於時間流轉的境況中，是一種時間性之存有。因此，原創性之行動雖然突破因果律，而自爲一原因本身。但是，此行動所創造的事物既然是爲一個開端而爲後起者所追隨，那麼，本爲「自因」的開端便成爲後繼者的束縛，兩者的關係又落入了因果律當中，因而否定了原創性之行動本身具有的自由開創性。具體而言，當革命分子在推翻舊政制而建立一自由的新體制時，他們如何能保證：新的體制讓其後繼者能夠持續履踐「開端啓新」的自由創發力，而不會動搖與顛覆其體制 5 ？

制憲權力與創制基礎的正當性

鄂蘭以解釋「自由之深淵」的脈絡，具體說明革命實踐之處境所產生的有關「創制與制憲權」的問題。如前所言，革命實踐及其權力，其方向乃在於建立新的自由憲政的體制（或主權國家）。但是，革命實踐及其權力乃是先於，以及外於任何政制體制，而且自稱不受任何成規習尚與傳統的束縛。這種「不合法性」的權力如何證明它的正當性？以鄂蘭的話語來說，這種根源性的權力有何資源（source）賦予它自身正當性，它所確立的法律憑藉什麼資源而取得合法性？依照鄂蘭的政治思想史的解釋，解決這個問

5　Arendt, *The Life of the Mind*, vol. I: *Thinking*, p.210.

題的途徑不外乎從這根源性的創制權力與法律之外，尋求一更高
超的絕對性根據，而從這裡取得此權力與法律的權威。這個「絕
對性」的根據，可以是如古典時期的「聖人」（a divine man），以
「他偉大的行為訂立法則，作為權威的來源：即，一種不變的準
則，據此衡量現實之法律典章，並給予它們正當性」，或者如基督
教，訴諸「上帝」（God in Heaven），或者如社約論的「自然法與
自然之上帝」（laws of nature and nature's God），或者「偉大的立
法者」……等等 6。但是，依照鄂蘭的觀點，這種解釋模式其實
是「惡性循環」的論證，也就是，在解釋法律之正當性時，引援
一「高級法」（higher law）的正當性，以為理據；「高級法」的正
當權威因此包含了必須以它來論證正當權威的其它法律。「制憲
權」的論述如何可能突破此「惡性循環」論證？這種根源性之權
力如何可能從自身中取得得正當性？

法國大革命的「制憲權」與人民意志

　　法國革命期間，西耶爾寫成《何謂第三等級？》，在這本論著
中，「制憲權」（*pouvoir constituant,* constituting power）首次被提
出，並且被當作是所有「憲政權」（*pouroir constitué,* constituted
power）之構成的基本前提或基設 7。鄂蘭以此概念為基調，並融
會盧梭之「普遍意志」與「人民主權」以及羅伯斯比的「不朽立
法者」之概念的解析，闡述法國革命創制共和的困境。

　　「制憲權」，依西耶爾的解釋，不僅存在「國家憲政權力」之

6　*Ibid.*, p.208-9.
7　Emmanuel Joseph Sieyès, *What is the Third Estate?*, trans. M. Blondel
　　（New York: Praeger, 1963）, p.124.

外，甚至是先於「國家憲政權力」的一種力量，因此是一切合法性（legality）的根源，也是正義的基礎。因此，主權國家的憲政體系必然以這根源性的權力為其基設。對於這種「制憲權」的概念，鄂蘭申論如下：「制憲權」的主體（不論是人民，抑或民族）不具憲政性格（unconstitutional），因此他們不擁有任何權威，而得以從事欲完成的事物。簡言之，他們缺乏既定的憲法賦予他們正當性之權威，去制訂國家的基本法（ius publicum），進而創制新憲政。另一方面，他們既然是新憲政的創立者，他們所制訂的新基本法，從一確立開始之後，便被認定是體現了「高級法」（higher law），所有的立法與實證法必須從它那裡取得權威。但是，這個制憲權以及制憲的機關如何可能有其正當性？鄂蘭引用西耶爾對法國革命期間設立之制憲機關，即「憲政大會」（Constituent Assembly）的正當性與合法性的議論，說明了這問題的意涵：首先制憲大會本身沒有法源保障它所建立的新憲政（pouvoir constitué）的權威性；其次，制憲大會所擁有的「制憲權」也不具有任何正當性，因為「它既然是先於憲政，它就缺乏憲政性格，也不可能轉變成為憲政本身。」跟這個正當性之議題相關的是，新憲政如何證明其合法性？新憲政若欲有其合法性，那麼它需要交代它的「來源以及至高無上的主子」（source and supreme master），意即某種「高級法」，以此取得它的「正確有效性」（validity）[8]。

換句話說，西耶爾與法國的革命分子必須尋究出一種絕對性原則，以證明與確立本身及其立法的正當性與合法性。就此而論，鄂蘭指出西耶爾的創見在於，他依循「社約論」論證主權國家之存在及其正當性的理路，將「制憲權」放置於一種「自然狀態」

8　Arendt, *On Revolution,* pp.161-163.

當中，而成爲一種「前政治」與「前體制」的狀態。而且更進一步把「制憲權」跟「民族」結合爲一，如西耶爾所言，「任何人必須把這個地表上的所有民族視爲單一個體，這個個體是外於任何社會關連，是在一自然狀態當中」。對於這段言論，鄂蘭解釋說：「西耶爾把制憲權及其確立的憲法安頓於民族，或者民族意志之中，民族〔既然是在自然狀態當中〕，它本身就永遠是外於，以及超越所有政府與所有法律」，而且成爲後者的基礎 9。

　　但是，西耶爾的解釋引發如下的問題：民族作爲單一個體，由誰來界定其意義以及如何界定？主權國家的成立雖然預設「自然狀態」，但是依照社約論的論證，從「自然狀態」過渡到主權國家的建立與公民社會的形成，其條件之一在於「自然狀態」中的個體訂立了「互爲承認」的契約關係，而同意共同建立一個自由憲政的政治體制。在西耶爾的論證中，契約關係中的個體被轉變成爲「民族」，民族除了有其自然生物性格之外，它作爲一個整體之單位如何可能訂立契約？依鄂蘭的解釋，西耶爾解決這些問題之道，並非導向自由憲政的共和體制，而是以「多數統御」(rule by the majority)的民主取代「一人之治」的專制。在民主制中，「多數決」(majority decision)是一種常規定制。但是，西耶爾把「民族」界定爲「多數」，同時把這「多數」界定爲受貴族與教士階級所壓迫的「第三等級」，再進一步地肯定「第三等級」因受壓迫而有根除「特權」以及成爲「制憲權」之主體的正當性。在這個論證的過程中，民主的「多數決」原則轉變成爲「多數統御」10。從這裡，鄂蘭進一步說明，在法國大革命中，這個「民族」或「人

9　*Ibid.*, p.163.
10　*Ibid.*, p.164.

民」(*le peuple*)成爲「制憲權」的主體，其主要理由在於，它被界定爲受舊體制剝削與壓迫的多數。他們深受政治不義的苦難而激發悲情，並且帶給革命分子一種深邃無涯際的悲憫。在推翻舊體制的革命形勢中，這人民多數就轉變成爲舊體制之不義，以及新體制之大仁大德的象徵。因此，革命之正當性就在於能代表這人民多數，所有正當性之權力也就取之於他們[11]。

偉大不朽之立法者

民族作爲一「受壓迫的多數」欲成爲一種具有主導性與創造力的「制憲權」，鄂蘭進一步分析，必須經由一領導者的意志力的凝聚與塑造，因爲人民大眾的被動性與無知：習於慣常生活的惰性以及無法瞭解自己受壓迫的事實。在這個論點上，在法國革命期間，羅伯斯比從盧梭引借的「偉大不朽的立法者」概念就成爲人民或民族之意志欲形成一種主動性「制憲權」所不可或缺的條件，就如鄂蘭的闡釋：

> 羅伯斯比所需要的不僅只是一種「超越之存有」〔以作為新憲政的形上基礎〕……他真正需要的毋寧是，他自己成為一位「不朽的立法者」(Immortal Legislator)；在其它行文脈絡中，他亦將之稱為「不斷訴求正義〔的領導者〕」。藉由法國革命的歷程，他需要一種永恆的超越性權威資源，這個資源不跟民族或革命的普遍意志相合為一。如此，一種絕對的主權──如布雷克史東(Blackstone)所說的「專制

---

11 *Ibid.*, p. 75.

獨裁之權力」——才可以賦予某種主權於民族之上。因此，
一位絕對的不朽的立法者，即使他必將死亡，至少可以保
障共和體制的恆定性。最後，絕對的權威可以作為正義之
泉源而發揮作用，而讓新體制的憲法獲得正當性 [12]。

　　當西耶爾在論辯「制憲權」與「制憲大會」的正當性時，羅
伯斯比抬出了「偉大不朽之立法者」（或領導者）。這位立法者超
越一切，因此「制憲權」不必經過代表人民之制憲機關的媒介，
直接地掌握在這絕對主權的立法者之手。但這位立法者如何可能
賦予一種主權於民族（或人民）之上呢？

　　這位立法者既超越一切，而成為萬物的根源，那麼，在新憲
政體制的創造上，他就扮演著如羅伯斯比自稱的：建造「自由之
神殿」的偉大建築師（或者也可稱之為「偉大的藝術家」）[13]。他
獨立於所要創造之事物之上，必須運用唾手可得的物質原料，將
它們形塑出他藍圖中欲完成的作品。在這論題上，鄂蘭引用她所
建立的「人活動之型態學」中的「製造或營構活動」（*pōiesis*）的
解釋模式，說明這位偉大之立法者創造新憲政體制的特質。偉大
之立法家，如建築師與藝術家一般，在營構的過程中，是處於一
隔絕他人的處境中，獨自一人憑藉其心中預構的計畫藍圖，以及
個人的手腕、技藝，陶冶鍛鍊物質原料，落實完成藍圖的理想，
產生客觀可見的成果。

　　這種「創造」的活動本質上是「非政治性」的，因為它的基
本處境乃是遠離他人的孤絕，在這種處境中，人與人之間的交往、

12　*Ibid.*, p. 185.
13　*Ibid.*, p. 208.

言辯、溝通與合作共事無從產生。而人彼此互為主體的理性言說
與溝通、相互承認、協合一致的行動以及參與與從事公共事務之
活動的歡愉（happiness），在鄂蘭寫作《論革命》時期的理念中，
正是政治實踐的本質。

鄂蘭以這種「去政治」的營構活動來闡釋偉大之立法者的「創
制」，她指出：這種「非常態性的」以及創造性的「創制」，猶如
藝術作品的創新，必須強有力地破除舊的成規習見以及形式，而
在「創制」的過程中形塑一套自我價值判斷的準矩，也就是，它
自我提供了論證正當性的標準。

除此之外，在這種創造的活動中，創造者除了依持其才幹能
力之外，最重要的還在於創造者強大的意志力。在這個論點上，
鄂蘭特別闡釋盧梭的「普遍意志」（*volontè gēnērale*）理念對於法國
革命分子的影響，姑且不論鄂蘭的闡釋是否中肯，針對普遍意志
的概念，鄂蘭指出：盧梭在社會契約論的傳承中，以「意志」取
代了「同意」（consent）的概念。「同意」這概念，意指一種理性的
審議（deliberate）與協商，而達成對某種特殊議題的共同意見。這
種「同意」的操作是可以成為政治體制的正當性來源——除了專
制獨裁的暴政之外。但是盧梭強調「同意」的有效性僅止於既定
的體制內，它無法成為變造體制與創立新憲政的原動力，其理由
除了它的理性性質之外，它缺乏了可以凝聚分散、互不連屬的單
子個體而成為「單一之集體人格」（a simple person）的能力。而意
志，對照於理性之同意，正可以發揮這種功能作用，因為意志，
就其本質而言，乃自成一個統一體，無法分割。再者，意志不像
「同意」一樣，它不必經由意見之交換作為媒介，而自成一種無
條件的「全體一致」（unanimity）。

在盧梭的「普遍意志」理論中，從個人之意志如何形成共同

的、普遍性之意志，乃是一相當複雜的議題。對此，鄂蘭並不牽
連於學院式的論議，她依照其特殊的解釋途徑，從人個體之意志
的自我矛盾（即「我意欲」與「我否定」的兩相糾葛）說明普遍意
志形塑的可能性。她說：盧梭在建構這一個「萬眾爲一」的普遍
意志上，他「從我們一般的意欲之經驗中取得線索，那就是，兩
種矛盾衝突之意欲之糾纏，在它們共同面對另一種敵對的意欲
時，就可以有條件整合爲一。從政治來說，盧梭就此強調一種統
一之意志力是基於，以及是依賴共同的民族敵人。」就此而論，「普
遍意志」的形塑，在外交事務上，當抗爭外來的實際或潛在的敵
人時，是最強韌有力的。但不僅如此，依照鄂蘭的詮釋，盧梭的
「普遍意志」的形塑亦放在國家內部的內在統一上。就此，盧梭
「普遍意志」的問題便在於，如何在外交事務的領域之外，尋求
共同的敵人，其解決的途徑即是，「這樣的敵人存在於每一個公民
的心胸，意即：在他特殊性的意志與利益。就此，如果要在所有
意志與利益之上加上民族內在的統一，那麼，關鍵便是，揭發這
種潛藏的敵人，使之成爲公敵。」[14]

　　從盧梭的民族之「普遍意志」的理念，演變成爲羅伯斯比所
揭示的偉大不朽之立法者所需要的廓然大公，無私無欲的革命美
德。同時，這種美德在受剝削與壓迫的悲情、憐憫情緒的催化之
下，很容易變質，成爲一種極端的政治道德主義，以及迫害政敵
的手段。因此這位偉大的立法者便成爲絕對美德的化身而得以名
正言順地指控「道德腐化」與「道德僞善」爲人民的公敵。以此
爲名塑造內外的敵人，並依此打造內在的「同質劃一」。

　　沿順以上的解釋脈絡，我們可以說，偉大不朽的立法者與「制

---

14 *Ibid.*, p. 76-78.

憲權」這一原創性之權力一旦合而爲一，而從事創造新憲政，那麼，在這一「開端啓新」的時刻，暴力的行使變成爲一種具有正當理據的行爲。就如藝術家與建築家的創造以暴力對待其運用的素材——引荀子的話，「枸木必將待隱栝烝矯然後直，鈍金必待礱厲然後利。」[15]——類此而論，偉大不朽的立法者亦可以運用暴力整頓人民大眾，塑造出新憲政所要求的理想的人格模型。如鄂蘭所描述：「當羅伯斯比自比爲偉大的建築師時，他便開始運用殘酷不仁的暴力手段，以人民爲材料，而爲人民締造新的華廈、新的共和」，也在這個時候，「革命的洪流」開始吞噬其子女，席捲地表上的一切 [16]。

美國革命的憲政共和主義理想

鄂蘭經由兩大革命運動——法國大革命與美國獨立建國的革命——的歷史敘述與理論分析，闡發西方的革命民主的傳統。在闡釋上，鄂蘭透過這兩次革命的強烈對比，指出法國大革命所開出的「激進民主」的理念，在政治實踐上，容易走向民主與政治的自我否定或自我挫敗。對照之下，美國的革命雖然雖然亦面臨法國大革命以及其它革命(如俄羅斯與中國革命)的問題，如本文所解釋的，「制憲權」與人民主權的正當性與合法性、創立新憲政的基礎、革命之大義、美德與暴力……等課題。但是，美國的革命因其特殊的環境以及政治經驗而得以在某種程度上，迴避了法國大革命帶來的，諸如民族革命、「美德之恐怖」、軍事獨裁以及

---

15 《荀子新注》(台北，里仁，1983)，頁466。
16 Arendt, *On Revolution*, pp. 208-9.

憲政之不穩定的局面。以鄂蘭的解釋觀點來說，首先美國物質條件的豐厚讓獨立建國的革命免於解決社會窮困的行政管理問題，這帶來的積極性效應即是，在革命之過程中，因經濟之剝削與社會之悲慘(miserable)而激發的悲情與悲憫──這種只有在「私人領域」方有作用的美德──不致於被帶到「公共領域」而成爲政治論述的語言，繼而造成以公共或政治手段來審判「私德」──即「審查僞善者、毋縱毋枉」與塑造人民公敵──的恐怖統治。同時，建立新憲政的政治實踐不會被行政管理所抹煞。

　　另外，在建國之制憲與創制之前，從英國移民至美洲大陸的「英王陛下之子民」在殖民地上，已經長期經歷了「市鎮議會」(town-hall)自治與「草根民主」的政治經驗。換言之，已經形成了自由民主之「政治社會」的雛形(儘管鄂蘭不提在殖民地上的「盎格魯─薩克遜人」如何以暴力對待當地的原住民)。當美國建國之父在草創新憲法新憲政時，不是「從無開始」，他們所憑藉的資源也並非在專制王權下的社會經驗。就此而論，「接受制憲與創立新憲政權力的人都是從各市鎮之議會推選出來的代表，因此，他們是從下承受『制憲』的權威。當他們領會羅馬共和的原則，即所謂『權力在民』時，這種領會並非空穴來風、虛幻不實。他們不會將此解釋爲〔如「人民主權」的理念所解釋的〕一種絕對性原則，也不致於將民族整體高置於所有權威之上，從而消除所有法律的約束。『權力在民』對他們而言，是實在而且具體，也就是，人民合作共事、相結合，而且依循法律，並受法律約束而組織權力。美國革命清楚地區分共和與民主(或『多數統御』)，而且對於此區分相當堅持，這完全依賴法律與權力的分離。美國革命因此能夠辨認不同的根源、不同的正當性，以及

不同的應用領域 [17]。

就這一論點而言，美國革命的制憲與創制行動本身已經承載，並且具體表現出具體而微的憲政構成之權威，換個角度來說，即是體現了「前憲政」之政治社會中各種不同的、次級的組織體，譬如，各市鎮的議會，以及各州的自治法規……等等的權力與權威。這些人民自發組織的體制具體表現人民的權力，而且因人民的肯認而具有制度上的權威性。因此，制憲與創制乃是在這已有「憲政構成」的社會之上建立起一個聯合各州之權威的聯邦共和體制。這個新共和體制自我證立的正當性基礎遂在於保存與持續這個已經由人民自發性構成的多元性的「政治社會」，以及存在於其中的各種不同的、由人民承認的而具有權威性的制度。制憲與創制本身也就是人民本身的共和精神與原則的實踐，不同的只是，提供一穩定的憲政架構，強化這種實踐，意即：在憲政法治的結構中，讓人民以公民的身分持續地體現公共情操與權力，以及享有參與公共事務而形成「公民權力」（civic power）的權利，因此除了享有〈權利法案〉所頒訂的權利之外，公民更「享有形成公民權利的更根本之權利」（the rights of rights）。

這個憲政所確立的國家不必像歐陸的現代國家一樣，以統一、不可分割的主權為基設，而是以「權力的結合」（the combination of powers）為取向而形成的「聯邦原則」（the federal principle）。鄂蘭藉由麥迪遜（James Madison, 1751-1836）的言論，作了說明：「宏偉之革命創新所在乃是麥迪遜所發現的，為大共和奠立基礎的聯邦原則，……這個基本原則既不是擴張，也不是征服，而是『權力的結合』的進展。基本的聯邦原則結合了相互分離與彼此獨立

---

17 *Ibid.*, p. 166.

的〔州〕憲政體制，即使所謂的『邦聯』（confederation）一詞亦表示『結合』與『各結社之合和』（cosociation）……。」[18]

基於這種政治與社會之經驗，美國建國革命的制憲與創制儘管亦體認行動之「開端啓新」，但是這種初始之新並不是「前無古人，後無來者」。從移民到美洲大陸，以及從事墾荒拓殖之事業，建立家園、設立市鎮州郡，以至於脫離「英王陛下之祖國」的獨立戰爭，這一群「盎格魯－薩克遜」人皆一再體認新生活、新經驗。在這一連串的過程中，他們學習了如何自衛、如何抗爭、如何協商、如何合作、如何建立規則與法律，總而言之，學習了民主與自治。既是如此，締造新憲政的建國之父就不必像法國革命分子（如羅伯斯比）一樣，熱切且焦慮地尋求一種絕對性之原則，藉此以證明新憲法的有效力，以及確立新憲政的正當性基礎。再者，他們也不必自比爲「偉大不朽的立法者」，因此他們也不會相信領導者的全能意志與權力是謂締造新憲政的重要條件 [19]。相反地，他們對於「無限權力」懷有戒慎恐懼之心，他們所頒布的〈權力法案〉即深涵這種心思。針對新憲政體制的建立，他們一致相信唯有絕對的憲政才能防範政府的腐化與濫權 [20]。他們的新憲政不只是消極性地約束政府權力以及確保公民權利，更積極來說，是要確立一種全新的權力系統 [21]。

孟德斯鳩的「權力分立與制衡」原則

---

18 *Ibid.*, p.168.
19 *Ibid.*, p. 199.
20 *Ibid.*, p. 147.
21 *Ibid.*, p. 147.

　　關於這個新憲政的「權力系統」，鄂蘭指出美國建國之父的政治理念特別深受孟德斯鳩的影響，猶如盧梭影響法國革命分子一樣。在鄂蘭的闡釋下，孟德斯鳩的「權力的分立與制衡」的理念幾乎是美國新憲政形構的基本原則。針對這個必須詳加論證的主題，鄂蘭從實踐與理論的多重層面作了極爲詳細與細膩的分析與解說。但就她鋪陳的論證及其脈絡來看，鄂蘭所關切的基本問題乃是，新憲政體制是由革命所砌造，因此這個體制必須包含革命之動態權力，以及必須是一個「自由之憲政構成」(*constituto liberatis*)。但是，在憲政體制及其制度的架構下，革命原初所體現的「開端啓新」的自由以及人民自發形成的權力是否得以持續與強化，而不至於帶來專制獨裁或者憲政之不穩定，甚至是「無政府」的狀態？

　　對這複雜的問題，鄂蘭解釋的要旨在於，孟德斯鳩的「權力分立與制衡」的原則應用於新憲政體制的安排中，這不只是──如我們所熟悉的──治理機關的三權分立，更甚者，它亦成爲新憲政體制以及整個政治社會的構成原則。這表示：從國家政府以至於公民社會，基本上是呈現多元、繁複之權力，以及權力相互制衡的格局，在其中，沒有任何一個權力(包含公民之權力)可以無限膨脹而成爲絕對性之強權。在這一點上，鄂蘭依孟德斯鳩的觀點，強調權力彼此的制衡並非削弱，反而是增強權力，她說：「權力唯有彼此之間才能相互制衡，保持各自的完整實力，因此權力分立的原則不只防範政府某一部門擅權與濫權，也提供政府建置核心的一個機制，經由它，新權力可以不斷產生，而不致於過度膨脹、擴充而摧毀其它權力的核心與資源。」[22] 就美國的新憲政

22　*Ibid.*, p. 152.

體制而言，鄂蘭認為：在這種權力多元且互相制衡的原則的主導下，新憲政得以「在共和的政治體制中始終一致地取消主權」[23]。因此，美國革命之憲政體制避免了重蹈其它革命的覆轍，而不致於走向專制或軍事獨裁的路徑。更甚者，讓權力彼此激盪、相互約束，強化了整個體制的權力。如此，還強化了創造出此體制的原初革命動力。

在這裡，值得一提的是，在美國制憲期間，制憲者彼此之間爭議共和政府形式到底要採取「大共和制」或「小共和制」的議題。針對這個議題，鄂蘭的論斷基本上是傾向「小共和制」，她認為美國憲政若欲存續與強化革命原初的自由與創發性的政治實踐，那麼在體制的安排下，各州政府與議會，以及公民權力都必須是自主的，這導致她後來設計共和主義式的「審議體系」(council system)，從鄉里的地方集會到中央之國會連貫成一體的議論與協商的體系。但是，這種「小共和制」必須維繫於各州肯認的共同的憲法與憲政的權威。從這裡，鄂蘭說明了美國憲政的一重要特色，即是：

> 美國制憲者瞭解他們正在建立法律之新資源，也在籌畫一新的權力體系，儘管如此，他們〔並不為它們尋求一絕對原則〕，也不把它們推向同一的根源。對他們而言，權力在人民，而法律之資源則是成為憲法，一部成文憲法，一種穩定的客觀事物。對此憲法，任何人皆可以從不同的角度去解釋，在它身上加諸許多不同的詮釋觀點，並且依照環境的變遷，而得以更造與修正。但無論如何，它絕不是一

---

23 *Ibid.*, p.153.

種主觀之心境，也就不是意志。比起選舉制與民意調查，
它是更穩定的客觀存在 24。

總結地來說，權力的分立多元與相互制衡、「權力在人民，權
威在憲法」的原則、「制憲權」與「憲政權」相互「體現」（或者
用鄂蘭不喜歡的字詞，「辯證」）、以及解消「主權」（不論是國家
或人民主權）…等逐構成美國自由憲政之共和體制的基本特性。跟
法國革命的憲政，它同是構成西方「革命民主」的傳統，可是不
同之所在，乃是它避開了法國革命（以及其它革命）的命運：民族
革命或革命民族、「制憲」的根源權力被革命之政府所扼殺，或者
革命運動的勢力推翻了由它締造的憲政體制，或者產生任何形式
的軍事獨裁和動盪不安的憲政體制。

結語

本章以鄂蘭的革命論述，解釋了制憲權、創制之根基、人民
主權與自由憲政主義相互關聯的主題。對鄂蘭而言，處理革命實
踐似是她政治理論發展必經的過程。其理由在於，她在《人之境
況》中，揭櫫人行動（或實踐）的創發性與「開端啓新」的自由原
則，強調人行動（包括言語）在公共領域中體現個體的「秀異」
（virtue）與榮耀，具體表現諸如勇敢、友誼、節制、建立人際之間
的政治友誼，以及「行寬恕與守承諾」等美德。這行動理論取源
自古希臘的政治資源，而在她的詮釋下，表現出「個人主義」、「多
元主義」以及「爭勝精神」（agonal spirit）的理論特色。但是鄂蘭

---

24 *Ibid.*, p. 157.

早期的政治論議忽略了人際之間如何可能結合與團結(solidarity)及其預設的規範之問題。除此之外，她亦迴避了政治哲學二項重要的課題，一是政治體制與制度之建構及其牽涉的有關正當性與合法性的議題，諸如法治、權力、權威等議題；其次是有關政治實踐與道德相關的問題。從可見的文本，我們可知鄂蘭自1960年代開始，便專注於這些課題的探討。而《論革命》大概是她論議的起點。她透過闡述這兩次大革命的脈絡，一方面修正前期的觀念，另一方面則試圖作一種成體系的呈述，一直到她晚年寫成的《心靈之生命》，鄂蘭持續地作這樣的努力。

如果欲簡略說明其間思想的轉變，大致可以作這樣的解釋：她在《人之境況》所建立的行動理論大致來說構成了「激進民主」論述的資源，特別是她對行動之「根源」(archē)及其動態性(dynamis)的解釋。但是，在《論革命》中，前期帶有濃厚「古希臘懷舊」的政治理念，經由她對兩次革命的詮釋，而轉向古羅馬共和的政治資源及其現代的傳承，如孟德斯鳩與托克維爾的政治思想。另外，以此思想資源接榫洛克式之「社會契約論」的「同意」理論(關於這一課題，本章並無著墨)。在《論革命》中，鄂蘭對法國大革命的評論直指她前期政治觀念的不足，因此以論議美國獨立建國之革命爲取向，嘗試調和「激進民主」與「自由憲政」之思維，尤其是辯證地關聯憲政之權威與行動之原創性之權力。經由這種解釋途徑，鄂蘭所建立的「自由憲政之共和主義」可說是她憲政思想的定論。

最後，若問及鄂蘭的政治思想是保守或激進，本文在此引述她的一段話做爲結論：

　　在任何革命當中，就某種程度而言，最重大的事件乃是創

制(或奠立新體制的基礎)的行動，而革命之精神乃包含了
兩種看來是無法協調或甚至是相互衝突的原素。奠定新政
體的基礎、籌畫新政府形式的行動嚴肅地關切新政體結構
的穩定性與持久性；但是，那些從事革命行動的人們也親
身體會一種鼓舞歡欣的經驗，就是他們自覺正在從事去舊
布新、「開端啓新」的偉大工作，這種高昂的精神正是人類
可以在這世界上創立新事物的原動力。這兩種原素：一是
關切穩定性，另一則是開端啓新的精神，後來成為政治思
想的兩端，保守主義是其一，進步論之自由主義是其二。
或許，這種兩極之區分表示了我們的迷失。……其實，究
其根源而論，這兩種極端同出於原初革命的整體經驗，論
證它們的正確有效性也存在於這經驗當中。重要的是，在
奠定新政治體制基礎的行動當中，兩者如同錢幣之兩面。
在革命之後，不論它是成功或是失敗，這兩種原素才區分
為二，成為對立的意識型態 [25]。

---

25 *Ibid.*, p. 223.

第八章

國家主權的決斷與公民的政治參與

　　鄂蘭的政治理論試圖喚醒人的公民意識，強調個人生命意義的體認端在公共生活的參與：個人在公共領域裡，體現雋秀非凡的言行、建立偉大的事功，以取得不朽的榮耀；或者關注公共事務，並結合心智相合的人們，而形成一種「公民結社」，以批判與對抗政治統治機構的不義政策，或者種種腐化的行為。這種公民政治之理論引發各方的評論，如上一章所闡明的，鄂蘭的政治蘊含「菁英政治」的成分，或者她肯定偉大的行動與政治榮耀，但這種觀念容易陷落「卸除行動之道德性」(amoralism)的危險，是故她的政治理論缺乏一種可以論述政治與社會正義、福利，以及政治團結……等倫理的基本架構。另一方面，鄂蘭的政治理論在肯定人之政治實踐的高貴性格時，忽略了現代主權國家對人之政治實踐的效應，關於鄂蘭政治理論的這一疏忽，美國政治學者謝爾登·渥林(Sheldon Wolin)在〈漢娜·鄂蘭：民主與政治性〉(Hannah Arendt: Democracy and the Political)中，批評鄂蘭以古希臘城邦為理論反思的起點，這導致她忽略了現代主權國家的論述，而這一點正是鄂蘭政治理論的缺失所在，他評論道：

正如眾人皆知的，國家的概念是在16世紀才出現的。鄂蘭
忽視現代國家的理論與實踐，讓她得以專注於政治行動者
與行動本身，而且以一種戲劇性（dramaturgical）的概念處理
它們。她無法正視〔國家之〕制度對於人之政治行動的限
制，以及「客觀性之行動」可能遭遇的困難。再者，她無
法衡量行動者所依賴的〔制度提供給他們的〕工具。當現
代國家出現，並且攫取它集權中央的機制時，行動者就已
經預期了結構主義批判中所稱的當代作家之命運：即是，
文本（the text）再也不需要作者。現代國家的出現，對於一
般公民而言，更是重要。它不但代表著歷史上前所未有的
權力之集中，也要求其居民的服從，甚至心悅誠服，以及
奉獻的熱忱。現代國家需求的條件，舉凡鉅額的稅收、調
控的經濟與勞動力、巨大的國防設施、日益劇增的武器、
龐大的文官體制，以及順從的公民以維繫其正當性……等
等都一再顯示所謂的「民主國家」徒具虛名 1。

　　這種評論是否中肯？誠然，鄂蘭並沒有專題論述現代主權國
家，她不像同一時期的政治學家麥可・歐克秀一樣，對於現代主
權國家，做一種具體的歷史闡釋與理論之建構。但是這並不表示
鄂蘭不關切現代主權國家的發展及其基本性格，她在《極權主義
的起源》一書中，論述的一重要課題即是：19世紀的資本主義國
家如何在各種歷史暗流之匯集沖激下，醞釀與形塑出德國納粹（以
及史達林共產主義）的極權政治體制。她的「歷史」關懷西方現代

1　Sheldon Wolin, "Hannah Arendt: Democracy and the Political" in
　Hannah Arendt: Critical Essays, eds. Lewis P. Hinchman and Sandra K.
　Hinchaman（New York: SUNY Press, 1994）, p. 296.

性與極權政治的關聯，是故鄂蘭在解釋現代國家時，是帶著批判性觀點，她說明西方自16世紀的「專制」（monarchy）的政府形式轉變成為當代「官僚統治」的種種負面性效果，其解釋的宗旨在於批判現代國家淪為一種專家技術控制的型態：集體成員群策群力，去完成某一具體的、但並不加以解釋的目標，他們所從事的工作除了計算經濟有效的手段與策略，以及請求規訓、命令、紀律之外，便無其它價值的考量[2]。值得注意的是，鄂蘭批判現代國家時亦蘊含某種批判自由民主制的觀點[3]。

　　鄂蘭對於現代國家的幾乎全盤否定的論點，似是忽視了西歐現代國家在主導其經濟和社會生活方面的積極作用。畢竟，我們無法否認現代國家在其形構的過程中，對於資本主義經濟生產方式、自由憲政的法治，以及塑造民族文化……等都起了推促的作用。為了參照鄂蘭對於現代國家論述的不足，在這一章節中，筆者闡釋跟鄂蘭同一時代的德國法學家——卡爾・史密特——的現代國家理論，特別是他提出的國家主權決斷論及其「政治存有論」（political ontology）的基礎[4]。

　　這兩位思想家同時經歷德國威瑪共和之憲政危機。史密特在

2　Arendt, *The Human Condition*, pp. 38-45.

3　關於鄂蘭對自由民主制的批判，參見江宜樺〈漢娜・鄂蘭論政治參與與民主〉，收錄於張福建、蘇文流主編《民主理論：古典與現代》，台北：中央研究院中山人文社會科學研究所，頁123-151。

4　關於史密特政治與法律思想的研究，在國內出版的著作論文，僅有吳庚教授的《政治的新浪漫主義——卡爾・史密特政治哲學之研究》（台北，五南圖書公司，1981年）。在這本論著裡，吳教授循就對史密特的本文的闡釋，詳盡且全面地說明史密特政治與法學思想的論旨。吳教授這本論著論證的主題在於，史密特的「機緣論的專斷主義」，以及反自由主義、反個人主義、反多元主義的政治觀念源自於19世紀浪漫主義的政治思想趨勢；以及特別是黑格爾的國家理論。

反思威瑪憲政危機上，尖銳批評那些看來有顛覆此體制的各種學說（譬如，無政府主義、多元主義、馬克思—社會主義），但最後擁戴他認爲可以解決此危機的納粹政黨。而鄂蘭在這段時期，尚處於思想醞釀階段。在這個時期，她所關注的是猶太人認同的問題，也因爲這種關懷，而於1929年至1933年間著手撰寫18世紀在德國上流社會相當活躍的猶太籍婦女——蕾兒‧范哈跟（Rahel Varnhagen）——的傳記。後來，在納粹掌權前夕，也就是，1938年，流亡法國巴黎。這個時期的經驗成爲她日後探索極權主義起源與特質的重要資源。本章不論及威瑪共和之經驗如何影響他們政治思想的議題，在此闡釋的課題乃是他們兩人論述現代主權國家的基本論點。

　　無可諱言地，鄂蘭與史密特均批判現代民主制的「經濟主導」與「官僚統治」，也同樣強調「政治」的自主性（或純粹性）。但鄂蘭依據其政治實踐抗爭性的理念，貶抑國家及其政府的政治作用。相對來說，史密特依據其「敵與友之分別」的政治性論點，強調國家之主權的決斷，認爲國家主權之職責在於克服國家內外敵對的顛覆勢力，以維繫與鞏固政治社會之同一性，以及凝聚人民對國家的認同。

　　針對現代主權國家而言，鄂蘭與史密特分別提出不同立場的基進觀點。前者的論證有瀕臨「無政府主義」的情況，而後者則傾向「國家主義」。這兩種基進的觀點各有其政治的洞識，當然也有其限制。在這一章節中，筆者除了闡明兩者的思想論旨及其論證之外，同時也做了某些評論。

友與敵的分判，以及國家主權之決斷論

　　史密特與鄂蘭在解釋政治之存有的意義上，採取「分殊之原

則」，闡釋政治——作爲人活動的一種型態——的獨立自主性。在此，所謂獨立自主性乃意指政治不能被化約成其他活動的型態。政治有它自身的實踐內涵與解釋的原則。依據這樣的立場，史密特表述「政治乃是敵友之分」，而鄂蘭提出政治乃是人以公民身分在「公共領域」的言行實踐與溝通(*praxis*)，對於這兩種政治概念，我們有必要作較清楚的解釋。

史密特把「敵友之區分」界定在政治的範疇，他以分殊的原則說明「敵友之區分」不能化約(或混淆)解釋爲道德的善與惡、美學的美與醜、經濟的盈與虧。這種「敵友區分」的基本含意在於，「統一與分裂、連結與分離的最強張力。它不必引援道德、美感、經濟或其它的區分，而能獨立存在——不論在理論上或實踐上。政治上的敵人不必然是道德上的邪惡、美感上的醜陋，他也不必要是經濟上的競爭對手。」[5]

所謂敵人意指人際之間最強的分裂、分離；敵人就存在意義而言，是指「陌生人」、「異類」(the alien)。在這種人際之間最極端的分裂中，衝突就成之爲可能，史密特以「敵友之區分」作爲指認或認識政治現象的準則。針對這項命題，我們繼續解釋的課題是，誰有權力去做這種區分，以及基於什麼原則？

敵友區分既然是政治性格的，那麼，人在其生活世界裡，彼此之間的對立，甚至是政黨彼此間的競爭衝突，都不是政治性格的。在此，史密特做了一個限定：「國家做爲一個有組織的政治實體，以其整體，爲其自身決定敵友的區分」[6]，換言之，敵友界線之區分全然爲國家主權者(或者，國家的最高領導者)所決定。從

5　Carl Schmitt, *The Concept of the Political,* trans. George Schroab（New Brunswick: Rutgers University Press, 1976), p. 27.

6　*Ibid.*, p. 28.

是觀之，「所謂敵人純粹是公眾之敵人（a public enemy），任何事情只有在跟國家（或民族）的集體存有產生關係，才能夠因為如此的關係而具有公眾性質。」[7]

依此論之，唯有國家主權才有資格在一特殊的處境形勢中，當它體認其存在受到內外勢力的嚴重侵犯時，決定與宣稱什麼是敵人，並且有能力動員抗敵的力量。在這裡，我們可以說，史密特「敵友區分」的政治概念特別是以西方現代國家之主權為立論的基本單位。同時，必須說明的是，史密特是以「異常之處境形勢」（an exception），而不是以常態（normal）的取向，解釋國家主權（作為一人格化的主體）的性格與作為。關於這一點，史密特論證的主題乃是，國家主權處於極端異常的處境形勢中，特別是對內對外的關乎生死的戰爭或鬥爭，乃能充分表現其性格[8]。

史密特的政治概念一般被解釋為「存在主義式的決斷論」（an existentialist decisionism）[9]，或者以卡爾・羅維茲（Karl Löwith）的觀點，「場合主義」（occasionalism）[10]。它的論證取向有意取消形

7　*Ibid.*, p. 28.

8　史密特在《政治神學》（*Political Theology*）一書中對國家主權作一種「人格化」（a personalist）的解釋，他說：「誰能夠決斷異常或極端處境，誰就是國家主權。」Schmitt, *Political Theology,* trans. George Schwab (Cambridge: the MIT Press, 1985), p. 12.

9　Richard Wolin, "Carl Schmitt: The Conservation Revolution and the Aesthetics of Horror," in Richard Wolin, *Labyrinths: Explorations in the Critical History of Ideas*, pp. 103-123.

10　Karl Löwith, "The Occasional Decisionism of Carl Schmitt", in Karl Löwith, *Martin Heidegger and European Nihilism*, trans. Gary Steiner (New York: Columbia University Press, 1995), pp. 137-159. 對於羅維茲的「occasionalist decisionism」一詞，吳庚教授翻譯成「機緣論的專斷主義」，並對於羅維茲的解釋與評論，做了精要的說明，見《政治的新浪漫主義——卡爾・史密特政治哲學之研究》（台北，五南圖書

上學、神學的基礎、排斥普遍性的「人道」理想或人權原則。在
排斥任何基礎性的論據下，史密特遂以人的特殊、極端的行爲處
境爲解釋的取向，這種「場合主義」的行動解釋觀點，在史密特
的推論下，把行動的關鍵樞紐確立在人的根本決斷[11]。史密特應
用此種解釋模式，說明「人格化」的國家主權的作爲，他說：

> 只要國家是一種政治之實體，維繫境内之和平的職責會迫
> 使它處於一存亡危急之關鍵處境中，決斷何者是它的内政
> 敵人。因此，每一個國家都提供了它宣稱内政敵人的表述
> 方式（formula）[12]。

　　這裡帶來一種論證上的問題：國家主權憑藉什麼論據，決斷
它的内政或外交上的敵人？以史密特的論辯，國家既是操縱「決
斷力」的政治實體，那麼，它下決斷時，不需要任何動機之資源。
國家存在或不存在，這即是關鍵，當它存在時，它是高超無與倫
比，在一種決斷的情況下，它即是權威之實體[13]。決斷是行之於
例外、特殊或極端的處境形勢，既是如此，我們就無法引援正常
情況下的普遍原則或規範，以作爲裁量國家主權之決斷是否正當

公司，1981年），頁47。
11 在《政治的概念》（*The Concept of the Political*）一書中，史密特表達
　　了這種「處境形勢論」的解釋立場，他說：「唯有行動的參與者才能
　　正確的辨認、瞭解與判斷具體的處境，以及處理衝突的極端情況。每
　　一位參與者站立在某一立場，判斷仇敵是否有意否定自己的生活方
　　式，因此，為保障他個人存在的方式，必須起而抗拒、鬥爭。」Schmitt,
　　The Concept of the Political, p. 27.
12 *Ibid.*, p. 46.
13 *Ibid.*, p. 44-45.

合法的準矩，譬如生死鬥爭之戰爭，這預備去毀滅敵方的決斷，
史密特論證道：「並沒有任何規範的意義，只有存在的意義，特別
是在短兵相接的交戰狀態中。在此，沒有理性的目標、沒有規範（不
論這規範如何真實）、沒有計畫（不論這計畫如何實際）、沒有社會
理想（不論這理想如何崇高），也沒有合法性與正當性以論證殺戮
的理由。」[14]

　　史密特的「國家主權決斷論」的政治概念，在論證上，挖空
了論據之基礎，或者以羅維茲的用語，抽離了「中心主題範圍」，
如「人道」（humanity）、宗教或精神上、形而上的根基、或者普
遍人權、正義、平等的政治道德原則；史密特依循此論證的脈絡，
對政治所做的界定，其根本意義只是「死亡，亦即：為國家——
其基本設定只是決斷與政治——奉獻犧牲一己之生命」[15]。換言
之，即徹底的政治否定論或虛無論（political nihilism）[16]。

　　史密特的政治概念直接對抗多元主義與自由主義的政治，從
他的批判論中，我們進一步瞭解他表述之政治概念的意義。

　　史密特抨擊的多元主義特別指柯爾（G. D. H. Cole）與拉斯基

14　*Ibid.*, p. 49.
15　Karl Löwith, "The Occasional Decisionism of Carl Schmitt," in Löwith, *Martin Heidegger and European Nihilism*, p. 146.
16　吳庚教授對於史密特「政治的概念」的論證方法作了以下的解釋：〔史密特〕的「政治概念」不僅完全不含有形上學的性質，而且排除了「唯名論」及「形式主義」。史密特所建立之政治的概念，是以現實為取向的純粹政治，宗教的、道德的、經濟的及倫理的因素，皆應加以清除，如果這些因素「顯著到有效的影響人們友與敵的判別，則已轉變為政治的對立體」。對於這種論證分法，吳教授解釋為「典型的目的概念」，此目的概念與本質概念，屬於絕對的異質，它是：A. 非形上論的；B. 表達特定的世界觀及價值判斷；C. 不受方法論所羈束，個人的經驗、直覺及主觀優於一切方法論；D. 不屬於任何形式主義的範疇。吳庚，《政治的新浪漫主義》，頁72-73。

（Harold Laski）的「結社論的多元主義」（an associationist pluralism）。史密特以其政治的概念為立論，直指此多元主義，跟自由主義一樣，表現出「去政治化」（depoliticization）的傾向，此多元主義否定國家主權統一性與絕對性（或所謂國家的政治認同），就此論點，史密特批判此多元主義將國家解釋成為人之結社的一種類屬，而無法分判國家跟其他的結社本質不同之所在，職是之故，「國家被轉化成為一種結社的形式，而跟其他的結社相競爭；國家遂成為其它社會中的一種社會，這些社會存在於國家之內或之外」，依據這樣的立場，此多元主義無法說明人除了相互結合成各種宗教、文化、經濟的結社之外，為什麼必須建立國家這一政治實體的理由，它也無法解釋國家——若作為人的一種結社形式而言——的特殊意義 [17]。

「結社論的多元主義」無法恰當地闡釋國家存在的特殊意義，以及說明國家的「超越性」，因此無法處理在政治社會中各個結社團體彼此對立衝突的問題，也因此無法提供一種富有生機活力的「統一整合」的政治秩序理論。

史密特以同樣的思考路線，批判他所稱的「個人主義式的自由主義」（an individualistic liberalism）。依史密特的闡釋，以個人主義為立論基礎的自由主義關切的重大課題乃是，「對內抵抗國家的權力」。自由主義「為求個人自由與私產權，而提出阻礙或控制國家政府權力的策略，它造就出一個講求妥協的國家，把它的制度轉變成凡事依據討論、協商原則的機制。」[18] 自由主義由於「去政治」與「政治中立化」的理論傾向，它的政治論述只能在「倫

---

17 同前註，頁44。
18 同前註，頁70。

理」與「經濟」這兩極化、且異質的領域中打轉，一方面混淆了
政治、倫理與經濟的意義，另一方面，把政治上的鬥爭轉變成經
濟領域的商業貿易的競爭，以及在思想領域的言辯、討論，特別
是在自由主義之民主制所強調的「議會政治」。自由主義肯定個人
的道德人格，可是由於它的「個人主義」的基設，無法把個人的
道德轉變成為國家之公共美德，更甚者，自由主義建立在虛幻不
實的普遍主義的「人道主義」的意識型態 [19]。

史密特的政治的概念特別指向「人格化之國家主權決斷友與
敵之分判」的意涵，他論辯政治必須跟人的其他活動型態與領域
區隔開來，要求政治──作為國家或民族實體而言──必須超越
人所有其它的活動與結社組織，成為統合它們的決斷重心。由此
形塑出一生存意志強大、敵我分判明確的「政治共同體」（a political
community）。這樣的政治概念，在論述上，認為政治的生命活力
不是體現於日常之常態生活的繁瑣、平庸，而在於戲劇性、非常
態性的存在危機的關鍵與危機，由此，他否定了法治國家、代議
制、和平主義、人道主義的政治論述的有效性。

公共領域與公民之政治行動

鄂蘭，跟史密特一樣，嘗試確立政治的自主性，一方面，跟社
會經濟與道德（特別是宗教式的絕對性道德）區分開來，另一方面強
調政治行動的戲劇性、奇蹟性格，闡釋政治實踐的活力特別顯現於
非凡的偉大時刻（如革命、自由體制之創制、公民之政治抗辯）[20]。

---

19 見吳庚上引之書對史密特的自由主義之批判論的闡釋，頁 65-66。

20 在歷史與政治之解釋的方法論層面上，鄂蘭懷疑因果關係之解釋的有
效性，因這種解釋模式無法說明人的行動──不論是個別或是集

　　然而，如果說史密特的政治概念蘊含強勢之權威與權力的國家主權理念，揭示國家主權的決斷及其型塑的「政治認同」是一政治共同體的得以被建立的主要條件，那麼，對比之下，鄂蘭的政治觀念蘊含公民政治實踐的抗爭、對於任何形式之主權中新的抗拒，若用傑佛雷・埃薩克(Jeffrey C. Isaac)評論鄂蘭之政治思想的用語來說，此種政治乃是「反叛之政治」(a rebellious politics)[21]。鄂蘭經由什麼論證之脈絡而形成此政治之概念，是以下我們探討的課題。

　　鄂蘭對於「何謂政治」之問題，沒有提出如史密特所表述的簡要之公式，在說明「政治」(the political)的意義上，她寧可引用含意較廣延、但也含混的語詞，如「公共生活」(public life)、「公共事務」、「公共福祉」(public happiness)……等。史密特或當代的政治理論家在界定「政治」一詞的基本意義時，通常把它限定於國家主權之的決斷、政府的管轄，或者行政之管理，若是如此，鄂蘭把「政治」的意義推向更原初的資源，揭櫫「在世界中的彰現」(appearing in the world)、「公共性」的政治基本存有學的概念。欲闡釋這概念，我們必須從她的「公共領域」的理論著手。

　　依據一般評論的觀點，鄂蘭之政治思想最具原創性之貢獻，如席拉・班赫比所指出，在於「重新發掘公共領域」，就此，她提

　　　體──之自發與創造性的意義，人的行動不斷在突破既成的制度結構與人際關係，開創新的局面，她以人出生的「生生不息」(natality)的存有論事實，來論據行動之這種創新性；就此而論，在歷史解釋的層面上，唯有偉大之歷史事件的闡釋，歷史家才能瞭解某一歷史階段或時代的意義。

21 Jeffrey C. Issac, *Arendt, Camus, and Modern Rebellion* (New Haven, Yale University Press, 1992), pp. 227-261.

供我們「思考平等與參與式民主如何可能的核心」[22]。就本文的論旨而言，鄂蘭此理論提供我們一種異於常規的途徑，思考「政治」的本質意義。

鄂蘭之「公共領域」的理論的旨趣在於，一方面提示分判政治的設準，在此，他特別強調「公共性」、「彰顯表現」乃爲政治之最原初意義[23]。另一方面，闡釋人作爲公民身分的實踐之生活（*vita activa*）及其體現之存在意義。就此而論，政治不是特別指向「政治家」的作爲，而是指一般人在其生活世界中對公共事務的關心，以及透過實際言行的踐履，跟其他人相聯結（association），共同實現公共事務的具體理念[24]。

公共領域雖然具有人之行動之「空間」的指意，但此「空間」並不表示疆域、領土的意涵。作爲一分判的準矩來說，公共領域（鄂蘭有時候用人活動的「世界」一詞來表示）意指人的行動出現、彰顯（disclosure）與表現（presentation）的場域，行動因這樣的性質而

---

22 Seyla Benhabib, *The Reluctant Modernism of Hannah Arendt,* pp. 193-194.

23 在1964年10月8日，鄂蘭跟德國記者與政治家杭特‧高斯（Gunter Gaus）做電視訪問之座談，討論到現代社會的「無世界性」（worldlessness），高斯針對鄂蘭理論的「世界性」與「公共性」的概念，提出這樣的詮釋：「世界」一般被理解爲「公間」（the space），此空間乃是政治之根源。鄂蘭做這樣的回應：「我現在以更廣闊的意義瞭解此語詞的概念，所謂『世界』，乃指一種空間，在其中，事物變成爲公共性，也在此空間，人活動、生活以及觀看任何顯現之事物（the presentable）。」Arendt, *Essays in Understanding,* pp. 20- 21. 依此，我們可以解釋，所謂「世界」乃指我們生活與活動的公共空間，既是公共之空間，活動與行動便不是對個人之獨我，而是對他人的展現。

24 關於鄂蘭「公共領域」理論，參見筆者的〈漢娜‧鄂蘭的公共領域理論及其問題〉，收錄於錢永祥、戴華主編《哲學與公共規範》，頁269-31，以及江宜樺，〈漢娜‧鄂蘭論政治參與與民主〉，收錄於張

具有「公共的」意涵。彰顯與表現的反面即是「遮掩」與「隱藏」，換言之，即「私領域」。以鄂蘭的分判與分類，人的經營生計與消費的經濟活動（或所謂的「勞動生產」）、製造事物的活動，或者離群索居、內省沈思、家庭的生活、親屬血緣的情感與倫序，以及男女親暱之情愛，甚至是宗教的情操（如悲憫），都不是在「公共領域」彰顯與表現的行為，它們只有在個人對待自我的隱藏不顯露的領域內，才是真實的，譬如，在日常生活中，我們需要有一不受他人干擾的私人空間，讓我們奔馳想像（或甚至是幻想）、思考或寫作、創作，或者，以鄂蘭所舉的，對人之苦難情境最深刻之感受與領會的「悲憫」，是無法用言詞表達，無法彰顯於「公共領域」。

　　相對於這些本質上應該被「隱藏的」，而「無公共性」或「世界性」的行為、情感或人際之關係，則是人的「公共之生活與行動」的方式，關於這一點，鄂蘭所要闡釋的，乃是個人把自己開放，或釋放到有「他人」在場的活動領域，以言行（speech and action）來表達自己，或以鄂蘭的用語，作「自我的彰顯」（self-disclosuring）；同時，願意跟其他的行動者彼此以自由、平等的身分，相互連結，共同關注與參與人際之間的公共事務，透過言辭、溝通、討論，一起釐清這些事務的議題，並且透過合作的關係，形成實踐之權力，帶給共同生活之世界一種新生的動力，或者開創生活之新局面[25]。

　　對於這種「公共生活」之品質，鄂蘭所要強調的論點有二：

　　福建、蘇文流主編《民主理論：古典與現代》，頁123-151。

25　Arendt, *Between Past and Future*, p. 263. 在此，鄂蘭肯定此種公共生活帶給人「公共的福祉」：以言行表達自己之認同的存在意義、人際之間共事合作的喜悅，以及從「創發性」之行動得來榮譽。

第一，行動者一旦相互聯繫與結合，不管其人數之多寡的結社團體，公共的權力與公共之利益就隨之被表達了出來 26。從是觀之，公共領域是由行動者以言行相聯結而成的一種動態性之場域。

第二、公共領域的形成及其構成「公共生活」的特質在於行動者願意從事公共理性的探討、溝通、彼此分享與瞭解個別的觀點與利益——即使它們彼此相互對立衝突，並依據此公共理性討論的程序，把個人或黨派的「私利」轉化成一種公共性的目的 27。對於此種公共理性之討論，鄂蘭以亞里士多德的哲學人學之觀點，論證「理性若沒有溝通的意願，便是非理性可喻（unreasonable）」。在此，她提示亞里士多德對人的兩項基本解釋：人既是 "dzóon politikon"（政治之存有），也具有 "logon echon"（理性言說能力），職是，「人只要是政治性的存在，他就秉賦言說的能力，瞭解他人與被他人瞭解，以及表現說服的力量」。鄂蘭把人彼此之間理性之公共討論、瞭解、說服的經驗解釋爲真實的政治經驗 28。鄂蘭強調「言說」的公共性（或政治性）之含意，其理由在於行動者的個體性乃具體彰顯於言詞的表達，而政治活動所要

---

26 以上述所引的電視座談的記錄，鄂蘭以美國的公共生活爲例，說明從民間自發形成的草根性之結社的多樣性，如某一家庭成員的聯結、鄉里社區、或者在市鎮城市之居民的集會結社，他們相互聯結是有共同關切的公共議題，而且一起公開地表達這些議題，而行動有所爲，循經此途徑，「公共利益」、「公共之權利」與「公共領域」就被型塑。

27 關於這種理性之形式主義式的詮釋觀點，見上引 Benhabib, *The Reluctant Modernism of Hannah Arendt*, p. 146.

28 Arendt, "Concern with Politics in Recent European Philosophical Thought" (1954) in Hannah Arendt, *Essays in Understanding: 1930-1954*, pp. 442-443. 關於亞里士多德的人之概念與政治之理念，見江宜樺〈「政治是什麼？」：試析亞里士多德的觀點〉，刊登於《台灣社會研究季刊》（台北）第19期，頁165-194。

體現的正是人之多元之個體性；同時，經由語言之論辯、溝通的
途徑方能形成既能維繫人之個體性，又能相互聯繫的結社。

　　鄂蘭在形構以「公共領域」爲取向的政治概念時，爲了論證
政治的獨立自主性，排除了社會經濟(the Social)、宗教道德於政
治領域之外，此種定義的排斥性帶給鄂蘭的政治思想有相當大的
爭議，關於這爭議，西方政治思想具有許多的討論 29。在這裡，
我們關注的基本問題，則是鄂蘭基於什麼論據作如此的區分？並
依據對此問題的解釋，我們進一步說明鄂蘭之政治概念的意涵。

　　鄂蘭並不否認經濟生產(包括商品的製造與交換)乃是維持一
政治社會基本生存的重要條件，她也不否認人必須掙脱生存物質
之必然性的束縛，方有可能彼此以自由、平等的身分進入公共領
域，以公共之理性討論公共之政治議題，換句話說，解決經濟物
質的需求是獲得政治自由的一重要條件。另一方面，鄂蘭所肯定
的自由結社，無可否認的，乃是我們社會生活的一個方式(即使在
如鄂蘭所描述的「全面控制」的極權政體中，人依舊能在這控制
的縫隙中，進行私人的聯結)。

　　既是如此，鄂蘭嚴格區分政治與經濟活動領域的理據是什
麼？她做這種區分所要論辯的主題是什麼？依鄂蘭對西方現代性

29　關於這些討論，以及班赫比如何詮釋這項議題，見 Benhabib, *The
　　Relcutant Modernism of Hannah Arendt*, pp. 123-171. 依照班赫比的詮
　　釋，鄂蘭把經濟社會的議題排除在公共的政治討論與爭議之外，自己
　　混淆了此區分在分析上的兩個層次，一是客觀領域具有的實質內涵，
　　另一則是處理此區分的實踐態度，職是，在論證上處處顯示出無法讓
　　人信服的弱點。以班赫比的詮釋，能使鄂蘭掙脱困難的主要途徑在
　　於，把這種區分解釋爲「處理此區分的實踐態度」，把「公共－政治
　　領域」解釋爲行動者以言行互動過程中形塑出來的公共性與共同的媒
　　介(mediation)，透過此中介，一切屬於在界定公領域之實質內涵時被
　　排斥的事物，皆可轉化理性言說與討論的課題。

的理解，西方自18世紀以來，資本主義式的市場經濟發展開來，以及以資產階級為主體的「市民社會」逐漸形成，從這段時期開始，經濟物質的勞動生產、工藝技術的製造、講求數量、數據與效率之計算理性，以及規格化、一致性的社會生活形式，漸次地主導西方之現代性意識與政治社會的基本格局，在此過程中，人類生存的物質需求凌駕了美與善的價值，人為製造的活動控制了實踐之行動。人瞭解自身的意象依次被化約成「勞動之人」與「製造之人」(*homo faber*)的意象。「必然性」(不論是什麼形式)、「手段／目的」、「人為中心」的控制與計算等範疇席捲了我們瞭解世界的其他範疇。

當西方現代性陶醉自滿於經濟物質生產、工藝科技與自由憲政的偉大成就時，鄂蘭指出，西方現代性在瞭解政治的基本意義上，物質(或經濟的)個人主義、免受干涉的消極性之自由，以及量化的個人福利、道德多數決(moral majority)的輿論……等等逐漸剝蝕了個人的公共性的行動與參與。個人以公民同儕之身分的聯繫(civic association)，以及從參與公共事務中培養的「公共精神」、獲得的「公共之歡愉」(public happiness)都逐漸闇然不彰。

關於這種政治概念，我們從鄂蘭批判19世紀的自由主義與代議民主制中，可以獲得比較清楚的瞭解。鄂蘭並不否認自由主義自17世紀以來，在引導人民抗拒專制極權體制所得來的政治成就，她也肯定「自由主義……嘗試去表達與闡釋一自由社會的真實的健全的元素」[30]，亦即：人以公民身分的結社，以及透過抗爭要求國家對此自由結社給予法律上的保障，然而，在理論上的建構方面，自由主義卻以擬似「利益交換」的社約論的論證模式，

---

30 Arendt, *Essays in Understanding*, p. 282.

證成國家合法性之權威在於保障個人的經濟財產與生命安全，為求得此保障，個人把他的政治的權利和權力讓渡給國家權威，同意受國家的管理支配 [31]。到18世紀，蘇格蘭啟蒙時期的「政治經濟學」更強化自由主義之社約論的這些基本設定（單元子式的個人主義、以及私產權與生命安全的保障），它們把人的活動化約地解釋成「勞動生產」與「經濟之功能作用」的意義 [32]。同時，一切的價值被簡化成市場交換的商品價格。如是，政治行動若要有其真實的意義，就必須服侍經濟之生產與交換的效益。同樣地，政府的主要功能在於有效地管理工藝技術與商業貿易、提高經濟的競爭力，以及從事經濟資源與所得之分配，政治之生活（*vita activa*）遂被建立在社會經濟的基礎之上，政治的基本含意被解釋成社會經濟事務之管理。

鄂蘭的這種評論也反映在她對代議民主制的批判 [33]。代議民主制，就其歷史演進的過程來看，表現了兩種政治理想：第一，以自由理性的討論、溝通取代暴力的對抗；第二、相信分權（the separation of power）不會削減反而是增進與穩定政治權力的重要條件。依據這兩個論點，鄂蘭承認「政治的反對勢力必須制度化，成為政府的一項建制。」[34] 因此在制度的設計上，代議民主制以

---

31 Arendt, *On Revolution*, p. 169.

32 在《人之境況》一書中，鄂蘭以亞當・斯密的工作分類為例證，解釋古典時期被時為高級活動之型態（如醫療、藝術表演）或者不為實用之經濟利益而為的活動（如佈道、訴訟、歌劇之演唱等），在「政治經濟學」理論架構中，被歸類與貶損成「不具生產性的勞動」。Arendt, *The Human Condition*, p. 207.

33 關於鄂蘭的代議民主制的評論，參見江宜樺的〈漢娜・鄂蘭論政治參與與民主〉，收錄於張福建、蘇文流主編《民主理論：古典與現代》，頁123-151。

34 Arendt, *Essays in Understanding*, p. 267-8.

議會和政黨為主要的機關，透過政黨的運作，公民的多元的集體利益能被表達於公共的論壇。同時，透過議會的討論與論爭，本為片面性的黨派利益和觀點能夠趨近「公共的利益」。

然而，這種代議民主制及其政黨政治，在實際的運作上，以鄂蘭的評論，「卻走向寡頭的治理型式」（an oligarchic government），從事政治參與和治理工作成為少數人的事務，儘管這些少數自稱代表多數的利益和意見。另一方面，政治的主要目標僅在於增進民眾的利益和私人的福利，政治實踐的「公共自由」和「公共福祉」遂變成少數人享有的特權[35]。關於代議民主制的政黨政治，鄂蘭指出，在19世紀趨於定型的政黨政治，普遍來說，把公民的實際政治參與視之為次要的，因為政黨可以替代公民的政治參與，也可以代表公民的個人與團體的利益。除了這個論點以外，鄂蘭也論斷，在社會經濟逐漸取代政治，以及當有限之政府的理念被「福利國家」的理念所更替時，所有的政治問題遂變成技術管理的問題，它們被認為是可以託付給各類之專家全權處理。因此「即使是人民的政黨代表也很難擁有真實的行動領域，一切政治事務成為行政管理之職司所主導，他們的業務，儘管訴諸『公共利益』之名，卻與私人管理的業務，本質上，毫無區別。」[36]

姑且不論鄂蘭的評論是否是片面性，她不斷反覆辯論的政治概念在於，政治行動的言行的自我彰顯，以及個人的公民的同儕的身分，在相互尊重與公共關懷的聯繫中，形成各種自發性的「公民結社」，凝聚公民之政治權力，開創另一公共世界或領域。在此，鄂蘭肯定的政治道德的理念在於培養與增進「公民之美德」

---

35 *Ibid.*, p. 269.

36 *Ibid.*, p. 272.

（public virtue），如勇氣膽識、自我節制、承諾與寬恕……等美德。
依鄂蘭的論斷，自由主義一旦挖掉了此政治概念的根基，它的政
治論述變成「反政治的性格」，就此導致出來的結果是，自由民主
體制若要維繫其存在就只能依據有歷史淵源的政治文化（如英國
的典型例子），包括習慣、成規與傳統權威所維繫的各種制度。但
是，即使這政治文化的持續，追根究底來說，必須依賴公民的政
治實踐與美德及其結社所體現的政治權力[37]。

兩種對立的解釋模式及其歷史資源

　　史密特與鄂蘭嘗試分析政治的獨立自主性，以釐清政治存有
的基本意義，他們透過批判現代性的政治論述（包括自由主義、社
會主義），說明政治存有的基本意義如何被「非政治性之概念」（如
經濟社會、道德倫理的概念）所剝損，他們同樣地以「非常態」的
角度去闡發政治實踐的動力能量。然而，他們建立了不同且對立
的解釋模式，一是把政治解釋為國家主權分判友與敵的決斷，另
一則是公民的公共事務的參與與權力。
　　史密特的政治存有學的論證的重點在於，政治共同體的形構

37　鄂蘭在1959年於*Dissent*雜誌所發表的一篇引起各方抨擊的文章，名之
　　為 "Reflections on Little Rock"（對小岩城小學的種族歧視之反思）。在
　　這篇文章中，鄂蘭指出自由主義者無法真正瞭解政治權力的本質在於
　　公民自發形成的政治參與的「公民結社」，這種政治權力乃是整個國
　　家（或如她所稱的「共和體制」）之權力的基礎（見該文頁54）。一個民
　　主憲政國家若不鼓勵其公民的政治參與與公民結社的權力，就無法維
　　繫其肯定的多元主義，而且喪失了能阻礙或制衡國家政府之獨斷統治
　　的趨向，更甚者，無法抵擋極權統治的潮流」。Hannah Arendt,
　　"Reflections on Little Rock," *Dissent*, vol. 6, no. 1, 1959, pp. 45-56.

必須建立在國家主權所樹立的權威及其政府運作的絕對權力之上。同時，主權的基本性格表現於國家的最高領導者置身於國家的危及、存亡的關鍵處境，決斷何者是朋友、何者是敵人的團體（不論是國內或國外的團體）。在正常的情況下，國家及其最高領導者的決斷承當著政治認同（political identity）得以被建構的樞紐。此種決斷不涉及任何具體的內容，因此它可以是訴諸民族主義、集體抉擇、政治共同體的集體命運……等等價值，作為它決斷的憑藉；另一方面，此決斷不受任何憲政法規的規範，甚至可以衝破憲政法規或任何法規的網羅 38，以及成為一切法規與規範的根源。

對比之下，鄂蘭的政治存有學論證的主題在於，任何統治的機關都有走向任意獨斷之支配的傾向，抗拒這樣的支配權的資源來自於公民政治行動之實踐，以及由此凝聚的公民政治權力。關於這一點，瑪格麗特‧卡諾凡作了這樣的詮釋：「鄂蘭經歷了納粹極權統治，體會〔西方之政治文化〕無法強有力地抵抗此政治之罪惡，她的政治反思作了如是的結論：抗拒極權統治〔或任何獨斷之支配〕的防禦工事在於確立『共和體制』（republic）以保障平等之權利，同時，公民時時刻刻體會公民之行動的權力與共和體制的價值，並且以實踐去護衛共和體制。」39

---

38 在1930年寫成的《政治神學》（*Political Theology*）一書中，史密特論述道：「從規範的角度來看，〔國家及其最高領導者的〕政治決斷出自於『無』（nothingness），決斷的法律效力不同於實質（substantiation）」之決斷的結果。決斷之『歸屬』（ascription）不必訴諸於任何規範的助益，它自有其不同的發生之因。決斷之歸屬決定規範之本質及其正當性。職是，它不能導源於規範本質，而只能來自於決斷之內容的質性」。見Carl Schmitt, *Political Theology*, pp. 31-32.

39 Margaret Canovan, *Hannah Arendt: A Reinterpretation of Her Political Thought*, p.163. 卡諾凡把鄂蘭這種政治思想的模式解釋為「公民共和主義」（civic republicanism），有別於自由主義的政治論述的模式。

史密特與鄂蘭各自依據不同的政治實踐之歷史資源，建立政治存有學的解釋，若對於這些資源作簡要的提示，鄂蘭的政治概念來自於她對「前現代」的城邦政治經驗所做的闡釋，在這裡，所謂「前現代」的城邦政治，以年代的區分，乃是指西方在16世紀之前，現代國家尚未建立的這段期間的政治經驗。從鄂蘭形構其政治概念的脈絡來看，古希臘的 *"isonomy"*（以自由與平等的公民為基礎之政治秩序）、古羅馬共和的創制（the founding of political institutions）、中古與近現代的市民之結盟、馬基維利時代的義大利城邦皆構成鄂蘭建構其政治存有學的主要歷史資源 40。另一方面，鄂蘭的政治概念亦建立在她對亞里士多德（特別是經過海德格闡釋的亞氏之理念）、馬基維利、羅馬共和國時期的歷史家，如波利比斯（Polybius）、李維（Livy）與蘇魯斯特（Sullust）、美國建國時的「聯邦論者」（the federalists）與托克維爾等思想家的闡釋。

對比來看，史密特的政治存有學的歷史資源來自於西方從15、16世紀開始的現代民族國家建制的過程：從封建制轉向 *"Stanstaat"*（以土地產業與階層身分的為基礎的國家）、專制國家（the absolute state）與民族國家的發展過程。就思想的資源來看，布丹（Jean Bodin）、霍布斯，以及特別是「反啓蒙」之政治思想家，如曼斯翠（de Maistre），龐納德（Bonald）與卡特斯（Donoso Cortés）的國家理論構成史密特形構其政治存有學的主要資源。

從是觀之，鄂蘭與史密特的政治概念是呈現某種對立的辯證，一是所謂的「公民之政治概念」（the civic conception of the

---

40 在這裡必須說明的是，近代的革命，如法國大革命、美國獨立革命，以及極權主義政治，也構成鄂蘭闡釋的對象，不過，對這些歷史事件的闡述並不形成鄂蘭之政治概念的主要資源，反是鄂蘭依據她從古典之政治經驗而來的政治理念，作為她解釋它們的綱領。

political)[41]，其宗旨在於闡發城市或市鎮的市民的結社、公民的友誼同儕的聯繫、政治參與的公共活動……等公共生活之意涵；另一則是闡發人格化之主權國家、領土疆域之司法管轄、集體化與同質化的政治與民族文化之認同、屬民(the subject)而非公民身分的政治概念。

在這裡，我們以鄂蘭對古雅典的 *isonomy* 與古羅馬共和之創造的闡釋，以及史密特的「政治神學」為論題，去闡釋這種對立之辯證。

鄂蘭闡述*isonomy*與古羅馬共和之創制並不是循就歷史事件的敘述與解釋，而是從歷史的瞭解去發掘這些過去的政治實踐經驗對當代政治的瞭解而言所具有的恆定意義 [42]。依循這種進路，鄂蘭不會詳細地敘述*isonomy*與共和的建制經歷的貴族與平民(或農民)的鬥爭、政治與經濟的改革，以及體制的調整與重新安排……等歷史事件的演進過程，而是做一種理論的建構，在這種建構之下，*isonomy*這個出現於西元前第六世紀的末與第五世紀初的政治秩序，被解釋為：1. 容許廣大的平民(經過索倫解放的擁有耕地的小自耕農)以自由平等之公民身分，跟貴族共同參與與協商公共事務，而形成的政治體制(politeia)；2. *isonomy*表示人民對於任何專

---

41 關於鄂蘭與史密特之政治的概念，因歷史解釋之相異而呈現不同的意涵，參見 John Ely, "Political: Civic and Territorial Views of Association," *Thesis Eleven,* no. 46, August, 1996. pp. 33-65.

42 依據班赫比的詮釋，鄂蘭的闡釋途徑蘊含著歷史敘述，哲學之反思與理論之建構，其基本的旨趣在於，發覺被歷史之積澱掩埋的傳統的寶藏，職是，歷史之敘述與解釋並非如實記錄，而是以現實的政治關懷闡發值得記憶的歷史，理論的建構也非系統性的，不是以某些前提為基設做演繹式的推論，而是從歷史的瞭解中，抽離出某些恆定的政治道德原則。Seyla Benhabib, *The Reluctant Modernism of Hannah Arendt*, pp. 86- 91; 107-114.

制(despotism)與「僭主」(tyranny)的抗拒；3. *Isonomy*並非「一人之治」(monarchy)的治理型態，而是泯除「統治者」與被治者之界線，或者兩者身分同一的治理型態；4. 就*isonomy*的經濟社會條件而論，*isonomy*是在農民獲得土地所有權，以及從部落族群的血緣宗親的關係中解放，方有其社會與經濟的基礎 [43]。

鄂蘭從這樣的*isonomy*的所謂古希臘城邦的經驗，得出的政治概念，其具體的內涵乃是：政治乃是事關平等、自由、公民社群、公民之權力……等公共事務，這些事務必然跟公民的宗教、社會、經濟與種族或族裔(ethnical)的結社與事務相分離；鄂蘭雖然把宗教、社會、經濟……等事務劃歸為「私人領域」的事務，可是她並沒有把它們「私有化」，依照她的「公共領域」理論的邏輯，這些屬於「私人」(personal)的事務只要訴諸「公共領域」的論述、討論、爭議，就成為公共與政治議題或事務 [44]。

關於古羅馬共和之創制，鄂蘭不像共和時期的歷史家，如波利比斯一樣，剖析共和體制的基本結構(如混合了專制、貴族制與民主制於一體的體制)及其運作的原則。她所關注與闡釋的，是共和之創制呈現的原始精神，這即表現在於原本敵對鬥爭的團體社群，經由爭執、戰爭與協商，彼此立誓立盟，建立了恆定的聯繫關係，繼而營構可以維持彼此關係的穩定制度，鄂蘭在此以古羅

43　Arendt, *The Human Condition,* pp. 22-58, 以及 *On Revolution,* pp. 30-31. 關於*isonomy*從紀元前第八世紀到第六世紀在古雅典的發展，參見 Christian Meier, *The Greek Discovery of Politics*, trans. David McLintock (Cambridge, Massachusetts: Harvard University Press, 1990), pp. 29-140.

44　關於鄂蘭的公共領域理論之修正，參見Agnes Heller, "The Conception of the Political Revisited," in Agnes Heller, *Can Modernity Survive?* (Berkeley: University of California Press, 1990), pp. 123-126.

馬的語詞 "Societas" 來解釋這種情操，「相互立誓立盟，藉此，
人民彼此連結以形成一社群，這乃基於相互承認，以及以平等作
為前提；它的具體內容乃是尊重與履行承諾，其結果即是社會的
形成，或是各個社會的相互連結，以古羅馬的語詞，這即是Societas
的基本含意，意指相互連結(alliance)。」[45]

　　鄂蘭在《論革命》一書中，以美國革命之建國為例，說明共
和建制的精神；人民自發地相互結社，共同開創新的自由憲政體
制，同時，人民在從彼此的信賴中，立下憲章，承諾信守憲章之
誓言，依此奠定體制的權威。就此闡釋，鄂蘭總結了她的政治之
概念：

> 聯合與承諾、聯盟與立誓約乃是使公民之權力得以維持長
> 久的途徑；權力來自於公民彼此以獨特的言行相交往。在
> 任何地方、任何時刻，公民只要能保持此權力的完整，他
> 們就已經置身於從事建制的歷程，在其間，他們共同建立
> 一穩定的世界之結構，去安頓他們合作共事的權力。這表
> 現出人確立目標與信守之能力所秉具的「建造世界」(the
> world-building)的元素。人的相互信賴、彼此同意、信守承
> 諾乃是處理未來之不確定的唯一途徑，也唯有經由它，人
> 方有可能在變莫測、波濤洶湧的汪洋大海中，建立起穩定
> 的安身之處；依此而論，人的創制、建制，與「建造世界」
> 的能力真正用心所在，並不是為現時當下的自我著想，而
> 是高瞻遠矚，關切後代子孫。職是，行動的條件即是：在
> 人的能力當中，唯一需要人之多元性者乃是行動之能力；

45　Arendt, *On Revolution*, p. 169.

權力的構成，在於：權力乃是人唯一獨特的屬性，可以施
用於世界性的「介入╱之間」的(in-between)公共空間，藉
由它，人彼此相聯繫，透過確立與信守承諾，相互結合，
共創體制之根基(the act of foundation)，這在政治領域內，
可稱之為最高超的能力 [46]。

對照來看，史密特的政治概念，是依據他對西方現代性之國
家建制的歷史經驗的解釋，其論證的根本旨趣在於重建現代國家
構成之屬性，這屬性乃是國家管轄權確定的領域，所謂「領土國
家」(the territorial state)。這樣的國家，基本上，是獨立於任何存
在的高超權力，他不承認在其權力管轄的領土內存在任何與之匹
敵的權力，特別是教會的俗世與精神的管轄權。另外，整個政治
社會乃是為國家統治之目標而存在，這乃是國家建制的基本前
提。換言之，現代國家乃構成一「同質性」的存在體(a
homogeneity)，奠基在歸屬性的(ascriptive)、不必經過反思批判的
民族、文化或文明的同一性上。這現代性之國家的主要核心則是
權操最後之決斷的、具人格性的主權，如上面我們對史密特的政
治概念所做的解釋。

從歷史的角度來看，現代國家的形構起自於「受權杖之宗教
的爭執」(Investiture Contest, 1057-1122)，其間經歷封建領主與地
方權貴(或莊園領主)、莊園與市鎮、帝國與城邦國家彼此之間的
鬥爭、分離與兼併。國家的型態從封建國家轉型為專制國家(the
absolute state)，以至於19世紀的立憲國家。在反省這段歷史，史
密特關注國家主權跟宗教權威之間的衝突，以及相關的國家觀念

---

46 *Ibid.*, p. 175.

的轉變，關於這項反思的課題，史密特提出的基本解釋的觀點是：
「現代國家理論的有意義的概念乃是世俗化的神學概念，這不只
是因爲歷史發展使然（在這發展中，它們從神學轉向國家理論，就
此而論，譬如，全能的上帝轉變成全能的立法者），這也是因爲它
們之系統性之結構的特性。承認這一點，對於以社會學途徑考量
這些概念乃是必要的。法學所論之『例外性』（the exception）乃等
同於神學所謂之『神蹟』（the miracle）。瞭解此種類比，我們才可
能領會上幾個世紀哲學的國家概念發展的情況。」[47]

　　史密特會特別反思政治神學之問題，據筆者的瞭解，有兩種
理論上的理由：第一，就方法論的層面論之，史密特以「異常性」
爲切入點論究國家主權的決斷力，既是如此，他無法引援傳統「理
性」與「合理性」的觀點，論證此決斷力的根據；第二，史密特
認定一個整合統一的政治共同體必須建立在國家主權的最根本決
斷之上，同時，他否定任何規範的（如17世紀的自然法則，或如凱
爾遜（Hans Kelsen）的憲政法規，或如盧梭式的「人民主權」）可以
約束此決斷力，若是如此，國家主權依靠什麼力量整合內在的分
殊多元的勢力？針對這些問題，史密特除非訴求神學的論據，否
則，有什麼其它選替的途徑？

　　依史密特的詮釋，世俗化的過程，到19世紀的發展，取消了
所有的「一神論」與「超越性」的國家概念，也動搖了「一人專
制」（monarchical）的政治治理原則，而以「民主式的合法性理念」
取代的一人專制的原則，肯定「所有的權力皆存在於人民的
pouvoir constituant"（權力之構成）[48]。然而，這種「民主式的合法

47　Carl Schmitt, *Political Theology*, p. 36.
48　*Ibid.*, p. 51.

性的理念」是否能有效的解釋國家主權的實際運作，或者是切實
可視之爲國家主權之合法性原則？答案顯然是否定的。

史密特堅持國家主權乃是人格化的決定主體，決斷「什麼情
況是危急存亡之關鍵」，以及決斷「消除此危急所必須之手段」。
史密特爲論證這國家主權的權威性格，他必須闡發主權者的超越
性，這種「超越性」具有神學的意涵，一方面，史密特以「一人
之專制」原則確立國家主權的地位，另一方面，國家主權者(如君
主或元首)盤據如上帝一般的「無所不能」(*omnipotence*)與「絕對
無誤」(infallibility)的位格。換言之，在世俗化的過程中，史密特
嘗試確立國家主權概念中的「決斷論」與「人格化」(personalistic)
的元素 [49]。

史密特根據這種政治神學的論點，批判民主制呈現的「政治
相對主義」(a political relativism)，以及它所依據的「人之悟性與
批判之懷疑」的原則 [50]，這種民主制的政治論述無法確立由國家
主權形塑的「政治認同」乃是一政治共同體得以被建立的重要條
件。另一方面，他也引史坦恩(Lorenz von Stein)的評論，批判自
由主義的兩面性：

> 自由主義者需求一位君主(a monarch)，換言之，一位高超
> 的「人治之權威」(a supreme personal authority)，具有獨立
> 自主的意志與不受約束的行動，但是，他們卻要求這位君
> 主一切作爲必須依賴內閣的同意，以去除掉他的人格元
> 素，而成爲一種執行的機關。他們需求一位超黨派以及超

49　*Ibid.*, p. 48.
50　*Ibid.*, p. 42.

越人民議會的君主，但同樣地，他們也要求這位君主只能
依人民議會之意志行事。他們聲明君主的人格是不可侵犯
的，然而，他們也要求他立誓不可侵犯憲法，職是，違憲
是可能但不可以故意為之。人的智能天分大概沒有那麼敏
銳，……足以化解這種概念的矛盾 [51]。

依照史密特的考察，此種概念的矛盾性不只是呈現於民主制
與自由主義的政治論述，它也是西方在世俗化的過程中論證國家
主權臨遇到的一項基本難題，當宗教的「神聖性」(the sacred)被
科學理性，或經濟生產的邏輯給衝毀，倫理與政治的論述無法尋
究一形上根基去確立任何實質性的道德與政治原則，當多元價值
與分歧之世界觀成為政治文化的構成要素，同時，「一人專制」或
「君主制」被埋藏，政治認同的建立——作為一政治共同體得以
被形構的樞紐——遂變得脆弱不堪，甚至徒勞無功。史密特在此
以卡特斯(Donso Cortés)的語言，描述置身於此絕望之處境形勢中
的人的意象：「人性蹇蹇顛仆於歷史的迷宮，既不知入口，也不知
出口，更不知它的型態格局，人性宛如航行於波濤洶湧之大海的
船隻，顛簸搖盪，船上壅塞著被強迫徵召來的粗暴、狂野、叛逆
的水手，他們呼嘯、狂舞」[52]，不知航行目的何在。在西方俗世
化的過程中，政治替代了宗教成為絕望之人性的救贖，國家取代
了教會成為道德的管轄，然而，這種替代並沒有減損人們對於宗
教神聖性(或超越之形上根基)的想望。國家主權與司法之管轄，
本質來說，乃內蘊著這種神聖性，任何理性的論述企圖去取消這

---

51 *Ibid.*, p. 60.
52 *Ibid.*, p. 59.

種神聖性格，以史密特的解釋，最後只是自我矛盾。史密特對於俗世化的過程中有關宗教神學與國家政治的論述，若引用亞歷山卓・皮哲諾(Alessandro Pizzorno)的「水力學模式」(a hydraulic model)作說明的話，其基本的論旨即是,「神聖」(the Sacred)的水流一度被宗教制度的渠道所導引，當這個渠道被阻塞，另一道溝渠則引導這條水流，儘管不是全部的水流，這道新的渠道即是現代性的國家政治 53。史密特在重構現代性之國家主權的基本特性時，似乎有意地將神聖化的「道成肉身」的國家政治推到最積極的型態，而表現出「絕對性之政治」(the absolute politics)的理念。

問題與討論

　　史密特與鄂蘭依循不同的政治實踐的歷史經驗，經由理論反思的途徑，建立起不同的政治存有學的解釋模式。兩人的歷史與政治論述為我們指出了瞭解西方複雜的政治實踐與思想之歷史的兩個環節；一是古典的公民社群的政治實踐與理念；另一則是現代之「領土國家」之主權的政治作為。這是闡釋兩人的政治概念

---

53 Alessandro Pizzorno, "Politics unbound" in *Changing Boundaries of the Political,* ed. Charles S. Maier (Cambridge: Cambridge University Press, 1987), pp.27-62. 作者在這篇文章中嘗試去說明現代性之「絕對政治」(the absolute politics)的歷史起源，他特別從12世紀的「葛利果理的宗教改革運動」(the Gregorian Movement)闡釋西方現代性之國家烙印了這宗教改革的基本統治原則，他稱之為「葛利果理的環節」，此宗教的「神聖性」對於現世的或精神的活動作一種絕對性的控制與支配。依作者的解釋，儘管在俗世化的過程，宗教的「神聖性」被淡化的，可是它轉化於現代之國家體制當中，在這種轉移過程中，作者評論，除非國家內部有歷史機緣形成一強大的「市民社會」，否則，國家主權操縱如宗教般的全盤操控的權力，將帶來政治的無窮禍害。

的意義所在。兩人的理論建構各自有其洞識，但也有其盲點，現在，依照筆者個人的理解，提出幾項討論的議題。

從史密特的政治概念，我們學習到政治本質的敵友的對峙與衝突；另外，在某種程度上，我們也承認他所揭櫫的一項政治理念，亦即：即使在自由憲政國家裡，政治並不完全靠法治之規範而得以運作，政治的實踐經常會臨遇許多突發的、危急的情況，如何處理這些「例外」，或異常的政治處境，依史密特的觀點而言，就成爲試煉政治的領導者的政治能力與智慧的試金石，就如史密特所說的：「如果個別的國家不再有力量去宣稱〔它們有權利與能力去處理〕例外或異常的境況，那麼，它們就不再享有國家之地位。」[54]一個國家的憲法是否能賦予它的元首在例外、危急的境況中一種「獨裁」(dictatorship)的權利，就成爲這個國家能否成爲一個國家的重要條件。即使在平常的情況，一個政治共同體的成立也得靠國家主權的決斷(the decision-making)，以及人民對此主權的政治認同。

問題在於：史密特從「異常或例外的境況」爲立論的出發點，去建構他的政治存有學，在他的論述的脈絡中，史密特基於「異常境況」的考量，撤銷了法治、代議民主與公民政治之實踐，也由於強調異常處境之決斷，史密特也取消了政治決斷所必要依據的規範，換言之，古典時期所肯定的「智慮謹慎」(prudence或 *phronèsis*)乃爲政治之美德，在史密特的決斷的「虛無論」(nihilism)——亦即：決斷從「無」(nothingness)中而來——中，闇然不彰。此種政治的論點匯合了他所肯定的「反啓蒙」的政治神學，以「神蹟」(the miracle)、「上帝的無所不能」與「絕對無

---

54 Schmitt, *Political Theology*, p. 11.

誤」的非理性觀點，論證國家主權及其領導者的地位，最後可能
導致的政治則是傾向極權的「絕對政治」。

總結而論，史密特把政治化約地解釋爲「友與敵的分判與鬥
爭」時，忽略了政治另一個重要的面相：理性言說、討論與溝通，
以及從這裡尋求最起碼的聯結與同意(agreement)的可能性；在強
調國家主權與元首的獨裁式的決斷力時，忽略了「智慮謹慎」乃
是政治決斷的重要美德，再以神學式的論證推演出「絕對政治」
時，忽略了國家主權的權威與政府的管轄必須受到公民之言論與
政治實踐的約束或制衡。在多元分歧的價值與世界觀成爲一政治
文化的構成原則時，政治的統合(integration)很難如史密特所論述
的，建立在國家元首的意志及其決斷力之上，即使能夠，此「絕
對政治」帶給一政治共同體不是福祉，而是禍害，面對此多元化
的現代處境，國家政府不得不承認它所立意建立的「政治認同」，
只能安置於脆弱的「共識」上，然而，它愈能容受各種分歧，甚
至是跟它所主導的價值相敵對的價值與世界觀，並從其中尋究「暫
訂協議」，「政治認同」的根基就更爲穩固。

從鄂蘭的政治概念，我們讀出政治哲學的宗旨在於反思人的
「公民身分」或「公民權利」及其政治實踐與美德。鄂蘭基於她
對現代民族國家之擴張性與侵犯性的認識，以及極權政治的體
認，提出所謂政治乃是創立自由、平等的公共領域，在這領域內，
人以公民的身分共同關注公共事務，從事各種政治參與的事務，
一方面透過言行表達公民的自我認同，一方面，經由共同合作、
相互聯繫，而形成「公民之共同體」(a civic community)，凝聚「公
民之權力」，政治之能動性體現在這種公民的政治上，也唯有如
此，人方有可能抗拒國家政府的獨斷與官僚作風。鄂蘭對於現代
民族國家表現出強烈的懷疑，認爲即使是憲政法治的國家也不免

帶有獨斷、盲昧、自我封閉與自我本位、缺乏政治責任之承擔的
官僚作爲，基於這樣的懷疑，鄂蘭把政治的期望放在「公民的聯
繫結社」（a civic association）、公民的政治參與、美德（如勇氣、
明智審慎的政治判斷、自我節制、寬容與守承諾……等等），與公
民的政治權力。就這一方面論之，如果說史密特的政治概念偏向
絕對性的「國家主義」（etatism），那麼，鄂蘭偏向另一種絕對性
之政治，意即：公民政治的絕對性。職是，鄂蘭的政治概念很容
易被詮釋爲「民粹主義」（populism）與「無政府主義」（anarchism）。
儘管這種解讀對鄂蘭的思想是一種誤解，可是一方面，鄂蘭的政
治概念並沒有處理國家政府合理性與合法性的作爲，職是，無法
說明一政治共同體（或政治社會）的形構及發展在某種程度上必要
依賴國家的主權權威的決定、政府的基礎建設，以及政府各種制
度、機構的協調與整合（cooperation）的功能，另一方面，鄂蘭的
「公民政治」也未能處理「公民之聯繫結社」──作爲一集體行
動而言──如何可能的問題，單純地訴諸公民的美德做爲公民集
體行動的條件，未能觸及公民結社所依憑的許多實質的因素（如性
別、族裔或族群性、宗教信仰），以及它們錯綜複雜的互動關係，
及其內涵的人際之間的傾軋、鬥爭。同時，公民的結社作爲一集
體行動而言，如何可能有自我反省與批判的能力？

　　史密特與鄂蘭在論證政治的自主性上，把經濟活動排除於
外，兩人並沒有否認經濟乃是政治社會賴以存續的一重要條件，
可是，把經濟排除於政治活動與領域之外，同時對於西方現代性
的資本主義的「市場經濟」持著否定的觀點，這忽略了經濟的活
動（包含勞力的分工，以及經濟生產、流通與消費彼此間的合理性
因素）是整合一個政治社會的重要途徑，也無法討論經濟的合理化
分工的組織，以及工作的紀律對於個人理性之教育所呈現的意

義。把政治與經濟分離可能導致「技術官僚之政治」，認爲經濟純屬技術之層面的活動，因此，經濟的問題可託付給專業人士全權處理，如此一來，經濟的生產、流通、消費與分配對於人在其具體之生活世界可能產生的問題，就無法透過公民的論辯、溝通、討論而尋究出一公民所能夠同意的方案或計畫。舉例來說，史密特與鄂蘭的政治概念無法處理「福利國家」的理念和政策，因爲這牽涉到國家之決策與制度之運作，也關係經濟生產與所得的分配正義、公民對其生活環境品質與滿意程度……等錯綜複雜的議題，面對它們，史密特與鄂蘭把政治與經濟分離的理念終究無法解釋得進去，也無法提出有力的具體方案。

　　史密特與鄂蘭循就現代性之「分離原則」(the principle of separation)，把政治從社會經濟與道德倫理的領域分離了出去，兩人各自提出具洞識的政治概念，但也因此忽略了人在具體生活世界裡政治、社會經濟與道德倫理的相互關聯性，政治存有學若要有某種程度的現實的解釋性，就必然以這種互動的關聯作爲論述的出發點。

結 語

　　鄂蘭的政治思想不成體系。儘管如此,她的政治思辨始終一貫地關注人的行動及其實踐的基本條件——公共空間。鄂蘭以這兩項概念為軸心,反覆探索政治權力、權威、憲政法治、政治判斷的要義。她的政治論議呈現出什麼獨特的見解以及有什麼限制?在闡釋鄂蘭政治思想之後,個人對此問題提出某些管窺之見。

　　如前文所論,鄂蘭在「後極權主義」的處境中,闡釋人之行動與政治實踐的基本意義,嘗試建立一套「新的政治學理」,其論旨含義在於,激勵那曾經被極權政體給摧毀的政治實踐之動力及其尊嚴。在這一論點上,鄂蘭甚至把人存在的意義跟行動之實踐相互關聯。依她的解釋,人生命之莊嚴意義端在,人以秀異的言行展現自己於他人在場的公共空間,藉此自我展現,而體認自我瞭解之認同。另一方面,這種行動之踐履亦展現於行動者透過言行之交涉、溝通而相互結合,建立同儕之政治友誼、以及共同關切公共事務、增益公共之福祉,藉此體現公共行動之歡愉。

　　此種行動之實踐的理念兼具「劇場表演」與「協同共事」的兩個面相,前者意指言行之體現閃耀光輝(或榮耀)而透顯美感底蘊,後者意指行動彼此之間的交往溝通與聯繫、結合與團結。這種行動之踐履,進一步而論,必然是公共性的。在這裡,鄂蘭強調言行踐履乃落實於一空間之展延,既是空間,它便不是私密性的,不是被遮掩的。鄂蘭借用古希臘之 *"agora"*(廣場)為譬喻說

明，在公共的市集廣場中，喜好談天論地的古希臘公民議論政治、朗讀詩歌、講述歷史、爭辯哲學，也在這廣場上，古希臘公民召開「公民大會」，共同議論與決定城邦的公共事務。這種言談交鋒爭勝的公共活動，用平常語詞，也可稱爲戶外活動，它有別於家居戶內的私人性的、隱密性的交往。如此，公／私領域的區分遂成爲解說的重點。但如何確切地做如是的區分？以及在做此區分時，鄂蘭是否貶抑私人領域的活動？諸如此類的問題乃是評論鄂蘭之政治思想時經常引發的質疑。在上面的章節中，對此類問題已有所解釋，在這裡做一扼要之重述。

鄂蘭之公共空間的理念跟她的行動理念密切不可分割。在闡明人之行動及其實踐的意義上，鄂蘭排斥一般慣常引用的解釋架構，譬如因果律與目的論。她認爲這些架構無法確切說明人行動之實踐的真實，亦即，行動之自發性、創發性以及展現性。一個人從立意行動一直到身體力行將此行動付諸實現，這一過程預設了行動的自發性，亦即行動者不受內外之壓迫、支配或命令，而能夠自由地踐履行動。而且當行動者身體力行體現某種言行時，言行本身即是一種展現，行動主體透過言行之體踐而彰顯自我，這意涵行動者從遮掩隱匿之處中自我站立與展現。行動一旦如此展現，即表示它在某種機緣、場合中出現，或發生。純就行動之現象性而言，行動之發生呈顯一種偶然、一種無可取代的獨特性，一種非通則與定律可概括的特質。

針對人的行動而言，因果關係、目的論或者任何類似的解釋架構是可以正當地充當我們瞭解行動之意義的工具，或者認識論上的設置。但是這些解釋很容易讓我們罔顧行動本身存有的現象特質，而且把行動簡化爲承受某種潛在之因素所決定的行爲，或者一種類似工具性或技術性的操作，亦即，行動必須達成某種預

定的目的，否則行動本身不具任何意義與價值。為免除這種解釋
上的限制，我們可以承認：行動本身的現象性乃是優先於認識論
上的解釋。純就行動之現象而論，鄂蘭揭示它的自發、創發性以
及擬似劇場表演的展示性。如此，我們目睹的是，行動與言語在一
特定的場合中自發地發生、出現與展現，我們不必深究此言行之所
以產生的動機、意向、目的。我們所關注的是，言行展現的性質，
譬如勇敢、寬容、仁慈，或者殘酷、虛矯……等等。在此，鄂蘭並
不試圖建立一套用來判定行動之是非、善惡的價值論之準繩。

　　涉及人言行之踐履的自我彰顯，行動必然展現於一公共空
間。這空間，具體來說，可以從友朋談論的場合、眾人集合的場
所、城市的廣場、制度性的場域，進而擴展至抽象的「世界性」
（worldliness）——譬如我們生活其間的環境。但就其本質意義來
說，空間即是行動之實現的彰顯與展現，它的場域性表示，言行
之彰顯不僅是人個體性的表露，也是一種公共性、公開性的演示。
人個體性展現的品質容受他人的欣賞、議論與批判，反之，他人
的演示也是我個人可以品評與論斷的。如此來看，空間呈現人我
相互的交流與溝通，它是人我共有共享的領域。順此而論，公共空
間並不是既定而成靜態的處境，它是一種行動不斷發生與開創的動
態。在其中，行動者的交會聚集，也離異解散，在其中，人的單一
性與多元性的展現，以及個體與群體……交錯與交互作用。

　　空間的彰顯性必然交會著遮掩與隱匿性，所謂明亮與幽暗的
對比與交錯。從這個論點，鄂蘭解釋公共空間與私人領域的區分。
就基本的觀點來說，公共性意味彰顯、開放、多元、流通與交會，
相對地，私人性意味隱匿、寡佔、封閉、單一等質性。鄂蘭如何
具體地闡釋公共空間的彰顯性？

　　在處理人的 *"vita activa"*（活動之生命）的基本型態上，鄂蘭首

先排除 "*vita contempletiva*"（心靈之生命）。依她晚年的《心靈之
生命》的見解，人之思考與意志代表人從活動的世界中撤退，獨
自封鎖，而於內在心靈世界中活動。思考乃相對於認識論的認知
作用，它透過自我之對話而反思言行之意義，而且是一種漫無休
止的、自我否定，以及沒有終極定論的歷程。人的意志雖然經由
佔有外物而確立其存在，但是它的活動本質在於：它跟外力的對
抗，以及它自身糾葛於「我意欲」與「我無意」，或者「自我肯定」
與「自我否定」同時並生的對立。無論如何，思考與意志的活動
可以是自我獨一性的，它不必訴諸言語，而跟其他人有所交往與
溝通；就此而言，它無須自我彰顯，因而也不需彰顯之空間。依
據相同的理路，鄂蘭闡明勞動生產（包括經濟活動）與創造事物（包
括技術與藝術創作）都可以不必透過言行之彰顯與交流的活動，它
們無法表現行動主體的認同性，以及缺乏或被剝奪了彰顯性。因
此它們本質上不具公開性與公共性，也就是說，無法構成一種開
放與展現性之空間，因而是隱匿與遮掩的。擴大來說，屬於隱匿
性之私人活動包括了人內在的心理動向、人際之間的親暱關係（包
括男女的情愫）、性別、種族性──舉凡人生物性的認同，以及發
自人內心的悲憫情操、講求「誠心正意」的道德意念，以及廣被
眾愛的宗教實踐等等。

　　這種範疇的區分所引發的問題乃在於，它只講求分別、對立
而無法解說此對立互動與交會的可能性。譬如，我們即使領會人
行動的彰顯與公共性，可是我們如何可能不運用因果關係、目的
論的解釋架構來說明行動的意義？鄂蘭在此是否混淆了行動的存
有學與認識論的解釋？再者，人行動之實踐如何只可能是言行的
展現，以及是行動主體的自我彰顯，而不具有內在心靈（如思考與
意志）之活動的關聯？最後，論及行動與公共空間的彰顯性，我們

如何可能確認彰顯即真實（authenticity）？如我們在日常生活所體
會的，人的言行往往有抱隱顧私、匿非藏情，以及類是而非是的
情況。既是如此，我們是否有必要尋就分判真實與虛偽的可能性？

促使鄂蘭面對這些問題的機緣乃是「艾克曼審判之事件」，針
對艾克曼如何犯下濤天之政治罪行，鄂蘭提出「罪惡之浮淺性」
與「不思乃惡行之淵藪」的基本解釋觀點，而引發爭議。爲因應
此論爭，鄂蘭晚年專注於人內在心靈（思考與意志）活動的探討。
但是，人內在心靈活動。如何可能跟外在行動的彰顯有關聯？這
便構成鄂蘭晚年思想的重點。關於這個問題，鄂蘭嘗試透過人之
判斷力的論述，尋求心靈與行動得以關連的可能途徑。從她的論
證來看，心靈跟行動雖然依舊分別爲不同的兩個界域或層次，但
是鄂蘭終究承認人的思考孕育良知，而得以成爲道德實踐的資源
之一，意志的衝創力則是行動之開端啓新（自發性之自由）的根
源。儘管如此，這些內在的資源必須經由判斷力的中介（mediation）
才能轉化成爲行動之踐履。判斷力一方面作爲人內在心靈活動，
它的運作跟「心之發用」（反思）與「意之所趨」（意向）交錯互動；
但另一方面，判斷總是指向外在具體的對象，而且表現出分判它
們之美醜、善惡之品質的趨向，因此判斷之活動表現人之心靈有
能力超越其內在自我循環的封閉性，而進入開放與多元的行動之
空間（或世界）。鄂蘭所揭櫫的判斷力之預設，諸如「擴大之心靈」、
「不偏不倚的公正」、*sensus communis*（公共性之共識），均是行動
內蘊之質性，而且與行動之實踐同時彰顯。

從是觀之，鄂蘭早年標舉的「劇場演示」之行動理念，經由
晚年思想之轉折，有了某種程度的修正。行動之彰顯性（包括行動
之「易逝性」、「不可逆料性」、「無可轉圜性」以及「含混未明性」
等這些存在主義式之現象性描述之質性）必要融會思考與意志之

心靈活動以及判斷。面對任何一件行動，我們——無論作爲行動者本身或觀想者——均無法單從它公共性的展現而尋究其意義，因爲任何公共性之展現必有其隱匿、遮掩與僞飾，純就彰顯性，我們無法判別行動的真實性。是故，分析至最後，我們還是得從隱匿不可見之思維與意志活動，尋究行動之用心所在、意志之歸趨，以及觀察行動之情感與言詞之變化是否合乎情理之允當，並且「習其所始，明其所終」，而論斷行動終始之一貫性。

如果鄂蘭在判斷理論中，嘗試融會行動與心靈之活動而修正她早年所揭示的行動之彰顯的理念，那麼，這是否亦涉及她的公共空間與私人領域的區分？公共空間作爲言行展現所需要的多元、開放、自由以及彰顯的場域，它必須跟隱匿性的私人活動領域有所區別。鄂蘭相當堅持這個區分，從她思想發展的脈絡中，我們似乎發覺不了她有修正此區分的傾向。一般評論者對此亦頗多議論，舉其要者，大概有兩項：

1. 公共空間既是公民表達公共關懷以及議論政治事務的場域，那麼，它就不是個人私有物品，也不是私人可以獨佔，而應視爲「我們」所共有共享的，乃是「我們」表達共同的關切，以及可以彼此瞭解的場域。鄂蘭一再提示，凡是有聲張個人或集體主權，以及運用暴力威脅迫害的地方，公共空間就消失。依公共空間的這種性質來看，個人擁有之私密性的事務或活動，以及無法成爲「我們」大家共同關切與討論的事務均不應進入公共空間。問題在於，我們如何明確地界定何者是公共事務，何者不是？對此問題，鄂蘭的理念引發最大的爭議在於，她把人活動之社會性與經濟性排除於公共空間之外，因此，人之社會性的聯繫與關係（如性別、種族性）以及

經濟性的(如經濟生產模式、關係與分配)遂無法成為公共討論的議題,但是這如何可能?

2. 公共空間的構成必須有其制度結構之安排或設置,在鄂蘭的解釋裡,制度之建構乃是人「製造事物」(fabricating)能力的表現,而跟「行動」有所區別。但是,公共空間裡公民的政治議題如何可能不涉及制度結構的問題?在《論革命》一書中,鄂蘭把革命實踐視為行動與創制的典範。但是創制在她早年的《人之境況》一書中,卻被解釋為人「製造事物」活動的一種型態,而跟人言行之踐履(praxis)與公共空間的彰顯有了明顯的區別。就此,鄂蘭引援古希臘雅典之政治經驗,說明城邦歷經幾位偉大之立法者的創制,而有了憲政安排之後,才形成公民論議政治的公共空間;創制、立法等有關憲政制度之建構並不屬於「政治」的範疇。假若如此,鄂蘭對革命實踐之闡釋將產生政治實踐與創制憲政之間的對立緊張。憲政是否無法成為政治性之論議課題?

針對這兩項基本之爭議,鄂蘭並沒有提供我們足以解釋的觀點。許多政治學者,譬如艾珍妮‧海勒(Agnes Heller),席拉‧班赫比,漢娜‧庇德金(Hannah Pitkins)曾經嘗試為鄂蘭找到圓融的解釋途徑。這種修補的工作並不一定符合鄂蘭思想原意,而且解釋亦顯分歧。但有一個論點是她們共同肯認的,亦即:鄂蘭公共空間論述的洞識在於揭示「個人性即非政治性」(the personal is not political)。在這裡,我們從這個觀點進一步探究鄂蘭之公/私劃分的意義。這個論點的現實意義在於,個人性(與隱私性)與公共性(或政治性)的分際在當前大眾媒體的報導與論述中常被混淆,而斷傷了輿論──作為公共性之表達──必須嚴守的界線。為什

麼必須嚴守這個分際或界線？

　　如上所述，公共空間一方面是行動者透過言行之實踐而自我表現，另一方面則是公民共同尋求與解釋公共議題的場域。構成公共議題者必定是公民共同關切的，它們不僅跟個人切身的福祉或理念有關，也關涉個人的生活，舉凡社會、政治、制度與生態之環境問題，更重要的是，這些議題必定是公民可以透過言談、論辯，甚至爭議，而可以共同審議以尋獲某種共識，並謀求解決之道的。

　　相對於公共空間的，則是個人私密與隱蔽性的生活，就其一般之生活方式而言，私人領域指涉家庭的親屬關係（包括男女之親暱情感），就最深沈的層次而言，則是人深邃之內在心思，對此，鄂蘭常用「黑暗之心」來描述其特性。人內在之情感、思維、幻想與衝動，如我們所體會的，往往交錯纏繞，就宛如叢林一般，幽深不可測。從鄂蘭本人論述觀點來看，人在自我瞭解上，如果只是透過深刻的內省功夫，是難有所成，其理由在於，人內在的心思、反省與意欲的活動，就本質而言，乃糾葛於自我之偶極化的處境而無法自拔。因此唯有在行動中，此種心思的糾葛纏結才有可能解開，也在這言行的踐履中人才有可能體認「我是誰」的認同資源。

　　鄂蘭的說明蘊含了公共空間與私人領域的區別，亦即，兩者各有其活動的邏輯、一定的界線，不得相互逾越。因此兩者的區分表示：行動者必須明辨有哪些是個人可以顯露於公共空間而成為公共之論議，有哪些必須遮蔽而只能對近親友朋傾訴，抑或埋藏於個人的胸懷。兩者區分的藩籬一旦被拆解，公共與私人生活及其畛域的尊嚴必遭受扭曲與摧殘。如前文章節所闡述的，極權主義對人性尊嚴的毀損乃在於政府權力任意地穿透至私人生活的

領域，如家庭的親屬關係與人際的友誼，甚至連私人最隱密的自我深處，都不放過，企圖將之暴露於公眾。又如法國革命在羅伯斯比的領導下所產生的「美德之恐怖統治」，當政治領導人企圖把人內在深邃的、且不可言喻的悲憫（compassion）揭露於公共空間，並把它表述是爲政治治理的原則時，政治實踐不但喪失其所從事的課題，也使得政治場域瀰漫著「追逐偽善，毋枉毋縱」，人人自危的憂懼與恐怖的氛圍。

因此，爲保障個人隱私的尊嚴，從道德層面來說，任何人有必要學習自制，或以鄂蘭的話，「恪守分際」的美德。行動者在公共空間的自我彰顯乃蘊含一種判斷力，能明辨個人的心思、情感與作爲有哪些是相關的公共領域可接受，並且成爲公共議論的對象，再者，行動者能以切適的語言與態度表達它們。同樣地，行動者所置身的社群及其政治文化也必須有一種注重節度的覺識，而且有能力分判私人性與公共性自我的界線，大眾媒體能克制「窺伺個人隱私」的傾向，而讓個人在公共空間的表層下，儘可能發展個人獨特的內在與私人生活。

培育與養成這種「恪守分際」的節度，其理由，就如美國政治哲學家聶格爾（Thomas Nagel）言論所言：「人既是又複雜又個別分歧。一個人若要求他的感情、心思與要求悉數爲公共空間所接納，那麼，勢必帶來人彼此相互侵犯與衝突。公共空間乃是複雜且彼此分歧的個體彼此交會互動的地方，它是單一的而且有其限度。人們進入這空間也必須有所節制。每一個人言行的表達必須是公共空間裡的人們可面對處裡的，若非如此，個人言行的表達必會帶來人際的混亂與紛擾。誠然，是有不同的空間以及各種團體，它們各有其可容受衝突的限度。但是所有公共空間的運作均如同某種交通管制的形式，必要調適個別差異的人們，他們個個

都複雜萬端，而且潛在的衝突和鬥爭也是漫無盡頭的。同樣地，我們為了彼此的調適，在處事處人方面，必須學習圓融、謙恭、忍讓，處處為人留餘地、顧及他人的面子，以及不計較他人無心的過失。這些態度不是虛偽，而是我們可體會的人際交往的常規習尚。我們在公共交往的過程中，如果毫無節制地表現慾望、貪念、蠻橫霸道、焦慮不安與妄自尊大，那麼，我們就不可能有公共生活可言。同樣地，如果我們毫無顧忌地表達個人的心思、情感與隱私於公共空間，而成為公共輿論的焦點，以為如此才能造成坦蕩蕩的人格，那麼，我們就毫無私人生活可言。」[1]

我們區分公共空間與私人領域，分辨公共性與隱私性之自我，終究來看，是為了同時保護兩者的完整性及其尊嚴。泯除了這個分界，個個繁複且彼此分歧的個體便失去了和平共處以及彼此增益的條件。

說明至此，我們或許會進一步地提問：誠然，個人自我之內在心思以及隱密性的私人生活都應該被保護，而不得任意地被暴露於公共空間以及成為輿論的課題。但是，如我們現在所見的家庭之暴力事件，代表公權力的司法是否應基於公私領域分隔的理由而插手不管？對此問題，我們不會否認公權力介入的正當性。然而，政府是否因此可以在每一個社區設置社福人員偵伺每個家庭，以防制家庭暴力的發生？就此議題而言，公共空間與私人領域之劃分，其意義在於，國家法律與政府權力不能主動地介入與干涉公民私人生活的領域。舉例而言，國家不能因為要消除社會之種族歧視，而立法強制公民必須異族通婚。至於公共空間及其

1　Thomas Nagel, "The Shredding of Public Privacy," *The Times Literary Supplement*, August 14, 1998, p. 15.

論議是否可以如鄂蘭所提示的排除社會與經濟事務？的確，我們很難想像社會(如種族與性別歧視)以及經濟(如徵稅與所得分配)的議題無法進入公共空間成爲公共討論的重要課題。對於這種詰問，鄂蘭並沒有提供我們明確的解釋。但是我們可以依據上面討論的公共空間的論點，試圖作一種闡釋。

鄂蘭劃分公共與私人畛域，其論旨的涵意在於，防止公共空間及其論議因纏雜不相干的事務(如個人的性生活或性癖好)而模糊或分散了該討論所能處理的議題(如公民受壓迫以及關於自由和平等的議題)。從這一點來看，公民在公共空間上的活動及其論議，就其性質來說，是不同於他們的社會與經濟的活動。人的經濟生產與社會交往委實不需要一種公共性的空間。但是公民遭受到經濟的不平等待遇，或者種族與性別歧視，這就不僅僅是關係個人福祉與尊嚴，也牽涉「我們是否能夠生活在一起」的公共性問題。這個時候，社會與經濟事務不再只是私人問題，而是公共性事務。我們沒有理由禁止它們得以進入公共空間並成爲輿論之課題。它們既然成爲公共之議題，它們就必須是可以透過言語論證所說服、批判與判斷的，易言之，是一種公共性的展現。

從上面的論述，我們承認公共空間與私人領域(包括經濟與社會之活動)在實踐上必然有一種互動的可能性，但是在原則上鄂蘭的區分依舊是爲我們肯認的規範。

從這種區分，我們進一步闡釋鄂蘭不曾說明的「政治」之概念。「政治」一詞，依普通常識而言，往往指從政人員的作爲、國家之主權(不論落實在個體或制度)的決定、政府政策的擬定與效應，或者指某種政治體制的治理。然而在鄂蘭公共空間的論述當中，政治意含公民對公共事務的關懷與意見，以及具體的行動參與。這政治之行動必是落實於公共空間，而且是公民相互結合而

成的協同一致之行動力，或依鄂蘭的用語，形成一種公民之權力。
這種政治不是一種建構事物與經濟生產的活動，因此不涉及工藝
技術與行政管理之事務。政治不是追求物質慾望與需求的滿足，
也不是依照「手段—目的」之策略與支配之行動。誠然，這種政
治之概念重新闡釋了古典的 *Homo politicus*（政治人）之意象以
及「參與式民主」的意涵。

　　關於這人之意象與「參與式民主」的理念在上面各篇章中皆
有所闡述，因此在這裡不再贅述。現在討論這些理念所蘊含的兩
個基本議題。一是有關鄂蘭民主理念中個體與群體（或我群）的關
係；二是政治實踐與憲政體制的關聯。這兩個基本議題源出鄂蘭
行動理論中的一個解釋觀點，亦即：鄂蘭肯定個體之多元性的、
自我彰顯之行動，以及人行動之實踐秉具「開端啓新」之原創力。
從這觀點激發的問題則是，個體的自我彰顯的多元性行動如何可
能形成協同一致的共同行動？以及行動之原創力若是表現在突破
任何既定常規與秩序的能動性，那麼這樣的原創力如何說明自己
並不是一種無規範性的非理性行動？換句話說，原創性之行動如
何克服自身蘊含的任意性與獨斷性 2？

　　對這些問題，我們在這裡試著從公共空間的理念作一種闡
釋。鄂蘭雖然闡明行動之自我彰顯所需要的空間性，但此空間性，
鄂蘭雖非明示，亦預設人與人之間的互動關係（如鄂蘭所稱的人際
之網絡），再者行動之公共空間必須有它的制度結構（以鄂蘭的用
語來說，人營構出來的、構成文明與文化的事物）。因此，行動之

2　一般而言，鄂蘭並沒有清楚闡明這些問題，理由在於，鄂蘭政治思辨
　　的方式著重於區分明辨，如區分心靈與行動、區分公共空間與私人領
　　域……等等，而不喜將被區分開來的概念或範疇做一種辯證式的互動
　　關聯。因此她的政治論述往往自限於這區分的泥淖而不能自拔。

多元性的自我彰顯以及追求卓越（virtue）的實踐必然是在人際之間的網絡與一定之制度中進行，在此脈絡中，行動自我彰顯之榮耀與偉大是指行動主體忠實於自我（authenticity）的表現，以及具體地體現某種「高貴」的原則，繼而讓人讚美欽佩，甚至產生一種讓人願意追隨的魅力。政治的領導往往從這樣的行動處境中產生。鄂蘭雖然認爲行動之榮耀是不證自明的，但這不證自明，在鄂蘭的論述中，已經預設規範性的前提。當我們說，一個人在公共空間表現出偉大的行動時，這偉大的美德是展現爲我們所肯認的，諸如勇氣膽識、謹守分際、靈巧手腕、改進現狀、化解危機⋯⋯等美德與事功。在公共空間展現的行動之榮耀，之所以有光輝，正是因爲體現了真實、美德，而有了一種美的質素。相反地，如果一個行動者在言行實踐的處境中，處處展現「唯我獨尊」（self-sovereignty）的傾向以及支配的意志，或者以現實利益爲誘使，或以隱含歧視與仇恨的意識型態爲號召，儘管得以吸引眾多的扈從，他行動之展現不是偉大，而是奴役，既役使自己也奴役他人。

　　個人之自我展現的多元言行如何形成一種「協同一致」的行動？一般評論者，如上所述，認爲鄂蘭的行動理論有個體自我展現與個體互爲主體溝通的兩個面向。因此，欲從個體的表現，繼而講求人的團結，是有其論證的困難。關於這一個議題，在此嘗試作一說明。

　　鄂蘭把行動者相互結合，而形成協同一致的行動力稱爲權力，或確切來說，公民之權力，並且認爲此權力乃是一切政體（polity）與政府的基礎。這種觀念如果扣合公共空間的理念來看，它表示公共空間並不是靜態、既定的，而是公民權力拓展出來的。但行動主體如何可能由個體形成一個「我群」（we）的行動體？這個問題的意識源自：任何個體在公共空間追求秀異的言行，以凸

顯自己，在人際互動的網絡中，必然發生相爭奪的景況。行動者
如何能掙脫這種處境而達成共同行動的決定？對這個自霍布斯以
來爲西方政治哲學家關切的基本問題，鄂蘭並沒有作系統的說
明。在這裡，我們以鄂蘭之公民權力之概念作一解釋。鄂蘭在說
明公民權力的意義時，她舉第二次世界大戰法國地下解放軍的作
爲、戰後匈牙利布拉格之春的抗暴、1960年代美國的學生與人權
運動……等爲例子以闡明此權力的具體落實。從這些例證來看，
我們大致可以說，由個體結合成「協同一致」行動的公民權力，
其得以形塑的條件之一在於，行動者基於抵抗專制壓迫的欲求，
以及體現自由的激發力。在由外在獨斷之勢力的壓迫下，公民自
覺地，且自發地起而抗拒，經由實踐以建立一自由的體制。在這
實踐的過程，個體彼此之間有一種共同奮鬥的對象，以及經由共
同之審議（deliberate）而達成爲何奮鬥以及如何行動的共識，或同
意（agreement）。當公民有此「同意」而形成共同行動的權力時，
公共空間就展現出來。

　　換一個角度來說，這種公民權力亦具體表示鄂蘭所強調的行
動之「開端啓新」的動力，以鄂蘭論述的脈絡來看，其極致的表
現在於革命實踐之時刻，而在平常則是表現於公民團體對政府與
理念的批評。鄂蘭在《論革命》一書中，當論及革命之「開端啓
新」的實踐力時，碰觸到此行動力——特別表現於「制憲權力」
（constituting power）——是否具有「正當性」（legitimacy）的問題。
基於法國大革命的教訓，鄂蘭強調：當革命分子在爲此行動力找
尋一種超越行動主體及其權力之外的絕對原則時，或者抬出一位
偉大的立法者，或者以一種集體式的「民族」或「人民多數」作
爲此行動力的正當基礎時，革命實踐就輕易地轉變成爲革命之獨
裁。在解決這問題上，鄂蘭以美國革命爲例，說明行動所展現之

「開端啓新」本身並非任意獨斷的,而行動內在就蘊含一種規範。
較詳細地來說,行動者彼此之間立下誓約,同意以及承認共同行
動以抵抗與解放奴役之狀態,並共同開創一新的政治局面,締造
一自由憲政,在這個時候,行動的創發性及其凝聚的權力在其內
在就形成一種正當性,在這論點上,鄂蘭引援洛克式的水平式同
意論——有別於霍布斯式的同意論——論證此行動及其權力的正
當性來源。也在這個論點上,儘管鄂蘭依舊區分行動與制度之範
疇,可是透過革命之論述,鄂蘭肯認制憲力或者任何制度之構成
亦是行動之創發力的一重要環節。

　　以上針對鄂蘭政治實踐與公共空間的理論所蘊含的議題作了
某種結論,但此結論並非定論。凡熟悉鄂蘭政治思想的人皆可瞭
解其內在充滿甚難化解的對立矛盾,而且其論述雖精緻細微但往
往纏繞不易索解。但這種思想的矛盾或許是她的魅力所在。在極
權主義後的當代處境中,鄂蘭的政治思想提供西方世界許多洞察
政治倫理之幽微的識見,也激發政治想像與論述的靈感。

　　跨越西方世界,鄂蘭的政治思想對我們而言,呈現什麼重要
意義?誠然,這是不易解釋的問題,但是,我們可以說,鄂蘭對
行動之公共性及其美德的闡發,是我們政治思想與實踐的傳統所
欠缺的。透過對她政治思想的瞭解與闡釋,或許可以給予我們某
些啓發。

參考書目

Arendt, Hannah

1946   "What is Existenz Philosophy?", *Partisan Review*, vol. 13, no. 1, Winter, pp. 34-56.

1951   *The Origins of Totalitarianism,* New York: Harcourt Brace Jovanovich.

1953   "Understanding and Politics," *Partisan Review*, vol. 20, no. 4, pp. 377-392.

1956   "Authority in the Twentieth Century," *Review of Politics*, vol. 18, no. 4, pp. 403-417.

1958   *The Human Condition,* Chicago: University of Chicago Press.

1959   "Reflections on Little Rock," in *Dissent*, vol. 6, no. 1, pp. 45-56.

1960   "Freedom and Politics: A Lecture," *Chicago Review* 14, pp. 28-46.

1963   *On Revolution*, New York: Viking Press.

1968   *Men in Dark Times*, New York: Harcourt, Brace & World.

1969   *On Violence,* New York: Harcourt, Brace & World.

1971a   "Thinking and Moral Consideration: A Lecture, "*Social Research* vo. 38, pp. 417-446.

1971b   "Thoughts on Politics and Revolution," *New York Review of Books* pp.8-20.

1971c   "Martin Heidegger at Eighty," *New York Review of Books* vol. 17, no. 6, pp. 50-54.

1972   *Crises of the Republic*, New York: Hartcourt, Brace, Jovanovich.

1975   "Home to Roost," *New York Review of Books*, July 26.

1977   *Between Past and Future,* enlarged edition, London: Penguin Books.

1978   *The Life of the Mind*, vol I: *Thinking*; vol. II: *Willing*, ed. Mary McCarthy, New York: Harcourt Brace Jovanovich.

1982 〈認知心與道德心〉，蔡英文譯，收錄於《帝國主義》，台北：聯經。

1982 *Hannah Arendt: Lectures on Kant's Political Philosophy*, ed. Ronald Beiner, Chicago: Chicago University Press.

1982 《極權主義》，蔡英文譯，台北：聯經。

1982 《帝國主義》，蔡英文譯，台北：聯經。

1990 "Philosophy and Politics", *Social Research*, vol. 57, no.1, Spring.

1994 *Essays in Understanding: 1930-1954*, ed. Ferome Kohn, New York: Harcourt Brace Jovanovich.

1995 《極權主義的起源》，林驤華譯，台北：時報。

Benhabib, Seyla

1992 *Situating the Self: Gender, Community and Postmodernism in Contemporary Ethics*, Oxford: Polity Press.

1996 *The Reluctant Modernism of Hannah Arendt*, London: SAGE.

Berlin, Isaiah

1969 *Four Essays on Liberty*, Oxford: Oxford University Press.

Bernstain, Richard

1996 Hannah Arendt and the Jewish Question, Cambridge: MIT Press

Bobbio, Norberto

1989 *Democracy and Dictatorship*, trans. Peter Kennealy, Minneapolis: University of Minnesota Press.

Brunkhors, Hauke

1996 "Are Human Rights Self-contradictory? Critical Remarks on a Hypothesis by Hannah Arendt," *Constellations*, vol. 3 No.2, pp. 90-207.

Canovan, Margaret,

1974 *The Political Thought of Hannah Arendt*, London: J. M. Dent.

1992 *Hannah Arendt: A Reinterpretation of Her Political Thought*, London: Cambridge University Press.

1998 "Hannah Arendt: Republicanism and Democracy," in *Liberal Democracy and its Critics: Perspectives in Contemporary Political Thought*, eds. April Carter and Geoffrey Stokes, Cambridge: Polity Press, 1998.

Castoriadis, Cornelius

1991   *Philosophy, Politics, Autonomy: Essays in Political Philosophy*, New York & Oxford: Oxford University Press.

Cohen, Jean

1992   *Civil Society and Political Theory,* Cambridge, Mass: MIT Press.

1996   "Rights, Citizenship, and the Modern Form of the Social: Dilemmas of Arentian Republicanism," *Constellations,* vol. 3, no.2, pp. 164-189.

Constant Benjamn

1988   *Benjamin Constant: political Writings,* ed. Biancamaria Fontana, Cambridge: Cambridge University Press.

Dietz, Mary

1994   "Hannah Arendt and Feminist Politics", in *Hannah Arendt: Critical Essays*, eds. L. Hinchman and S. Hinchman, Albany, NY: SUNY Press, 1994.

Ely, John,

1996   "Political: Civic and Territorial Views of Association," in *Thesis Eleven*, no. 46, August, pp. 33-65.

Habermas, Jürgen

1989   *The Structural Transformation of the Public Sphere: An Inquiry into a Category of Bourgeois Society,* trans. Thomas Burger, Oxford: Polity Press.

1998   "The European Nation-State: On the Past and Future of Sovereignty and Citizenship" in *The Inclusion of the Other: Studies in Political Theory* eds. Ciaran Cronin and Pabli De Greift, Cambridge: The MIT Press.

Heidegger, Martin

1977   *Basic Writings from Being and Time (1927) to The Task of Thinking (1964),* ed. David F. Krell, New York: Harper & Row.

Heller, Agnes

1990   *Can Modernity Survive?* Berkeley & Los Angles: University of California Press.

Heller, Agnes & Ferene Feher

1988   *The Postmodern Political Condition,* New York: Columbia University Press.

Honig, B.（ed.）
  1995   *Feminist Interpretations of Hannah Arendt*, University Park, PA: Penn. State Press.
Ignatieff, Michael
  1998   *Isaiah Berlin, A Life*, New York: Metropolitan Books.
Isaac, Jeffrey C.,
  1992   *Arendt, Camus, and Modern Rebellion*, New Haven: Yale University Press.
Kant, Immanuel
  1986   *The Critique of Judgement*, trans. James Creed Meredith, Oxford: the Clarendon Press.
Kateb, George
  1984   *Hannah Arendt: Politics, Conscience, Evil.* Oxford: Martin Robertson & Company Ltd.
Kundera, Milan
  1986   *The Art of the Novel,* London: Faber and Faber.
Lefort, Claude
  1988   *Democracy and Political Theory*, trans. David Macey, Minneapolis: University of Minnesota Press.
Lobkowicz, Nicholas
  1967   *Theory and Practice: History of a Concept from Aristotle to Marx,* Norte Dame, Ind.: University of Norte Dame Press.
  1977   "On the History of Theory and Praxis," in *Political Theory and Praxis: New Perspectives,* ed. Terence Ball, Minnespolis: University of Minnesota.
Löwith, Karl,
  1995   *Martin Heidegger and European Nihilism*, ed. Richard Wolin, and trans. Gary Steiner, New York: Columbia University Press.
Luc, Ferry
  1990   *Political Philosophy,* vol. II, trans. Franklin Philip, Chicago: The University of Chicago Press.
Macedo, Stephen
  1990   *Liberal Virtues: Citizenship, Virtue, and Community in Liberal Constitutionalism,* Oxford: Clarendon Press.

MacIntyre, Alasdair
1985   *After Virtue*, London: Durk Worth.
Marx, Karl
1977   *Capital: A Critical of Political Economy,* Penguin: Harmonds Worth.
Meier, Christian,
1990   *The Greek Discovery of Politics,* trans. David McLintock, Cambridge, Massachusetts: Harvard University Press.
Mink, L. O.
1987   "Mode of Comprehension and the Unity of Knowledge" in L. O. Mink, *Historical Understanding,* ed. Brain Tray, Ithaca: Cornell University Press.
Mouffe, Chantal (ed.)
1992   *Dimensions of Radical Democracy: Pluralism, Citizenship, Community,* London & New York: Verso.
Nagel, Thomas
1998   "The Shredding of Public Privacy," *The Times Literary Supplement,* August 14.
Negri, Antonio
1999   *Constituent Power and the Modern State,* trans. Maurizia boscagli, Minneapolis: University of Minnesota Press.
O'sullivan, Noel
1971   "Hannah Arendt: Hellenic Nostalgia and Industrial Society," in *Contemporary Political Philosophers,* eds. Anthony de Crespigny and Kenneth Minogue, London: McMillian.
Patkin, Hannah
1998   *The Attack of the Blob: Hannah Arendt's Concept of the Social,* Chicago: Chicago University Press.
Pizzorno, Alessandro,
1987   "Politics unbound," in *Changing Boundaries of the Political,* Cambridge: Cambridge University Press, pp. 27-62.
Ricoeur, Paul,
1991   *From Text to Action,* trans. Blamey and J. B. Thompson, Evanston, Illinois: Northwestern University Press.
Shanks, Andrew

1995   *Civil Society, Civil Religion*, Oxford: Blackwell.

Schmitt, Carl

1976   *The Concept of the Political*, trans. George Schwab, New Brunswick: Rutgers University Press. 原書出版於1927年，修訂版，1963年。

1985   *Political Theology: Four Chapters on the Concept of Sovereignty*, trans. George Schwab, Cambridge, Massachusetts: The MIT Press. 原書出版於1932年，修訂版，1934年。

1987   〈論憲法制定權〉，蕭高彥譯，刊登於《憲政思潮》八十期，台北，頁16-20。

1988   *The Crisis of Parliamentary Democracy*, trans. Ellen Kennedy, Cambridge, Massachusetts: The MIT Press. 原書出版於1932年，修訂版，1926年

1996   *The Leviathan in the State Theory of Thomas Hobbes: Meaning and Failure of a Political Symbol*, trans. George Schwab, Westport, Connecticut: Greenwood Press, 原書出版於1938年。

Schulze, Hagen,

1996   *States, Nations and Nationalism: From the Middle Ages to the Present*, trans. William E. Yuill, Oxford: Blackwell.

Schürmann, Reiner

1987   *Heidegger on Being and Acting: From Principles to Anarchy*, trans. Christine-Marie Gros, Bloomington: Indiana University Press.

Sieyès, Emmanuel Joseph

1963   *What is the Third Estate?* trans. M. Blondel, New York: Praeger.

Walzer, Michael

1992   "The Civil Society Argument," ed. Chantal Mouffe, *Dimensions of Radical Democracy: Pluralism, Citizenship, Community*, London: Verso.

Wolin Richard

1995   "Carl Schmitt: The Conservation Revolution and the Aesthetics of Horror," in Richard Wolin, *Labyrinths: Explorations in the Critical History of Ideas*, Amherst: University of Massachusetts Press.

Wolin, Sheldon

1994   "Hannah Arendt: Democracy and the Political," in *Hannah Arendt: Critical Essays*, ed. Lewis P. Hinchman and Sandra K. Hinchman,

New York: SUNY Press.

江宜樺

1993 〈政治之美感化：對漢娜‧鄂蘭之政治理論的一種闡釋〉（Politics Aestheticized: An Interpretation of Hannah Arendt's Theory of Political Action），刊登於《人文及社會科學集刊》，台北，中央研究院中山人文社會科學研究所，第六卷，第一期。

1995 〈漢娜‧鄂蘭論政治參與與民主〉，收錄於張福建、蘇文流主編《民主理論：古典與現代》，台北，中央研究院中山人文社會科學研究所，頁123-151。

1995 〈「政治是什麼？」：試析亞里士多德的觀點〉，刊登於《台灣社會研究季刊》（台北）第十九期，頁165-194。

吳庚

1981 《政治的新浪漫主義——卡爾‧史密特政治哲學之研究》，台北，五南圖書公司。

蔡英文

1995 〈漢娜‧鄂蘭的公共領域理論及其問題〉，收錄於錢永祥、戴華主編《哲學與公共規範》，台北，中央研究院中山人文社會科學研究所，頁269-31。

蔡英文

1992 〈政治實踐與歷史敘述：論說漢娜‧鄂蘭的歷史理念〉，《新史學》3(2)：103-122。

文化叢刊
政治實踐與公共空間：漢娜‧鄂蘭的政治思想

2002年1月初版　　　　　　　　　　　　　　　　定價：新臺幣280元
有著作權‧翻印必究
Printed in Taiwan.

著　　　者　蔡　英　文
發　行　人　劉　國　瑞

出　版　者　聯　經　出　版　事　業　公　司
臺　北　市　忠　孝　東　路　四　段　5 5 5　號
台 北 發 行 所 地 址：台北縣汐止市大同路一段367號
　　　　　電　話：(0 2) 2 6 4 1 8 6 6 1
台 北 新 生 門 市 地 址：台北市新生南路三段94號
　　　　　電　話：(0 2) 2 3 6 2 0 3 0 8
台 中 門 市 地 址：台中市健行路3 2 1號B 1
台 中 分 公 司 電 話：(0 4) 2 2 3 1 2 0 2 3
高 雄 門 市 地 址：高雄市成功一路3 6 3號B 1
　　　　　電　話：(0 7) 2 4 1 2 8 0 2
郵 政 劃 撥 帳 戶 第 0 1 0 0 5 5 9 - 3 號
郵　　撥　　電　　話：2 6 4 1 8 6 6 2
印 刷 者 雷 射 彩 色 印 刷 公 司

責 任 編 輯　張　怡　菁
校　　　對　黃　俊　龍
　　　　　　賴　榮　璉
封 面 設 計　吳　惠　菁

行政院新聞局出版事業登記證局版臺業字第0130號

本書如有缺頁，破損，倒裝請寄回發行所更換。　　ISBN　957-08-2303-8（平裝）
聯經網址 http://www.udngroup.com.tw/linkingp
　　信箱 e-mail:linkingp@ms9.hinet.net

國家圖書館出版品預行編目資料

政治實踐與公共空間：漢娜‧鄂蘭的
政治思想 / 蔡英文著 . --初版 .
--臺北市：聯經，2002 年（民 91）
296 面；14.8×21 公分 .（文化叢刊）
參考書目：7 面

ISBN　957-08-2303-8(平裝)
1. 鄂蘭（Arendt. Hannah, 1906-1975）-
學術思想-政治

570.952　　　　　　　　　　90016644

聯經經典

●本書目定價若有調整，以再版新書版權頁上之定價爲準●

伊利亞圍城記	曹鴻昭譯	250
堂吉訶德(上、下)	楊絳譯	精500
		平400
憂鬱的熱帶	王志明譯	平380
追思錄—蘇格拉底的言行	鄺健行譯	精180
伊尼亞斯逃亡記	曹鴻昭譯	精380
		平280
追憶似水年華(7冊)	李恆基等譯	精2,800
大衛‧考勃菲爾(上、下不分售)	思果譯	精700
聖誕歌聲	鄭永孝譯	150
奧德修斯返國記	曹鴻昭譯	200
追憶似水年華筆記本	聯經編輯部	180
柏拉圖理想國	侯健譯	280
通靈者之夢	李明輝譯	精230
		平150
道德底形上學之基礎	李明輝譯	精230
		平150
難解之緣	楊瑛美編譯	250
燈塔行	宋德明譯	250
哈姆雷特	孫大雨譯	380
奧賽羅	孫大雨譯	280
李爾王	孫大雨譯	380
馬克白	孫大雨譯	260
新伊索寓言	黃美惠譯	280
浪漫與沉思：俄國詩歌欣賞	歐茵西譯注	250
海鷗＆萬尼亞舅舅	陳兆麟譯注	200
哈姆雷	彭鏡禧譯注	280
浮士德博士	張靜二譯注	300

現代名著譯叢

●本書目定價若有調整，以再版新書版權頁上之定價為準●

企業名著

●本書目定價若有調整，以再版新書版權頁上之定價為準●